Jours d'ép

Moeurs bourg

Paul Margueritte

Alpha Editions

This edition published in 2024

ISBN : 9789361475757

Design and Setting By
Alpha Editions
www.alphaedis.com
Email - info@alphaedis.com

Contents

PREMIÈRE PARTIE..- 1 -

   I ....- 1 -

II ....- 8 -

III...- 14 -

IV ....- 20 -

V..- 24 -

VI ....- 31 -

VII ....- 35 -

VIII..- 44 -

IX ....- 51 -

X...- 59 -

XI ....- 64 -

DEUXIÈME PARTIE...- 72 -

   I ....- 72 -

II..- 77 -

III...- 86 -

IV ....- 93 -

V..- 101 -

VI ....- 107 -

VII ....- 113 -

VIII..- 119 -

IX ....- 125 -

   X..- 129 -

XI ....- 134 -

XII ....- 141 -

TROISIÈME PARTIE ....- 146 -

I ....- 146 -

II...- 150 -

III..- 155 -

IV ....- 159 -

V..- 164 -

VI ....- 167 -

VII ....- 173 -

VIII..- 177 -

IX ....- 181 -

X..- 185 -

XI ....- 194 -

XII ....- 198 -

XIII..- 205 -

PREMIÈRE PARTIE

I

«L'Amour!—Peu de chose!» pensa André.

«Des joies à fleur de peau, des chagrins à fleur d'âme, le rêve d'une Elvire et l'étreinte des filles, un besoin de pleurer, l'envie de rire, et du vague à l'âme par les nuits d'été; bref, une déception immense.

«Pourtant ai-je assez aspiré, naïvement, aux douleurs et aux voluptés de l'Amour, tel que le chantent les poètes et que le subissent les hommes, l'Amour pour qui l'on vole, l'on trahit, l'on tue, et qu'attestent et glorifient les chefs-d'oeuvre de l'art.

«Existe-t-il seulement?

«Ne ressemble-t-il pas à ce livre qu'Hamlet feuillette: «Que lisez-vous là, monseigneur?—*«Des mots! Des mots!*»

«Qu'importe, si ces mots recèlent une force magique, la vertu d'un charme qui enlève l'homme aux mesquines réalités, et l'enivre?

«Mais pourquoi ne la rencontrai-je jamais, cette ivresse?

«Sécheresse du coeur?—Non. Malchance?—Peut-être.

«De mes rares bonnes fortunes, il ne me reste que de l'indifférence, ou des regrets, et dans ce que j'ai éprouvé de meilleur, pas une joie pleine…»

Ainsi ressassait-il le néant de sa vie, morne, regardant de son bureau un grand mur en moellons rugueux, qui barrait le ciel, le jour, et comme la vie splénétique de l'employé.

Des monceaux de paperasses s'écroulaient devant lui. D'énormes bûches, dans la cheminée, pétillaient toutes rouges, empourprant le visage d'un vieil homme, courbé sur des registres. Les cartons, le long du mur, sentaient la poussière.

André s'étira, les doigts crispés, avec un bâillement de bête en cage, et brusque s'accouda, regardant devant lui, sans voir:

«Eh bien! il faut, si l'on n'aime pas, avoir l'illusion d'aimer. Vivre sans femme, sans une douce et continue présence, cela se peut-il? Quelle tristesse, le célibat! Et posséder des maîtresses de rencontre, espacer les jours et compter les heures, c'est être seul; on s'en lasse.

«Plus tôt, plus tard, l'habitude enfin s'impose, qui rive la chaîne. Pourquoi pas tout de suite?—Mariage, concubinage: même chose. L'un, jeune et libre, mais menaçant de représailles futures, de fausses hontes. L'autre grave, comme tout devoir et toute responsabilité, mais gros de joies intimes, conjugales, paternelles.» Ah! la femme, l'entendre, la frôler, la chérir, dans le bruissement de ses robes et la grâce de ses gestes, manger, vivre et dormir avec elle, à tout prix, demain, André l'exigera.

Depuis longtemps cette résolution couvait en lui. Sa mère en aurait un grand chagrin. Seule, maladive et jalouse, elle l'aimait d'une affection dévouée, étroite et égoïste aussi.

«Mais que faire?» se demanda-t-il.

Si l'on ne doit pas attendre de l'amour la joie de passions fortes, d'émotions violentes, du moins lui peut-on demander la douceur des intimités, le quotidien côte-à-côte, par lequel on supporte mieux les chagrins de la vie; et ils ont tellement accablé André, que la solitude lui fait horreur. Il veut quelqu'un à qui parler. Sa vie de sensations et de sentiments rentrés l'étouffe. Devant ce mur qui lui coupe la vue, et qui peu à peu a pris pour lui un sens hostile et symbolique, il éprouve un furieux besoin de s'évader, hors d'ici, et de lui-même.

Il a vingt-cinq ans, porte un des vieux noms de France: du Guaspre de Mercy, est grand et fort, quoiqu'anémié, assez beau, malgré la tristesse des yeux et le pli tombant de la bouche. Bachelier, s'il n'était paresseux, il aurait, comme tant d'autres, licences et doctorats. D'intelligence saine, de goûts délicats, malgré l'étroitesse de quelques idées, il est quelqu'un, de par la probité de son caractère. Il pourrait être haut placé, et ne serait point déplacé. Il l'est, dans ce bureau. Pourquoi?—Parce qu'il est pauvre.

Ce mot lui suggéra des réflexions amères.

«On croit que pauvreté signifie déguenillement, mansardes et pain noir. On ne s'imagine la misère que repoussante. Celle des gueux, oui. Mais il y a celle des riches: humiliante, parce qu'elle se cache sous les dehors du bien-être, cruelle, parce qu'elle dégrade et démoralise des êtres qui n'étaient point faits pour la connaître.»—Et André la connaît.

Faire tinter le premier du mois quelque argent, et le lendemain plus un liard, parce qu'on a payé les fournisseurs, s'abstenir de tout plaisir, petit ou grand, relever ses pantalons quand il pleut, mettre son vieux chapeau et son pardessus râpé, si l'on sort le soir, ne jamais entrer au café, craindre qu'on ne vous emprunte, parce qu'il faudrait refuser, regarder aux trois sous d'un omnibus, d'un journal, pratiquer cent privations, moins pénibles que ridicules, et, sentant que l'on n'en impose à personne, soutenir, avec une dignité comique, l'hypocrisie des convenances, ah! la piteuse existence!

Il pensa:—«Ai-je donc l'âme vulgaire? Est-ce mon amour-propre qui souffre? Suis-je trop délicat?—Fi donc!»

Il voudrait ne plus mentir seulement. C'est mentir que d'être ainsi vêtu, logé, nourri, quand on est pauvre. Il aimerait mieux promener avec insouciance un manteau déchiré et un feutre bossué, que de lisser tous les jours du coude son chapeau haut de forme, et de garder précieusement, pour ne les mettre qu'aux grandes occasions, une paire de gants nettoyés. S'il ne respectait sa mère, il rougirait, car elle a gardé le culte des apparences, fait des visites à des gens riches qui la dédaignent, aime le monde, où elle a brillé, jeune femme, et dont elle ne veut pas voir la nullité et la sottise.

Sa mère, André l'aime; comment ne l'aimerait-il pas? Et cependant il accepte l'idée de la laisser seule, s'il se marie: seule moralement, car il ne saurait la quitter. Est-ce que, quand même il y consentirait sans remords, la pauvreté le leur permettrait?... Mais alors, la présence d'une étrangère évincera la domination maternelle. Il se produira des tiraillements. Combien les deux femmes seront jalouses! André s'en attrista. Du moins, il épouserait une fille d'âme douce et forte, apte à tenir un ménage et à élever des enfants.

Mais ce droit même de disposer de lui, l'a-t-il?—Il s'interrogea avec angoisse.

Vis-à-vis de lui-même, il est rassuré. Il se sent capable de remplir son devoir, et ne craint pas d'abattre plus de besogne, afin de nourrir sa femme et ses petits. Seulement est-il libre? Ne se doit-il plus à sa mère, qui a tant fait pour lui?

Il récapitula le passé.

Qu'il était triste! Sa jeunesse lui apparut, traînée sur le cours d'une petite ville de l'Ouest, enfermée dans un collège, toute pleine de gris, sans joies. Son père, ruiné par les procès, demi-fou et inoffensif, le faisait sortir, le dimanche. On trouvait à la maison, revenues de la messe, la mère et la fille, pauvre Lucy, douce soeur qui le réconfortait, déjà malade. Le père mort, la mère, condamnée à la retraite, après une vie futile et des succès mondains, venait, avec ses deux enfants, à Paris. Et Lucy, en trois ans, poitrinaire, mourait. Elle avait des prévoyances d'enfant mûrie par le malheur et la maladie, et—André n'y pouvait penser sans angoisse—elle s'était éteinte sans regrets, presque avec joie, comme avec la conscience que sa mort allégerait le ménage, et qu'aussi, destinée à vieillir sans dot, espérant peu se marier selon son coeur, elle préférait mourir toute jeune, toute jolie, sans souffrir plus longtemps.

On déménagea, rendus plus riches—réalité cruelle!—parce qu'on était un de moins; et André et sa mère vécurent, dans un petit appartement, au quatrième. Les fenêtres s'ouvraient, d'un côté, sur un horizon de toits et de cheminées, de l'autre, sur les marronniers du Luxembourg.

Depuis commença une vie monotone, et les jours s'écoulèrent pareils, amenant le retour, une fois la semaine, de visites rendues à Mme de Mercy. Rarement dînait-elle en ville. Bien qu'elle vît beaucoup d'indifférents, une ou deux maisons, celles des Damours et de Mme d'Ayral, puis l'abbé Lurel, bornaient son intimité.

Ses examens passés, André avait dû prendre une carrière. C'était son grand regret d'y penser maintenant. Pauvre, noble, pouvait-il être autre chose que soldat? Sorti officier de Saint-Cyr, il aurait possédé un uniforme neuf, un bon cheval et un ordonnance. Sa vie eût été réglée, sa pauvreté honorable. Il aurait fait son chemin comme tant d'autres, et avec la conscience d'être à sa place, que le nom des Guaspre de Mercy était virilement porté. Mais sa mère!...

Par ses prières, ses sanglots, épouvantée de rester seule, elle l'avait détourné d'un désir si naturel. N'était-il pas dispensé déjà par la loi, comme soutien de veuve? Allait-il l'abandonner, partir pour des garnisons lointaines?... Il céda, par faiblesse, mais comme beaucoup de caractères bons et timorés, ne se résigna point et, malgré son respect, attrista plus d'une fois sa mère, par l'amertume de ses regrets.

Et quelle piteuse compensation lui avait-on offerte! une place dans les bureaux d'une grande Administration! et en se donnant tant de mal, en intriguant si péniblement. Quand il y songeait, et à la tristesse des quatre années perdues dans ce bureau, il devenait pourpre, comme si la honte l'étouffait.

Ah! certes oui, tout pesé, il ne doit plus rien à sa mère; il lui a sacrifié l'état militaire, il a accepté la vie sans ressources, sans avenir, sans fierté, d'un inutile gratte-papier: que peut-il faire de plus? Etrangler le besoin qui le torture d'échapper à cette solitude, à ce néant, il n'en a pas le courage. Il veut bien rester employé, puisque c'est correct, puisqu'il ne peut être marchand ou industriel, puisqu'il se doit à son nom. Hélas! aura-t-il assez sacrifié son bonheur à cette lettre morte, ce vain titre: un grand nom pauvre!

Et ce cri lui échappe, irréfléchi et soudain:

«J'épouserai Germaine!»

Il tressaillit, se demandant s'il n'avait pas parlé tout haut.

L'incendie des bûches s'éteignait; et le vieil employé, courbé sur les registres, gardait son attitude falote, la plume à la main, comme s'il écrivait.

«Germaine!—Et Mariette?»

Le premier nom appelle le second. André voit les deux femmes, quoique, par délicatesse, il s'en veuille de les associer dans sa pensée. Malgré lui, il les compare. Aussi bien, c'est entre elles deux qu'il va faire son choix, puisqu'il ne veut plus vivre seul. Mariage? Concubinage? La douce amie, Germaine? ou la maîtresse, Mariette?

Il les évoque.

Germaine Damours a dix-huit ans; une frileuse fillette, qu'un chiffon élégant habille, un petit être délicat, à qui il faut un nid capitonné. Son père, un avocat, très dévoué aux Mercy, la gâte trop. Les lundis soir, André va prendre le thé chez eux et, dans un coin, près de la mère, femme effacée et maladive, il regarde travailler les doigts blancs de Germaine, dans le cercle de clarté que projette la lampe. Son front et ses yeux restent dans l'ombre, ses lèvres et son menton sont lumineux. Quand elle le regarde, il se sent délicieusement troublé. Et pourtant elle n'est pas la femme robuste, la calme ménagère qu'il voudrait: contradiction éternelle entre le rêve et la réalité! N'importe! Charmé par la grâce frêle, un peu factice, de son joujou, il se dit chaque fois, sans penser aux difficultés, au consentement douteux des parents: «J'épouserai Germaine!»

Et Mariette?

Il l'aime aussi, cette fantasque fille à l'accent du faubourg, qu'il rencontra un soir, sanglotante d'amour sur quelque banc. Elle portait une robe d'ouvrière et, à chaque oreille, une perle bleue. Il l'avait reconduite jusqu'à sa porte. Le lendemain, ils s'étaient revus. Un soir, ils s'étaient aimés. Tous les jours, il allait l'attendre, à la sortie de son atelier. Puis elle l'avait planté là, pour un protecteur. S'étant rencontrés ils s'étaient repris, aimés, querellés, quittés, repris. Et maintenant excédée de l'homme qui entretenait son demi-luxe, elle se disait prête à quitter tout, acceptant de demeurer avec André. Elle travaillerait; à eux deux ils gagneraient le nécessaire. Un peu honteux à cette idée, pourtant aux heures mauvaises, où l'existence lui pesait, il se disait tout bas: «Je vivrai avec Mariette.»

Sentant la nécessité d'opter, il pensa:

«Vivre avec elle, quitter ma mère, serait mal et aussi imprudent. L'acoquinement à une femme, je dois l'envisager comme un malheur possible, engendré par une longue habitude; je ne puis l'accepter, immédiat. Mon labeur pour nourrir ma maîtresse couvrirait mal l'indignité de cette liaison. Car Mariette, je le crains, a une âme de fille. Lasse de moi, elle me quittera. Quoi de plus piteux qu'une union temporaire? et, si elle est continue, c'est un malheur pire. Mieux vaut se marier. D'autant plus que je ne lui dois rien, à elle, tandis que j'ai avoué à Germaine que je l'aimais.

«Je crois, et elle me l'a dit, qu'elle m'aime aussi. Donc, je suis lié envers elle... Seulement Germaine,... est-elle bien la femme qui me convient? Si délicate, habituée au bien-être, enfant gâtée, sera-t-elle bonne ménagère, sera-t-elle bonne mère?»

À l'idée des enfants, il resta perplexe, comme si l'image de sa petite amie soignant de gros bébés, lui semblait saugrenue, et improbable.

Au fond du coeur, il doutait d'un tel mariage et du consentement réciproque des parents. Cependant, par une contradiction bigarre, il allait de l'avant, uniquement parce que Germaine lui plaisait, et il se disait: «Qui sait? Si on me l'accordait. Sa dot est médiocre; mais c'est bien mon désir: épouser une fille riche, non!»

Cela lui rappela bien des discussions. Mme de Mercy avait toujours compté sur un mariage de convenances; c'est dans ce but qu'elle entretenait depuis sept ans des relations, et tenait tant d'entretiens particuliers avec sa vieille amie, Mme d'Ayral, et son confesseur, l'abbé Lurel. André n'y pouvait penser sans colère. Une haine instinctive s'élevait en lui contre un marché qu'il jugeait honteux.

—Monsieur de Mercy?

Il sursauta, tiré de sa rêverie, sentant vaguement qu'on l'appelait pour la seconde ou la troisième fois; le vieil employé était devant lui.

—Pardon, mais il est quatre heures. Voulez-vous que je porte au chef votre besogne, en même temps que la mienne?

Et ramassant les dossiers épars, il les mit sur son bras, avec déférence pour son collègue.

—Merci, Malurus.

Il le regarda et, pour la millième fois, revit un corps maigre, dans une redingote élimée, un gilet sale, et un pantalon recroquevillé, tout bossué aux rotules.

Hors d'une cravate roulée en corde, sortait une face bilieuse, glabre d'acteur, usée comme un vieux sou, plaquée de cheveux grisâtres, attristée par deux yeux bleus éteints, fendue par une bouche mince et décolorée. L'individu qui se tenait là, dans la ridicule livrée de son habit noir, était funèbre et cocasse comme son nom: Malurus. Digne avec cela, il représentait le spectre lamentable du vieil employé de ministère, dont la vie s'est écoulée entre les cartons, les pieds dans le feu, les doigts dans l'encre, le nez dans du papier: type fossile de suffisance, de misère et d'abrutissement.

Et tandis que le pauvre hère emportait les dossiers, André le suivait du regard, ironiquement:

«Il me respecte, parce qu'il me croit riche; à ses yeux, je promets peut-être un chef de bureau!»

Quatre heures sonnèrent. Il se leva, fit ses préparatifs de départ, regardant le calendrier, dont les mois et les jours futurs s'allongeaient, tristes.

«Encore un d'écoulé, pensa-t-il, un de moins à vivre, et je ne l'ai guère vécu!

«Si encore, j'étais marié, le temps passerait plus vite. Et il ne me semblerait plus que ce grand vilain mur m'étouffe, de son poids et de son ombre.»

Il sortit.

II

Le soir, en se mettant à table, il négligea, soucieux, de baiser la main de sa mère, selon son habitude. Mme de Mercy, très formaliste, fut imperceptiblement froissée.

—Es-tu indisposé, André?

Ces mots, et le ton avec lequel elle les prononçait toujours, l'agacèrent d'avance; il répondit:

—Non!

Elle le regarda, frappée de la sécheresse de la réponse, et eut l'imprudence de dire:

—Tu es de mauvaise humeur, tout au moins?

Il leva la tête, souffrant, et se mit à manger silencieusement; mais elle jeta ces mots:

—Tu es peu prévenant, André; j'avais ma migraine, aujourd'hui. Cependant je suis sortie pour rendre visite aux d'Aiguebère, à qui j'ai parlé de toi.

De nouveau il regarda sa mère. Les êtres qui vivent ensemble contractent un tact subtil et affiné qui les éclaire sur les demi-mots, les sous-entendus, et leur montre, sous le moelleux des discours, la griffe des intentions. Il faillit répondre:

«Je ne suis pas oublieux, comme tu m'en accuses, et je suis fort triste que tu aies la migraine, mais quant aux d'Aiguebère, dont tu brigues la protection, je ne puis te remercier, parce que je désapprouve ta démarche.»

Il se retint:

—Iras-tu chez les Damours, ce soir?

—Moi?—fit-elle d'un air surpris et avec une affectation visible,—pourquoi irais-je? Je trouve ces gens communs, et je m'étonne que tu trouves du plaisir… Ah! je sais, Germaine! mais…

Sur ces réticences, elle s'arrêta.

André pensait, avec une colère sourde:

«Oh! sans doute, ils sont communs. Le père est fils de paysans, il s'est instruit tout seul; mais les Damours ont du coeur, les d'Aiguebère n'en ont pas. Les uns se mettraient au feu pour nous, tandis que les autres… Quant à Germaine, ma mère a bien fait de n'en pas dire de mal, je ne l'aurais pas supporté.»

Il dit tout haut:

—J'irai seul, en ce cas.

—Va, mon enfant.

Et elle eut un sourire mélancolique qui toucha André, mais elle ajouta:

—À mon âge, je sais rester seule.

Et le ton de ces mots le peina.

—Eh bien!—fit-elle pour changer de conversation—as-tu fait beaucoup de besogne au ministère?

—Oh! sans doute! j'ai taillé trois crayons, changé deux fois de plume, réglé du papier blanc, copié des paperasses, fait des taches d'encre, usé ma gomme et cassé mon grattoir.

Mme de Mercy porta son mouchoir à ses yeux:

—André, pourquoi me fais-tu de la pcine?

Bien que cette scène ne fût pas nouvelle pour lui, il courut l'embrasser.

—Ne pleure pas, j'ai tort.

—Non! c'est moi, je te fais du chagrin, je le vois bien.

—Tais-toi! tais-toi!—disait-il en l'embrassant.

—Mais, continua-t-elle, si tu souffres de ta position fausse, crois-tu que je ne la déplore pas? Avec ton nom, tu devrais être autre chose qu'un employé. Pourquoi ne veux-tu pas aller dans le monde, solliciter une place digne de toi? Si encore tu me laissais faire, mais non, tu préfères rester obscur, dans ton coin.—Est-ce là place d'un de Mercy?

Mais lui:

—Que veux-tu, je voulais être soldat…

Elle se rembrunit et pinça les lèvres. «Encore des récriminations! André est impitoyable,» pensa-t-elle. Mais il n'appuya point.

—C'était mon goût. Tu n'as pas voulu; que ta volonté soit faite. Mais songe que n'étant pas soldat, et que n'ayant pas voulu être magistrat (toi-même m'en as dissuadé), ou prêtre (et je n'avais nullement la vocation), songe qu'alors je ne pouvais rien être du tout que ce que tu as fait de moi, un employé.

—Mais tu deviendras bientôt sous-chef de bureau, mon enfant! il est impossible que tes chefs ne te remarquent pas.

Il renonça à la détromper. Depuis quatre ans qu'il occupait la même place, dans le même bureau, André avait jugé son avenir: il serait nul, faute de protections.

Un long silence, depuis qu'ils étaient sortis de table, durait entre Mme de Mercy et son fils. Il se leva tout d'un coup, entendant sonner la pendule.

—Tu me quittes déjà?

—Excuse-moi, un rendez-vous…

—Il est cependant trop tôt pour aller chez les Damours? fit-elle avec intention.

Il rougit, et lui en voulut d'appuyer là-dessus.

—Oh! garde ton secret! mon ami!

Et son ton parut injuste à André:

—Mais je n'ai aucun secret.

—Bien, bien. On quitte les vieux pour les jeunes, c'est la règle de ce temps-ci… Eh bien, tu ne m'embrasses pas.

Il le fit, de mauvaise grâce.

—Si ton père était là, tu ne m'abandonnerais pas ainsi.

Un pareil reproche, dont elle avait l'habitude, horripilait d'ordinaire André: «Suis-je un enfant? Fais-je mal?» se répétait-il.

Il prit sèchement congé. Sa mère en eut conscience et se dit: «Mon fils est bien changé pour moi!»—Ce qui n'était pas exact.

Lui, dans la rue, fouettait l'air de sa canne, avec colère, en jurant: «Au diable! Nous ne pouvons éviter de nous faire du mal. Nos nerfs s'exaspèrent, quand nous sommes l'un près de l'autre. Tour à tour, nous manquons de patience, nous sommes agressifs ou boudeurs. Et pourquoi? pour des riens. Comment se peut-il que l'on se rende aussi malheureux? Je ne sais, mais il me semble que cela fait du bien à ma mère de nous disputer. Moi, je m'en passerais si volontiers!»

Mais là non plus, André n'était pas véridique. Sans s'en douter, il provoquait souvent ces petites querelles. Et il conclut:

«Il faut sortir de là. Encore un argument en faveur du mariage, auquel je n'avais pas songé. Mais se peut-il,—ajouta-t-il avec effroi,—que l'on se fasse autant de chagrin, lorsque l'on est mari et femme?

«Non! ma mère a beaucoup souffert; elle est faible, bonne, pleine de scrupules; c'est par excès de conscience qu'elle se tourmente. Puis quelle délicatesse! quel dévouement! Quand a-t-elle eu une pensée qui ne fût pour nous?»

Se rappelant tous les sacrifices, toutes les bontés de Mme de Mercy, et le culte fervent que sa soeur avait voué à leur mère, il se prit à penser à Lucy, la regrettant plus amèrement que jamais.

Se serait-il jamais marié, elle vivante? Non, peut-être. Elle lui eût tenu lieu de compagne, et eût comblé ce besoin d'intimité, de confiance et de tendresse, dont l'absence le faisait tant souffrir. Elle était sérieuse, peu semblable aux autres femmes, point coquette, et pourtant si gracieuse, avec ce charme quasi-surnaturel qu'ont les êtres grandis vite et que la mort attend.

Quelle douce affection, la leur! que de rêveries et de confidences! Il s'attendrit; le souvenir de Lucy lui était bienfaisant. Par une crainte mystique, souvent il s'abstenait du mal, comme si elle eût pu être là, et le voir. Morte, il lui prêtait une vie d'âme mystérieuse; et son souvenir lui tenait lieu de remords. Bien qu'il ne crût point, il entra dans une église.

Il ne s'inclina pas, ne croyant plus que sa prière monterait, efficace, vers un Dieu; mais, s'enfonçant dans l'ombre de la nef, attiré par les faibles lumières qui palpitent aux pieds des madones, dans le recueillement du silence et l'odeur de l'encens, il s'avançait à pas lents, laissant aller sa pensée de tendresse et de regrets vers l'absente.

Il lui semblait l'honorer mieux, en l'église, où si souvent elle venait, croyante, s'agenouiller. Il regrettait alors la foi perdue, enviait l'espoir de ceux qui, estimant l'âme immortelle, s'affligent moins de la séparation, certains de se retrouver en une existence meilleure, plus belle.

Malgré lui, de ces idées, il tirait une comparaison défavorable pour sa mère. Lucy, bonne pour son frère, le voyant sincère dans son manque de foi, le plaignait, sans jamais lui dire de ces mots aigres ou cruels qu'ont les dévotes. Mme de Mercy, au contraire, le harcelait d'objections, d'épigrammes, de reproches, croyant bien faire; et son intolérance vaine le fatiguait.—Il s'attarda, absorbé dans ses rêveries.

En sortant, il hâta le pas. Un malaise singulier, comme une pudeur à aller en ce moment voir Mariette, le troubla. Pourtant il avait promis d'y passer quelques instants. Tout le temps du trajet, il se dit: «Je ne monterai pas.» Il s'enfonçait davantage dans le souvenir du passé, essayant de le retenir, trouvant cet effort plus digne que l'abandon de son coeur, près d'une fille. Mais, quand il fut devant la porte, il ne pensa plus qu'à la beauté de sa maîtresse; il monta.

Comme il gravissait l'escalier, tout le besoin de tendresse qui sommeillait en lui s'éveilla, et sa pensée courut vers la jeune femme. André était encore enfant, bien qu'il se crût blasé. C'était toujours avec trouble qu'il abordait Mariette; un curieux désir, mêlé de crainte, l'agitait, de pénétrer ce mystère, cette apparence d'énigme, sous laquelle toute créature aimée se replie. Ses tristesses lui pesaient sur le coeur; et il avait besoin qu'on l'aimât, qu'on le comprît surtout.

La sonnette tinta longuement; personne n'étant venu, il sonna encore.

Au lieu de la bonne, ce fut Mariette, les cheveux emmêlés, les pieds nus dans des savates, qui lui ouvrit, maussade.

—Tiens, c'est toi?

—Oui, c'est moi.

Et il se sentit gêné, comme un intrus, oubliant qu'on l'attendait; mais la conscience de sa pauvreté ne le quittait pas, l'empêchait d'être heureux; et un rien, un regard, un mot, ravivaient son malaise, dans cet appartement qu'un autre avait meublé, devant cette femme qu'un autre entretenait.

—Je ne t'attendais plus, dit-elle, pourquoi n'es-tu pas venu me mener dîner au restaurant? J'ai chassé la bonne, j'ai mangé toute seule, du pain et des sardines.

Elle manquait d'argent; André rougit, comme s'il eut été coupable. Quand Mariette babillait, avenante, il croyait l'aimer; mais dès qu'elle s'exprimait d'une certaine façon aigre, toute sa tendresse tombait, et dépaysé comme chez une étrangère, il se taisait, à l'affût d'un prétexte pour se retirer.

—Je ne t'en veux pas,—continua-t-elle, en le regardant en face, de ses grands yeux verts brillant dans une figure pâle; et assez grande, elle se cambrait, étirant ses bras, faisant pointer sa gorge et onduler sa taille. Tu n'avais pas le sou, n'est-ce pas, mon ami?

Et aussitôt, elle se coula dans les bras du jeune homme avec une grâce de chatte:

—Pauvre Réré, ce n'est pas ta faute, mais crois-tu que mon imbécile d'amant m'a fait une scène? Comme ça tombait!

Et elle éclata en doléances rageuses qui atteignant André, l'énervaient ce soir, plus que jamais.

Toute son affection, les baisers qu'il apportait, son besoin d'aveux, avaient fui, s'étaient taris, et il ne tenait plus Mariette sur ses genoux, demi-nue sous son peignoir, qu'avec une indifférence et presque une stupeur, de se trouver là.

Elle lui dit:

—Embrasse-moi donc, Réré.

Il lui baisa la joue, machinalement. Où étaient les fièvres de la veille? les caresses emportées qu'il lui faisait? Pourquoi son coeur, battant hier avec violence, semblait-il arrêté, ce soir?

«Comment ai-je pu penser à mêler ma vie à la sienne?—se disait-il—me suis-je leurré à ce point? N'est-il pas clair qu'elle n'aime rien, que l'argent?»

Et presque aussitôt il se trouva absurde; pouvait-elle être autrement?

La regardant, et pris d'une soudaine pitié pour sa beauté, il lui caressa les cheveux. Au milieu de ses mépris, un lent désir lui venait d'aimer encore cette fille. Que son coeur lui semblait étrange et compliqué! Parce qu'il la désirait, il se donnait le change, oubliait le décor qui l'humiliait et n'entendait plus les paroles dont la niaiserie l'irritait. Une vague tendresse lui noyait le coeur. Il ne raisonna point, n'analysa plus. Ses mains, frémissantes, se resserrèrent sur le corps de femme, qu'un prestige vivifia, ennoblit.

—André, dit-elle, si je te disais que je t'aime!…

Comme s'ils sonnaient légèrement faux, ces mots le refroidirent.

«Mensonge!» pensa-t-il.

Et il répondit pourtant avec un sourire hésitant:

—C'est moi qui t'aime!

Mais aussitôt, un âpre retour d'injustice et d'oubli crispa ses nerfs; et il baissa le front sous les lèvres de Mariette, afin que le, baiser tombât dans ses cheveux.

«Je ne l'aime pas! pensait-il. Mais alors pourquoi viens-je de lui dire le contraire?»

Il releva les yeux et vit dans les siens une expression froide et distraite; ses pensées étaient ailleurs.

Il se sentit trop loin d'elle pour la désirer. Il devint maussade. Elle bouda. Et ils se quittèrent mal.

III

N'étant resté chez Mariette que quelques instants, il avait encore toute sa soirée devant lui.

L'esprit rassis, il s'étonnait, en arpentant le boulevard, d'avoir été remué ainsi, alors qu'il se sentait maintenant, si indifférent. L'air frais de mars lui rafraîchissait les tempes, et il s'interrogeait, ne s'expliquant pas ce dédoublement singulier, qui fait qu'une moitié de nous agit, tandis que l'autre moitié la juge, la blâme ou l'encourage.

Ainsi, il se rendait résolument chez les Damours, il y serait dans un quart d'heure, et sa conscience lui disait: «C'est mal, au sortir de chez ta maîtresse, d'aller voir ton innocente fiancée.—Bah! ripostait l'amour-propre, cela se fait tous les jours!» Et la volonté, engourdie, abdiquait tout effort, tandis qu'un mauvais petit sentiment perçait, mêlé de honte et d'orgueil.

En hâtant le pas il fit, devant la possibilité d'un mariage avec Germaine, un rapide examen de conscience. Il l'avait retardé jusqu'à présent, étouffant ses doutes, ses scrupules, mais cette fois, prêt d'agir, s'étant lui-même mis au pied du mur, il s'analysa avec sincérité.

«Est-ce que je l'aime vraiment? En laissant de côté ce qu'elle peut valoir, comme femme et comme mère, en la supposant, ce qui est douteux, vaillante, économe, prête à supporter la pauvreté, et m'aimant, non d'un caprice d'enfant, mais pour toute la vie, et en mettant les choses au mieux, moi, oui, moi, est-ce que je l'aime?

«Depuis quand cette affection soudaine? Depuis un mois, à peine. Qui l'a provoquée? Un accès de jalousie. Jadis, j'allais chez les Damours, sans ennui ni plaisir. Germaine, je ne la considérais que comme une enfant qu'elle était, hum! qu'elle est encore et… qu'elle sera toujours! Un jeune homme frisé, qu'elle recevait, me parut familier avec elle et, sans raison, absurde comme tous les hommes, moi, qui n'aimais point Germaine, je devins subitement furieux et jaloux.

«Elle n'aime pas le jeune frisé, c'est entendu. Elle me préfère, et depuis un mois, nous nous promettons le mariage…

«Mon Dieu! s'écria mentalement André, est-ce que tout cela ne serait qu'un enfantillage?

«Est-ce que, trompé par mon désir de prendre femme, je me serais mis, naïvement, à courtiser la première venue? Mais raisonnons! Germaine m'a troublé par ses grands yeux d'enfant précoce, le charme de sa taille mince. Est-ce que je ressentirais, sans m'en douter, une affection dépravée? Peut-être que je la désire, seulement? Alors, c'est mal. Et quant à l'épouser, ne serais-je pas bien imprudent? Elle-même, sait-elle à quoi elle s'engage, connaît-elle la valeur des paroles, le danger des aveux? C'est une enfant, je le vois bien. Mais pourquoi en ai-je seulement conscience, *aujourd'hui*?

«Est-ce parce que la nécessité d'agir me dégrise? ou que je sors, l'esprit rassis, de chez une autre? Ah! ce qui est misérable, c'est que nous prenions pour de l'amour vrai, passionné, éternel, ces sollicitations troubles de la chair, ces vagues ardeurs de l'âme, tout ce qui s'agite en nous de vain et de tumultueux!»

Cinq minutes après, il entrait chez les Damours plus irrésolu que jamais.—Il salua l'avocat, échangea un regard avec Germaine, souriante. Et cela suffit à le rendre de nouveau amoureux, au point de vouloir pressentir le père, le soir même. Ému, à cette idée, il laissa causer les quelques personnes qui étaient là, et silencieux regarda, à la dérobée, Damours.

C'était un homme lourd, d'encolure plébéienne, à la voix forte, au visage rouge et barbu, que caractérisaient la lèvre inférieure en lippe, d'énormes sourcils, et un regard bon. Impérieux pour les siens, passant pour brutal auprès des autres, il témoignait à André une politesse mêlée de déférence, qui recouvrait beaucoup d'intérêt et d'amitié.

Le comte de Mercy avait patronné l'étudiant en droit à ses débuts, l'avait aidé de sa bourse. De père en fils, les de Mercy, dans leurs terres, avaient protégé les Damours, paysans et fermiers. L'avocat ne reniait pas cette espèce de vasselage; il avait plaidé dans plusieurs procès pour le père d'André, et reporté en affection sur le fils la reconnaissance qu'il gardait au père.

Gagnant largement sa vie, grâce à son énergie, son labeur rude, il pensait, avec malaise et timidité, à la pauvreté des de Mercy; il eût voulu les obliger, leur être utile, mais comment? Il avait songé à ce qu'André fît son droit, travaillât près de lui; il lui céderait un jour sa clientèle: projet irréalisable. La fierté de Mme de Mercy ne se serait jamais accommodée de ce que son fils fût avocat, même riche et considéré.

L'idée qu'André épousât Germaine ne lui était pas venue. Marié à une femme de chétive santé, souvent alitée, il ne pouvait croire que sa fille le quitterait. Il l'aimait passionnément; c'était le seul égoïsme de cet homme de travail et de sacrifice. Puis il ne se croyait pas assez riche, il rêvait une fortune pour son enfant. Enfin, il la jugeait avec raison trop jeune; la marier déjà lui eût semblé un crime.

Germaine et André s'étaient isolés, dans le salon. Trois ou quatre personnes graves jouaient à l'écarté, l'adolescent frisé était au piano, deux jeunes filles causaient, avec des petits rires étouffés, et Damours passa dans la chambre de sa femme, souffrante.

En face l'un de l'autre, noyant leurs yeux et leurs pensées, André et Germaine se regardaient, sans s'être encore dit un mot: lui, heureux et ne songeant plus qu'à plaire à cette mignonne fille; elle, troublée sans doute, indéfinissablement, mais surtout étonnée, et ne ressentant rien encore que le vague et lent éveil de ses premières sensations de vierge.

—Germaine, balbutia-t-il, m'aimez-vous?

Elle baissa la tête, et si bas qu'il se demanda s'il ne rêvait pas la réponse:

—Oui.

—Voulez-vous que je parle à votre père ce soir même?

Elle releva vivement le front, lui jeta un joli regard effrayé, et avertie par son instinct:

—Non! Laissez-moi faire…

—Mais bientôt, n'est-ce pas?

Elle hésita; sans doute son coeur n'avait pas encore parlé; et pourtant avec une assurance de femme, lui mentant et se mentant à elle-même:

—Oui! bientôt!

—Vous me le promettez?

—Je vous le promets.

—Je suis pauvre, vous le savez, je vis avec ma mère; il vous faudra de la bonté, du courage, et…—Il n'osa parler des enfants; Germaine rougissait. La réalité de ces choses l'effarait, elle aimait mieux l'entendre parler câlinement; elle sentait bien qu'elle ne saurait encore être femme ni mère: une petite amoureuse oui, c'était si charmant. Et comme André continuait, elle eut un air d'ennui, de crainte, et prestement:

—Chut! papa!—et elle s'esquiva.

André pensa, regrettant son aveu: «J'ai fait une sottise, n'avais-je pas deviné ses craintes, ses doutes? nous ne nous aimons pas!» Et cependant il disait à Damours, à tout hasard:

—Je veux me marier, la solitude me pèse, ma vie d'employé me harasse; la nécessité de soutenir un ménage me donnera le ressort nécessaire, me fera faire des efforts vigoureux; je sortirai de mon atonie; il est grand temps: c'est devenu pour moi une question de vie et de mort.

L'avocat devint grave, et passant son bras sous celui d'André:

—Mon cher enfant, dit-il, les événements n'ont pas marché selon notre désir. Vous avez aujourd'hui une position faite, mais fausse. Un peu, beaucoup par votre faute. On arrive dans les administrations par la faveur: ah! le mot vous irrite! mais en somme, vos parents ont rendu des services à l'État, cette faveur n'est que de la justice. Trois fois j'ai voulu vous faire mieux placer, vous avez refusé. Si vous êtes dans les mêmes intentions, et je le crois,—fit-il avec un sourire,—car je vous sais entêté comme votre père…—Bonjour, mon ami!… et Damours s'interrompit pour serrer la main à son neveu, jeune officier d'artillerie qui venait d'entrer;—je vous approuve donc, continua-t-il, de vous marier; à une condition: c'est que vous fassiez un mariage digne de votre nom et de votre position sociale.

—Un mariage riche! s'écria André avec répulsion.

—Permettez! je ne vous conseille ni un marché ni une mésalliance. Mais un de Mercy se doit d'épouser qui le vaut. Il vous faut quinze mille livres de rentes. Vous le devez à votre mère, à vous-même. Vous vous êtes mal embarqué dans la vie, voilà le moyen d'en sortir.

—Non! non!—répéta André, avec des coups de tête résolus.

—Croyez-vous donc que vous serez l'obligé de votre femme? Estimez-vous plus haut! D'ailleurs, un seul mot, pesez-le. Riche, ayant épousé une fiancée jeune et digne de vous, vous êtes maître de votre existence. Qui vous empêche de rendre votre femme heureuse? Sera-t-elle moins aimable pour quelques misérables sacs d'écus? Pauvre, mari d'une pauvresse, vous mènerez une vie lamentable, sans noblesse, sans dignité, et sans amour. Autant vous mettre une pierre au cou, et vous jeter à l'eau!

Pendant ce temps, l'officier d'artillerie causait familièrement, galamment avec Germaine, et celle-ci, intimidée, émue, rougissait, comme prise par des sentiments soudains, nouveaux. André sans répondre, les observait.

—Allons,—dit Damours, le croyant ébranlé parce qu'il se taisait,—voulez-vous que je vous cherche femme? ce sera avec une joie sincère.

Germaine souriait, les yeux troubles. Elle ne regardait personne, que le jeune officier. Elle avait un air de chatte, alléchée par un bol de lait chaud, et qui en même temps reste défiante, comme si elle avait peur de se brûler. Était-il sincère, ce beau garçon, qui lui laissait entendre, depuis plusieurs jours, qu'elle était jolie, charmante, et qui cavalièrement, la regardait dans les yeux?

—Voulez-vous? répéta Damours.

—Non!—et André pour atténuer ce que sa voix avait de dur, ajouta:—Je ne peux vous expliquer ça, c'est plus fort que moi; je me mépriserais, d'épouser une femme d'argent!

—Eh! mon cher!…—et l'avocat, avec un regard de confesseur et un sourire sceptique, pensait: «Ce ne serait pourtant pas une si mauvaise affaire!»

IV

Un jour vint où tout courage lui manqua.

Il eut alors des idées morbides, de maladie et de mort.

Ce n'était pas la première fois qu'il éprouvait cette consomption morale, ce dégoût quotidien, chaque jour plus amers. Déjà, adolescent, après la mort de sa soeur, il avait connu cette lassitude de vivre, ces obsessions funèbres qui hantaient derechef son sommeil et ses veilles. Et il avait été long à guérir.

Aujourd'hui, qu'il était homme, le même mal l'envahissait.

À tort ou à raison, il croyait sa carrière faite, et sans issue.

De quel côté se tournerait-il, en effet?

Le mariage, cet espoir auquel il s'était rattaché, lui semblait désormais impossible, depuis qu'il avait reconnu que Germaine ne lui convenait point. Certes, il était d'autres femmes, mais où les trouver? comment les connaître? Dans la rue? dans un magasin? dans un salon? André n'allait point dans le monde, ne connaissait personne. Ceux qui auraient pu l'aider ne se prêtaient point à un mariage d'amour pauvre. Puis, timide, il se défiait de lui-même. Prêt à se contenter du lot de bonheur que le hasard ou l'amitié lui eût procuré, il n'eût point su se tailler lui-même, à travers les événements, sa part de gloire, de richesse ou d'amour.

Il attendait et, rien ne venant, la patience lui échappait devant l'avenir, les années mortes.

De plus, avec sa mère, il en était arrivé à un état de crise aiguë; ce n'étaient plus entre eux, que contradictions, qu'aigreurs. Parfois, plein de honte, il redevenait bon et tendre, et elle-même dépouillait son ton acerbe; mais bientôt, cessant de s'entendre, ils recommençaient à souffrir.

Le bureau enfin lui parut intolérable.

Quel cauchemar: les rues où l'on passe, l'heure exacte, l'entrée au ministère, l'oeil du concierge, l'escalier, l'antichambre, la poignée de main de Malurus, l'éternel: «Vous allez bien!—Et vous même?», l'installation, la plume dans l'encre, l'annotation de dossiers ou la copie d'expéditions, le départ de midi et chaque fois: «—Je vais déjeuner» et Malurus invariablement:—«Bon appétit!» la sortie, le déjeuner en hâte, la fuite, la rentrée au bureau, copies sur copies, l'échange de lieux communs absurdes, l'odeur des cartons remués, la petite toux sèche de Malurus, les remontrances du chef, le temps qui s'écoule si lentement, la sortie hébétée de cinq heures, le retour à la maison, la lecture d'un livre, le dîner, puis la réclusion dans une chambre, le coucher, le sommeil ou l'insomnie; et le recommencement, le lendemain, d'une existence exactement pareille!…

Dans la rue ou au bureau, certaines figures l'irritaient, des propos, toujours les mêmes, le mettaient hors de lui. Portant l'hérédité, encore faible, d'une maladie de foie, André, condamné à une vie malsaine, devenait taciturne, avait le teint jaune, les yeux plombés. S'il était assis, des afflux de sang au coeur, parfois, le soulevaient brusquement. Il faisait, dans l'étouffant réduit, quelques pas, sortait dans le corridor, rentrait. La congestion le reprenait; et pourpre, le front dans ses mains, il ne pouvait dormir. L'entrée fréquente du sous-chef empêchait de lire. Et les journaux ne l'intéressaient guère. Les yeux fatigués de la pièce où il s'étiolait, il tisonnait dans la cheminée, regardait la face blême du commis, ne souffrait trop que lorsque Malurus ressassait d'interminables lieux communs: injustice des avancements, insuffisance des traitements, et cette loterie du sort qui avait avancé ses camarades, le laissant seul dans un coin, pour y mourir. Sa toux fêlée sonnait alors, fausse à entendre, comme ces grincements qui agacent les dents. Après vingt-cinq ans de services, tant de besogne, et force passe-droits, il devenait monomane. Et une influence malsaine se dégageait de lui et de la pièce même. La peur de devenir fou, par contagion, commença de hanter André.

Dès lors tout l'aigrit, l'exaspéra!

C'est qu'il subissait le contre-coup de quatre ans de vie recluse. Tout en lui se révoltait: la santé compromise, le cerveau fatigué, les nerfs malades et l'âme déprimée; car il avait le sentiment d'une déchéance, et cela surtout l'assombrissait. Mais l'avenir aussi le terrifiait! Demain, après, toujours, végéter dans ce bureau, l'esprit racorni et le corps ratatiné, y vieillir!…—Et l'idée des innombrables jours qu'il traînerait ainsi, lui écrasait l'âme, comme une montagne de pierres.

Il connaissait une autre souffrance, la solitude.

Il oubliait Mariette, voyageant avec un nouvel amant. Il allait rarement chez les Damours, et Germaine et lui ne se parlaient plus qu'en amis, comme si tacitement ils avaient reconnu leur méprise. Mais même lorsqu'il voyait constamment Mariette et Germaine, près d'elles ne s'était-il pas senti seul? l'entendaient-elles, lui? sentaient-elles ce qu'il souffrait?—N'être pas compris, par les êtres qui semblent le mieux faits pour vous deviner, paraît dur.

Physiquement aussi, il dépérissait,

Mariette disparue, il sentait se réveiller en lui, au bout de quelques semaines, troublant l'esprit, perturbant les sens, le vague et inextinguible besoin d'aimer.

Dans la rue, il souffrait de voir marcher, bras dessus bras dessous, les jeunes gens et les jeunes filles. Il enviait les fiancés, les époux et même les adultères.

Des visages de femme le rendaient triste, d'autres, joyeux. La laideur le chagrinait, les formes belles lui donnaient une joie mystérieuse. Malade d'amour et de solitude, il ressentait, puis niait le trouble qu'apportent les voix, les parfums, le bruissement d'une robe balancée mollement, l'éclair entrevu d'un bas de soie.

Il suivait des femmes qu'il trouvait élégantes. Combien peu semblaient d'une race d'élite, raffinées, désirables surtout pour leur grâce et leur pureté, comme ces femmes d'Orient, baignées continuellement en des bassins d'eau vive. Les sens d'André contractèrent alors une délicatesse maladive. Des dégoûts le prirent. Il subissait des suggestions grotesques, absurdes, comme ces femmes dont les goûts se dépravent, quand elles sont enceintes.

Et peu à peu, dans cette crise qui menace souvent les vingt-cinq ans des jeunes hommes, logiquement, fatalement, à André persuadé de l'impossibilité de sortir de la vie où il tournait sur lui-même, venait une idée de libération, de salut: mourir.

Le mot de suicide s'enveloppait de préjugés religieux, philosophiques, sociaux, qu'il discuta avec sang-froid.

Sentant profondément et avec passion, comme sa mère, il tenait de son père un esprit de raisonnement et de réflexion.

Si donc il voulait se soustraire à la vie, c'était d'instinct, par l'obsession de sa profonde souffrance, et pour s'y dérober; par réflexion, parce que l'avenir ne lui offrant aucun débouché, il jugeait inutile de prolonger son angoisse secrète.

Il envisagea le suicide, gravement, et comme si, vis-à-vis de lui même, il pesait ses droits, sa liberté, et ne voulait mourir, qu'absous.

Au point de vue religieux, il trancha vite la question: il ne croyait pas.

L'idée qu'il serait lâche l'angoissa bien; cependant il ne le serait que d'une façon abstraite et philosophique, par cela seul qu'il se soustrairait, volontairement, à l'accomplissement de son devoir moral. Car d'être lâche, comme l'entend le vulgaire, il était bien difficile de dire s'il y avait plus de bravoure à supporter les peines de l'existence qu'à s'en affranchir, et si véritablement, du moins pour la foule des hommes, ce n'est point par lâcheté, précisément, qu'ils préfèrent une longue agonie, les misères, et la souffrance, à la libération courageuse, qui dépend d'un bout de corde, ou de la détente d'un pistolet.

Le trouble d'Hamlet ne pouvait non plus manquer de l'ébranler. De ce qu'il ne crût pas à l'immortalité de l'âme, il ne pouvait inférer qu'elle mourût: sa croyance n'engendrait pas la réalité ignorée. Mourir entièrement et abolir la détestable conscience de soi, et toute douleur et toute joie, c'était bien. Mais se survivre, quelle stupeur, quel effroi?—Soit! il en courrait le risque, estimant que tout vaudrait mieux que l'heure actuelle, jouant, en cas de survie, son bonheur sur un coup de dés.

Ainsi André se jugeait libre de mourir, s'en croyait le droit, s'absolvait.

Mais il sentait que ses raisonnements n'avaient point de valeur, et que la vraie raison de vivre n'en était pas moins là, rigoureuse et formelle. Qu'importaient les théories, philosophiques ou religieuses? quand, vivant avec sa mère, il se disait: «Je puis la tuer du même coup!»

D'ailleurs, vivrait-elle, quelle lâcheté de la laisser ainsi seule, infortunée!

Rien que pour elle, il n'avait pas le droit de disposer de sa vie.

À l'idée de sa mère, se joignait celle de la société, car Mme de Mercy, crucifiée dans sa tendresse, le serait presque autant, plus peut-être, dans l'opinion du monde qu'elle redoutait pardessus tout.

Il écarta d'abord cette objection, comme la plus faible.

Le monde, qu'avait-il fait pour sa mère, pour lui? Combien d'imbéciles, de méchants, de débauchés, grossis par une infime fraction d'honnêtes gens, composent ce que l'on appelle le monde? Il le méprisa.

Mais sa mère, la laisser seule, vieillissante déjà?

Ce fut, dans sa conscience, un débat long et cruel.

Il ne se croyait pas les moyens de sortir de son enfer; il regardait, naïvement peut-être, mais sincèrement, toute brigue, toute humilité, tout quémandage, et d'autre part aussi une alliance riche, comme choses honteuses. Et entre la mort et la honte, ces deux mots pompeux, et qui flattent l'imagination d'un jeune homme, il n'hésitait pas.

Un ami l'eût éclairé. Il n'en avait pas.

Mais sa mère!

À ce moment-là, André avait oublié tous ses griefs contre elle, et il ne s'en servit point pour se consoler. Il l'envisagea avec une tendresse et une reconnaissance ardentes, et attendri, il renonça presque à son projet pendant quelques semaines, en disant: «C'est impossible!»

Mais pas plus qu'il ne s'était résigné à son triste emploi, et à sa solitude, il n'eut le courage de chasser l'obsession morbide.

V

Alors, l'idée de mourir le hanta, elle vivait avec lui, peuplait ses cauchemars. Il se sentit moins triste. À penser qu'il serait libéré, plus tard, un jour, bientôt peut-être, et que cela dépendait, en somme, d'une détermination suprême, il se sentait plus calme, presque heureux. Puis l'habitude, il le savait, émousse les sensations et les sentiments les plus vivaces. Ce qui semblait absurde ou monstrueux la veille, devient au bout de quelques jours, acceptable et possible. André, et il en rougissait, s'habitua à l'idée du désespoir qu'il causerait à sa mère. Alors il laissa place, dans son esprit, aux sophismes.

«Elle est pieuse, elle priera, elle trouvera la paix, la résignation, elle se consolera.»

Puis:

«Elle est si bonne, elle me pardonnera, elle déplorera le sort, mais elle reconnaîtra que c'était inévitable.»

Et peu après:

«Sera-t-elle si seule que je le crains? Mme d'Ayral lui offrira peut-être de vivre avec elle; l'abbé Lurel a pour elle une vieille affection. Tous trois se comprennent mutuellement, beaucoup plus que ma mère et moi ne nous sommes jamais compris.»

Il s'arrêta court, se sentant injuste, et percevant la vérité, par un contre-coup soudain:

—C'est mal, c'est mal! cria-t-il. Je ne puis faire cela!

Mais alors, la conscience de son ennui amer, de sa pauvreté irrémédiable, et de l'avenir pareil à vivre, le rejeta dans une angoisse extrême. Plus la vie lui semblait mauvaise, plus la mort lui apparaissait désirable. Il la jugeait belle, simple; il l'appelait. Il se voyait enterré, avec joie. C'était la vie qui le dégoûtait. Et le ver du tombeau et l'horreur de la chair dissoute, lui semblait bons, à côté d'elle.

C'est ainsi que peu à peu, les derniers sentiments qui le retenaient, s'éteignirent, s'évanouirent.

Quoiqu'il ne mît aucun dandysme à mourir, il songea à la façon dont il disparaîtrait et à faire, en quelque sorte, sa toilette suprême.

«Comment mourir?» pensait-il, et le choix à faire lui inspirait une volupté douloureuse. Mais le fait même du suicide, il l'envisageait avec indifférence, et eût cru bien misérable de s'apitoyer sur lui-même, de se faire, par ses regrets, une oraison funèbre anticipée. S'étant condamné, il n'avait pas cette pitié que les hommes communs ont pour eux-mêmes. Le *moi* qu'il allait anéantir, ne lui inspirait plus d'intérêt.

Bien diminués et appauvris, ses scrupules n'étaient plus que matériels: il ne pensait plus qu'à «d'ennui» qu'il donnerait à sa mère, qu'au tumulte et aux bavardages ridicules, qu'aux constatations banales auxquelles donne lieu tout accident. Il se représenta Mme de Mercy, non plus désolée, mais effarée; il pensa aux dépenses que coûterait son enterrement: les pompes funèbres sont chères, l'Église aussi, si elle lui accordait une messe. Par sentiment des convenances, André eût voulu disparaître, qu'on ne le revît jamais, que son corps, tombé au fond d'un tourbillon, dans la vase d'un fleuve, ou enfoui dans une carrière, n'apparût point dans sa laideur.

Cette sombre coquetterie, ce dégoût des ennuis matériels que sa mort imposerait, firent qu'il balança peu sur le choix des moyens.

La vision de la Morgue, d'un corps ballonné et bleu par l'eau du fleuve, lui fit horreur. La pendaison anglaise lui sembla d'un comique répugnant. Un coup de couteau, et c'était fait! Il pousserait la lame lentement, après avoir cherché du doigt là où le coeur bat le plus fort; mais si la douleur l'effrayait, et qu'il se blessât seulement!… Une balle dans la tête était plus sûre, mais quelle laideur brutale que ce crâne entr'ouvert, la cervelle éparse, le sang giclé. Une balle au coeur était mieux, car le poison est trompeur, son agonie ignoble. Et André ramena d'un tiroir un revolver de calibre moyen, dont les cinq coups étaient chargés.

La fenêtre était ouverte.

On apercevait un horizon de toits et de cheminées. En face, dans une mansarde, où il épiait, souvent, l'apparition d'une jeune ouvrière, des oiseaux en cage pépiaient. Le soleil baignait d'or, à perte de vue, ce grand décor de maisons, de rues et d'arbres. Que de gens vivaient là, parqués dans une chambre étroite, grouillant sous les grandes bâtisses à six étages. Que de misères, de labeurs, que de naissances quotidiennes, hélas, et que de morts! À des fenêtres poussaient des fleurs en caisse, à d'autres, flottaient des linges sales. Des vitres, dans un mur plein de crasse et de sueur, s'encastraient, avec d'ironiques reflets d'or. D'autres s'ouvraient, sur des coins de chambre vides, et tout noirs.

D'en bas, montait le tumulte de la rue, roulements d'omnibus, cris de marchands poussant leurs voitures, et comme un bourdonnement de cent mille voix. Des marronniers, dont on apercevait très loin la cime, attestaient le printemps.

André, qui tenait son revolver en main, se sentit de l'orgueil, devant cette vie sourde et ces rumeurs. Plaignant les efforts de cette humanité misérable, il sourit, fier d'oser s'affranchir de cette vie de cloporte et de fourmi. Que d'humiliations il évitait par là, que de rancoeurs, de dégoûts, et la maladie rebutante et la vieillesse hébétée, et la mort laide, semblable à un huissier qui vous saisit, en dernière forme de procès.

«Ma mère est absente, je suis seul, je n'ai qu'à presser cette détente, je suis libre!»

Il admira avec quelle facilité l'homme peut se délivrer, par le suicide, et s'étonna que si peu y succombassent; car la mort est là partout, invitante. Enjamber une fenêtre ou un parapet, attendre le passage d'un train, attacher une corde à un clou, quoi de plus simple, de plus facile?

Et André, sûr de pouvoir mourir quand il le voudrait, remit son arme dans le tiroir, s'accouda sur un livre, et rêva au printemps.

Soudain il prit son chapeau, et alla au Luxembourg.

Le grand jardin était plein d'oiseaux, d'ombre et de fraîcheur.

Une foule s'y pressait. Des petits garçons lançaient sur le bassin de frêles bateaux. Des fillettes poussaient leur cerceau, ou jouaient à la balle, avec de petits cris aigus. Des jeunes filles, se tenant par le bras, échangeaient des confidences, d'un air grave, en regardant en dessous les passants. Des mères, une broderie sur leurs genoux, regardaient, avec un joli sourire, leur enfant, l'appelaient, et après un baiser, lui essuyaient le front et lui parlaient bas.

Des employés, sortant de leur bureau, marchaient vite, d'un pas régulier, comme s'ils y retournaient. Des troupiers flânaient, les mains ballantes, l'air doux et niais. Près de la fontaine de Médicis, une femme en noir, belle, errait mélancoliquement. Plus loin, un individu à cheveux longs, à figure simple, aux gestes secs, jetait, d'un pain qu'il cassait, les morceaux aux oiseaux; et eux, sautillants et familiers, voletaient vers le poing du charmeur. Des étudiants, avec des figures bonasses, ou plissées et jaunâtres, passaient d'un air important, une serviette sous le bras, frôlés par des maçons. Un acteur de l'Odéon et une actrice, bras à bras, se souriaient comme en scène; et leurs paroles semblaient des répliques. Des poètes aux cheveux flottants regardaient de pâles ouvrières, qui, ralentissant le pas, se moquaient de filles empanachées, dédaigneuses.

André pensa:

«Tout cela souffre, et dans cette foule composée d'êtres si différents, où se coudoient riches et pauvres, heureux et misérables, combien mourraient volontiers, ce soir? Pas un, peut-être. Si on leur offrait cette délivrance, ils pâliraient, et vous taxeraient de folie ou de cruauté. Est-ce donc l'espérance qui soutient ces employés nécessiteux, ces poètes amaigris, ces ouvriers exténués, ces filles de peine, ou simplement l'instinct stupide de l'existence? Alors moi, pourquoi donc ne pensé-je pas comme eux? Je ne suis pas un philosophe pessimiste pourtant. Je n'ai pas lu Schopenhauer, et j'aimerais tant la vie si elle était meilleure!»

Une grande amertume l'envahissait, d'être isolé et sentant autrement que tous les autres. La vie, qui autour de lui, bruissait et s'agitait, commença de l'angoisser péniblement.

Il éprouva, avec une intensité funéraire croissante, combien le soleil était sombre, le ciel vide, les femmes sans beauté. Le printemps lui sembla amer. Un levain de rancoeur et de dégoût fermenta brusquement dans son coeur. C'était une horreur physique, une nausée. Il s'étonna d'avoir accepté, si longtemps, des jours de laideur, au bureau, tant de discussions stériles, avec sa mère; et s'en voulut, de cet imbécile espoir dans l'avenir, qui jusqu'alors l'avait leurré. Il lui vint une répulsion aristocratique pour toutes les petites misères, les petites souffrances, les petites malpropretés de la vie pauvre. Ballotté, coudoyé dans cette foule, il souffrit, trouvant hostiles les visages d'homme, ineptes les visages de femme.

L'odeur des arbres l'irritait; il eût voulu pleurer. Il se hâta de rentrer à la maison, et couché sur son lit, à plat-ventre, il sanglotait.

—André!—dit une voix déchirante.—Mon Dieu! André!…

Il se retourna: sa mère était devant lui, les traits tirés, les yeux fixes, désolée, dans ses vêtements d'éternel deuil; elle n'en dit pas plus et se mit à pleurer aussi, debout, comme si elle devinait que son fils allait l'abandonner et qu'elle déplorât déjà son cruel veuvage.

De la voir en larmes, il s'attendrit et, essayant de sourire, il lui prit les mains, honteux qu'elle eût assisté à cette preuve de faiblesse, ce désespoir enfantin.

—Qu'as-tu, mon André, est-ce que Germaine?…

Il la rassura tendrement.

—Mais alors?…—et elle n'osa s'expliquer.

Il comprit, évoquant Mariette; mais elle était loin, il l'oubliait, et il jura qu'il ne souffrait pas d'amour.

Mais sa mère restait inquiète, le regardant avec des yeux tristes, une majesté de noble femme, jadis belle; et elle l'interrogeait, se refusant à croire qu'André—un homme—eût pleuré pour autre chose qu'une douleur profonde. Sombre, elle présageait un secret, irritée de ne pas le connaître. Qu'était-ce? Elle eût voulu consoler son enfant, qu'il fût heureux. Elle le supplia de se confesser, s'agenouilla presque, inclinant ses bandeaux gris, et la raie qui les séparait, une triste raie agrandie, qui inspirait de la pitié.

André lui donna le change, sans mentir, rejeta son chagrin sur le bureau et, pour une fois, forcé d'être sincère et prolixe, il dit, avec une violence telle, ses amertumes et ses dégoûts quotidiens, son labeur bête, son salaire nul, que Mme de Mercy, bouleversée par cette confession de douleur, et pourtant heureuse de ce qu'il lui parlât si longtemps coeur à coeur, s'écria:

—Tu n'iras plus, reste avec moi!

Il la regarda, surpris, et l'admira; puis sachant qu'elle offrait l'impossible, et en tout cas l'inacceptable, il secoua doucement la tête, berçant sa mère de paroles douces, en refusant.

—Je ne veux plus que tu souffres ainsi, mon enfant! répétait-elle; nous sommes pauvres, mais grâce à Dieu! nous pouvons le devenir encore plus. Le peu que j'ai est à toi, donne ta démission! S'il le faut, nous irons nous enterrer dans un petit coin, en province, là où la vie sera la moins chère. Ce que je veux, c'est que tu ne souffres plus.

—Je ne souffrirai plus,—dit André et il regarda sa mère, pour voir si elle comprenait le sens caché de ces mots; mais elle insistait, ne pensant qu'à lui:

—Je vendrais bien la maison et la petite ferme d'Algérie, une mauvaise affaire que ton père a faite; mais si peu que me paye le fermier, nous aurions, si on vendait les terres, une somme bien inférieure à la valeur réelle, qui nous donne trois mille livres de rente. Quand aux titres et obligations, qui me rapportent quinze cents francs par an, les vendre, ne serait-ce pas une folie? Il faut vivre sur nos maigres revenus. Et nous le ferons! Donne ta démission, mon chéri!

«Hé! pensa-t-il, est-ce que cela ne se résout pas à être plus pauvres encore? Ma pauvre mère, dans la sincérité de son coeur, m'offre une vie bien plus misérable. Quant à être entretenu par elle, sans rien gagner de mon côté, sans l'indemniser un peu, comme je le fais, en lui payant une faible pension de cent francs par mois, impossible. Je n'en suis pas tombé là. Insuffisantes pour deux, ses maigres rentes lui suffiront, elle sera même plus à l'aise; quand Lucy est morte, nous avons été plus riches aussi! Mon Dieu! n'est-ce pas affreux!»

Il remercia sa mère avec effusion, elle en fut touchée. La bonne, une vieille servante dévouée, les prévint que le repas était servi; et ils dînèrent, l'âme un peu allégée, satisfaits naïvement, l'une d'avoir offert un sacrifice impossible, et l'autre de l'avoir refusé.

Mais quand, à dix heures du soir, Mme de Mercy se fut retirée dans sa chambre, André s'habilla, sortit.

La nécessité d'échapper à cette situation fausse, le frappait à l'évidence. Il comptait se tuer dans quelque endroit désert, ou sur une berge, afin que son corps tombât dans l'eau: peut-être le garderait-elle.

Quoiqu'il eût jugé plus digne de se taire, il regretta de n'avoir pas laissé sur sa table un mot de souvenir et de tendresse pour sa mère. Quel réveil pour la pauvre femme, lorsque le lendemain, elle chercherait son fils et ne le trouverait pas.

André erra et se perdit dans les rues. Il passait, de la lumière crue de certains endroits, à l'obscurité d'autres; il longea les quais, d'où s'exhalait la fraîcheur de l'eau. Sur un pont, il s'arrêta, regarda la rivière: d'un noir frissonnant, elle semblait vivre; les réverbères y miraient leurs clartés, qui se prolongeaient en tremblantes fusées d'or.

Les lanternes des bateaux, comme des yeux rouges ou verts, s'avançaient d'un mouvement rapide, ou s'éloignaient. Des points de lumière s'espaçaient à l'infini, dans l'horizon noir. Sur Paris, le ciel sombre et roux semblait refléter un perpétuel incendie; et toutes les vitres éclairées, découpaient, du haut en bas des maisons, des rectangles lumineux où se profilaient des ombres.

André s'en fut rue de Rivoli, puis avenue de l'Opéra, et aux boulevards. Il donna un regret à l'affiche des théâtres, et aussi aux livres neufs, brillant dans leur vitrine. Il eût aimé ces joies intellectuelles, que satisfaisaient mal les bouquins poudreux et les nouveautés fades d'un cabinet de lecture insipide, à bas prix.

Comme dans les théâtres, où à la lumière se dorent les décors ignobles, les vêtements salis, le paillon, Paris, à la clarté de ses milliers de becs de gaz, se parait d'une beauté féerique, où le tournoiement, le va-et-vient des lumières et des gens, prenaient une intensité surprenante, dégageaient le rêve et la griserie.

«Que Paris est grand, qu'il est beau! murmura André. Heureux ceux qui s'y font une place, les grands artistes, les savants! Heureux les puissants, les riches!»

Et le spectacle de ces rues agitées qu'il voyait pour la dernière fois, l'absorba au point qu'il sentit moins la vivacité de son chagrin. Par un revirement naturel, il alla au plus fort de la foule, comme s'il voulait une dernière fois se mêler, se frotter à la vie.

Il trouvait aux femmes un charme plus grand; et sa chair criait moins que son coeur, dans ce désir suprême d'amour.

La nuit s'avança, les heures passèrent. André reculait de se tuer. «J'ai le temps», se disait-il; et il reprenait sa marche nostalgique. Peu à peu des vitres s'éteignirent; le mouvement des voitures se ralentissait, les passants étaient moins nombreux, certaines rues désertes, tous les magasins fermés. Les omnibus disparurent. Paris s'endormait.

Machinalement, André marchait vers sa maison, comme s'il ne fût sorti que pour une promenade. Au ciel d'un bleu tendre scintillaient toutes les étoiles; la ville était plus douce, dans l'ombre qui l'envahissait. Les grands monuments se levaient informes, obscurs. Et André ne savait quel était ce sentiment de mollesse qui l'empêchait de mourir. Il n'osa rentrer chez lui, ne serait-ce pas ridicule; et puisqu'il avait pris sa résolution, pourquoi donc balancer?

Il entra dans un café, et sans voir s'accouda, l'âme accablée, écoutant le roulement mourant d'un fiacre, et un éclat de rire nerveux, prolongé, qui, passant par la muraille, arrivait, énervant, sans qu'on sut qui le poussait, et si c'était un rire de joie, ou s'il préludait, maladif, à de brusques sanglots de douleur. Tout à coup, ce rire cessa.

Il ne restait plus dans le café qu'une femme, assez jolie, qui, lasse d'attendre quelqu'un et de tourner les pages de journaux comiques, regardait André avec intérêt.

Elle vit l'heure, fit un geste comme si elle prenait son parti. Vêtue sans excentricité, pâle, et d'une beauté sensuelle, elle s'approcha et au moment de lui parler, hésita, sortit.

Il la suivit, ému comme un enfant par la simplicité de sa dernière conquête. «Une nuit d'amour, puis la mort!» se dit-il; il savait des passages de *Rolla* par coeur. Et docile, il accompagna l'inconnue, acceptant cette dernière ivresse, comme un étourdissement qui lui donnerait la force, le courage indispensables. Il éprouvait pour cette passante qui, miséricordieuse sans le savoir, lui donnait une nuit à vivre, une reconnaissance confuse et mélancolique.

Quand il rentra chez lui, au matin, quelque chose de doux se mêlait à sa tristesse intime, mais l'orgueil lui criait durement: «Lâche! qui a eu peur de se tuer!»

Cette idée lui devint intolérable; il voulut s'y soustraire, la nia. Elle revint, s'ancra en lui; elle le persécutait, il la discuta.

Oui, il avait été lâche, il en convint et cela l'accabla.

Dans sa situation d'esprit et la crise qu'il traversait, il ne pouvait, il le sentit, éviter le suicide. S'il le regardait comme inévitable, le retarderait-il de jour en jour? Aurait-il peur devant l'acte matériel? Mais alors, il serait lâche en face d'une épée, dans un duel? lâche sous les balles, devant l'ennemi? Sa fierté se révolta, et n'acceptant point que sa chair pût dominer son esprit, il raidit sa volonté, pour mourir, comme un autre l'eût raidie, pour vivre.

VI

Huit jours après, ayant déjeuné avec sa mère, André, au lieu de rentrer à son bureau, gagna à pied l'avenue des Champs-Elysées, comptant en finir, au bois de Boulogne, dans un fourré écarté.

Il avait un sang-froid singulier, et comme une vitalité cérébrale décuplée. Jamais il ne s'était senti si calme, si résolu. Il jouissait de cette lucidité, de cette rapidité de sensations, que l'on éprouve dans les circonstances extrêmes. Il se vit dans une glace,—il n'était point pâle,—et comprit qu'affronter la douleur physique, ne serait rien pour lui aujourd'hui.

«À quoi tient donc le courage ou l'héroïsme? à une disposition de nos nerfs, à l'état de notre estomac?» André souriait; en ce moment, au lieu de retarder la dernière minute, il avait une envie puérile de l'avancer. À quoi bon se fatiguer, aller si loin; ne pouvait-il s'asseoir sur un banc? pourquoi même n'être pas resté chez lui, dans sa chambre?

Alors l'idée des ennuis matériels que sa mort causerait, le harcela de nouveau. Il embrassa d'un coup d'oeil, mentalement, sa chambre de garçon, le lit étroit, la petite table chargée de livres, devant la fenêtre. Dans une hallucination, il vit sa mère: elle entrait, pleine d'angoisse parce qu'il ne revenait pas; elle furetait, cherchait un indice, et sur la table apercevait une lettre. C'était l'adieu, les douces et vaines paroles dernières. Elle lisait, hagarde, poussait un cri, et tombait évanouie.

André tressaillit, arraché à sa vision, et secoua le front, pour la chasser. Il se dit: «À quoi bon? ce qui doit être, sera. On ne fuit pas l'inévitable!»

Et voici qu'il revit, dans un rêve éveillé, la jeune femme qui, cette nuit, l'avait sauvé, en le gardant chez elle, en lui faisant de ses bras un collier, en l'enivrant et en le rendant voluptueusement lâche.

Il l'éloigna. Mais d'autres passèrent: Lucy, avec son regard de soeur, vision douce et lamentable; puis les indifférentes, Mariette, Germaine. Il les chassa. Il écarta aussi toute circonstance accessoire se rapportant à sa mort, et la supposition même de ce qui adviendrait ensuite; il s'absorba dans l'idée précise et fixe, de l'instant décisif qui le libérerait. Il regarda sa montre, et avec un sentiment de délivrance:

—Dans une demi-heure à peine, dit-il.

Soudain, il fit un écart violent.

Une voiture de maître courait sur lui à grandes guides, sans qu'il entendît les cris du cocher; elle allait l'écraser, il fit de côté un saut instinctif et le coeur battant, pris d'une peur invincible, il traversa en courant la chaussée.

En sûreté, il s'arrêta et se mit à rire, de mauvaise grâce, puis franchement. Quoi! il allait mourir, avait la vie en dégoût, voilà que la mort courait sur lui, et il s'était sauvé comme un enfant. C'est qu'il avait été surpris, sa volonté avait été violée, la faute était à cet instinct stupide de la conservation quand même. Il hâta le pas vers le Bois, qui au fond de l'avenue verdoyait.

—Encore un quart d'heure!

Arrivé, il ne put trouver un coin désert. Les routes étaient pleines d'équipages, de cavaliers; dans les allées se pressaient des familles entières; des amoureux sortaient des taillis, et dans les coins éloignés, se glissaient des figures louches, de pierreuses et d'hommes ignobles, venus au milieu de cette beauté du Bois et cette élégance du monde, on ne sait dans quels buts équivoques.

Il regretta de n'avoir pas été à Vincennes, ou plus loin; un instinct aristocratique l'avait guidé ici. Et d'un oeil moins distrait qu'il ne se l'avouait, il regardait dans leurs voitures légères, les femmes, sous leurs chapeaux de fleurs.

«Quoi, se disait-il, dans quelques instants, je ne verrai plus, je n'entendrai plus, je serai insensible, et un objet d'horreur?—Mais est-ce bien possible?»

Il s'éloigna du côté de Passy, vers la Muette, s'y trouva plus seul.

«Allons, pensa-t-il, voici l'instant.»

Il tâta son portefeuille, où l'on trouverait ses cartes et son adresse, il déboutonna sa redingote, car il l'avait mise par coquetterie; il avait aussi changé de linge, et mis un pantalon presque neuf. Il était debout, il s'assit, comme bien fatigué de sa marche, et aussi de toute sa vie passée. Tristement, il chercha la place de son coeur, et le sentit battre. «Je vis!» pensa-t-il, et un instant, il s'absorba dans la conscience de son existence et la certitude de sa mort. «Je vis encore! mais dans trois secondes, je ne vivrai plus!» et avec stupeur et pitié, il entendait le tic-tac persistant de son coeur. «Je vais mourir! murmura-t-il. Déjà je ne vis presque plus. Si! si! encore!...»—Et cette sensation palpitante et obstinée lui devint pénible, oppressive, angoissante, intolérable. Alors, brusque, il arma son revolver, qui rendit un bruit sec, appuya le canon sur le coeur, respira largement, et en fermant les yeux, suant d'angoisse, il pressa la détente.

* * * * *

Le chien s'était abattu avec un bruit mat, le coup avait raté.

André, stupide, regarda son arme. Son coeur avait des palpitations énormes. Il voulut armer de nouveau, ce qui amènerait une nouvelle cartouche sous le chien, mais auparavant il délibéra, pensif, presque ironique:

«Parbleu! le miracle n'existe point! la Providence ne s'occupe point de moi. La capsule était mauvaise, ou le fulminate humide, c'est clair. Pourtant, n'est-ce pas étrange? avant-hier, j'allais mourir, une passante dont je ne sais même plus le nom me sauve. Aujourd'hui, je presse la détente contre ma poitrine, le coup rate.»

Et indéfini, encore obscur, un pressentiment de vie naissait dans son coeur, comme l'intuition qu'il vivrait, que l'épreuve était faite, qu'on ne trompe point la fatalité, que les efforts pour devancer l'avenir restent stériles.

Cela se débattait, d'une façon trouble encore, dans son cerveau, tandis qu'il revenait, mal encore, de sa surprise.

Des gens parurent, au bout du sentier; machinalement il remit son revolver dans sa poche, pensant:

«J'attendrai qu'ils soient passés.»

Et luttant contre l'instinct de vivre, une envie aiguë le déchirait de recommencer l'épreuve, tant voluptueux avait été ce cruel instant. Les gens disparurent.

Mais ils furent suivis aussitôt d'un jeune homme de l'âge d'André, et qui lui ressemblait assez de taille et de visage; à son bras s'appuyait une jeune femme. Un enfant aux longs cheveux blonds les précédait. Ils défilèrent, détachant leurs profils jeunes sur la verdure baignée de soleil.

André crut, halluciné, se voir dans le chemin: cette femme était la sienne, cet enfant le sien; ce bonheur des autres qui passait ainsi, lui parut une promesse pour l'avenir.

«Le hasard, murmura-t-il, est bien étrange! Pourquoi sont-ils venus *maintenant*, ces êtres que j'envie? Tout à l'heure, ils m'eussent désespéré et poussé à me tuer; et en cet instant, ils m'inspirent je ne sais quel espoir, et quels rêves impossibles.

«Impossibles? qui sait! qui donc sait l'avenir? N'étais-je pas bien sûr que le coup partirait, tout à l'heure? et cependant…»

Il songeait toujours à faire un second essai, celui-là réussirait, il le sentait; une répugnance invincible l'arrêta. Manquerait-il de courage? mais la preuve venait d'être faite, il n'avait ni pâli ni tremblé, que fallait-il de plus?

Alors, pour la première fois depuis trois mois, peut-être depuis cinq ans, et il lui sembla aussi depuis le premier jour de sa vie, il respira avec une joie profonde l'odeur des herbes, et contempla le ciel. L'azur en était profond, doux et immaculé. Les arbres vigoureux étendaient leurs grands feuillages. De nouveau André se sentit vivre, et cette fois, avec joie, il écouta les palpitations heureuses de son coeur.

Véritablement il ressuscitait.

Craignant que sa mère ne trouvât la lettre d'adieu qu'il lui avait écrite, il hâta le pas. Le soleil déclinait, moins chaud; les voitures et les gens rentraient dans Paris. André suivit le flot: lui aussi rentrait dans le tumulte et la bataille pour la vie, mais ses chagrins ne lui semblaient plus irrémédiables, et il se sentit naître un pâle espoir, en admirant, sur les ponts, la Seine, teinte au coucher du soleil de reflets d'or et de pourpre.

Il dîna de grand appétit, fut gai et expansif, et passa avec sa mère une des meilleures soirées de sa vie.

En brûlant la lettre désespérée, qu'il avait laissée dans un livre, il pressentit que c'était fini, qu'on ne se tue ou qu'on ne se manque qu'une fois, qu'il vivrait, désormais.

Il ne put s'empêcher de rire, en s'endormant:

«Ah! ah! mon ami, tu n'aurais pas tenté une seconde épreuve?

«—Qu'importe! se répondait-il, puisque j'ai courageusement fait la première. Ce n'est pas ma faute si le coup a raté. Et d'ailleurs tant mieux!»

Un moment après il répéta, avec réflexion:

«Oui, tant mieux!»

VII

Le lendemain au ministère, il fut appelé chez son chef.

—Monsieur, dit ce fonctionnaire avec importance,—hier, vous avez manqué le bureau, que cela ne vous arrive plus! Vous aviez sans doute été faire une petite promenade?

André se mit à rire, dans l'escalier. N'avait-on pas raison? Tout ne s'était-il pas borné à une petite promenade?

Il trouva chez lui un rédacteur d'un autre service, qui attendait un renseignement. L'administration comptait tant d'employés que la plupart ne se connaissaient point.

L'homme, assis sur une chaise, soufflait avec un peu d'asthme, il se leva en souriant:

—Monsieur de Mercy?

Et il se présenta:

—Sylvestre Crescent.

Tandis qu'André donnait les explications attendues, Crescent le regardait, le voyant pour la première fois, avec une instinctive sympathie.

Il lui trouvait l'air distingué, la main blanche et la moustache fine. Il le vit triste et s'en demanda la cause.

André constata que Crescent était court, commun, négligé; mais le visage lui plut: c'était une grosse tête ronde, aux traits accentués, dont les yeux, pensifs et doux, contrastaient avec le rire perpétuel de la bouche.

Tous deux se convinrent. Ils s'étonnaient, sans se le dire, de ne s'être jamais rencontrés avant ce jour. Crescent, son affaire réglée, ne s'en allait pas; il s'assit, et l'on causa. Il était là depuis dix-sept ans, rédacteur à trois mille francs, et ne deviendrait jamais sous-chef... Il avait conquis une liberté relative; son travail étant intermittent, il le liquidait en quelques semaines, trois ou quatre fois l'an, puis usait du temps qui lui restait. Il eut de la peine à se lever, et pressa longuement la main d'André, comme s'il ne pouvait se décider à le quitter. Enfin, avec un bon sourire, il s'écria:

—Allons, au revoir!

«Drôle de bonhomme, pensa André, il est marié, je crois qu'il a parlé de ses enfants, il n'est pas riche, il trime toute l'année et avec cela il a l'air heureux; comment fait-il?»

Il reprit sa besogne avec mélancolie.

«On dirait un brave homme!»—Et il mit dans son jugement un peu de bienveillance protectrice, car André, accusé à tort de fierté, ne se départait cependant pas d'une réserve assez froide. Sa poignée de main, au lieu d'attirer la familiarité, la coupait court.

«Comment se fait-il que depuis quatre ans, je vois ce... Crescent, pour la première fois? Alors si je m'étais tué hier, il aurait trouvé aujourd'hui visage de bois?... C'est comique, le hasard! Et qui sait où je serai, ce que ferai dans six mois?

«Ma foi! c'est la première figure supportable que j'aperçoive ici!»

Cette pensée lui fit bien accueillir le rédacteur, lorsqu'il revint, le surlendemain, sans prétexte, uniquement pour causer. André lui rendit sa visite. Crescent habitait, sous les toits, au bout d'un long corridor encombré de cartons et de liasses ficelées, une petite pièce, où l'on se croyait au bout du monde. Devant la fenêtre en tabatière, se balançaient des cimes d'arbres, des corbeaux voletaient d'une aile lourde.

Plusieurs fois, il passa prendre André, à cinq heures. Ils s'accompagnaient un moment. Isolés tous deux dans l'administration, ils contractèrent, malgré la différence de leurs âges, une affection simple et cordiale.

André, invité à dîner pour la troisième fois, accepta. Un scrupule lui venait, de n'avoir pu présenter Crescent à Mme de Mercy, mais était-ce possible? Aurait-elle compris que son fils se sentît à l'aise, confiant et familier, avec un homme du commun?

Et cette différence même entre les deux hommes, donnait quelque naïf plaisir de vanité à André, car il s'estimait supérieur à ces honnêtes gens.

Il alla donc dîner chez eux.

Ils demeuraient aux Batignolles, dans une vieille maison à immense cour, où une herbe rase pointait entre les pavés. L'escalier avait de grandes marches de pierres, comme en province.

Il sonna: un vacarme s'éleva, bruit de chaises, rires et cris; on déverrouilla la porte qui s'ouvrit, montra trois fillettes et un petit garçon joufflu, tandis qu'un jeune homme pâle et sa soeur, s'empressant, introduisaient André.

Crescent était dans le salon, tout réjoui:

—Monsieur André de Mercy, mon amie.

—Madame Crescent! Et des enfants, beaucoup d'enfants, n'est-ce pas? Que je vous les présente! ce grand-là, mon aîné, se prépare pour Polytechnique; sa soeur a ses deux brevets d'institutrice; ces trois demoiselles suivent les cours de la Ville. Thom, ce joufflu, ne sait encore que fureter dans les armoires;

quant à celui-ci,—il montra un poupon que sa femme berçait,—c'est le plus méchant de la famille, il crie comme un veau, monsieur, comme un jeune veau!

À ces paroles, le rire des petites et l'exclamation des visages répandirent une telle gaîté franche autour d'André, que son coeur se dilata, et il envia les joies de cette famille. Ah! qu'il en était peu ainsi chez Mme d'Ayral, ou dans le salon froid des d'Aiguebère. Ici, plus de figures rogues et de gestes compassés, de jeunes filles sèches, anémiques et dédaigneuses; tous les êtres respiraient la santé et la vigueur.

Le fils aîné, un peu pâli par ses études, mais trapu et fort d'épaules, avait la bonne figure du père, un oeil intelligent et clair de mathématicien; la fille, Marie, n'était pas jolie, mais quel joli sourire, quel air de douceur pour racheter cela! Les trois fillettes étaient roses, avec des yeux bruns pareils, la même bouche ouverte sur de jolies dents gaies; elles se ressemblaient beaucoup.

Quant à Thom, abréviatif de Thomas, il n'avait d'autre occupation que de s'introduire les doigts dans le nez; les pantalons du monsieur paraissaient l'hypnotiser et lui suggérer des idées d'une profondeur infinie.

—Pas cette chaise!—s'écria Crescent, en la retirant des mains d'André, et il lui fit voir qu'elle ne tenait plus droite que par un miracle d'équilibre: un pied manquait.

—Asseyez-vous plutôt là, non! Mon Dieu, le fauteuil perd tout son crin. Fanny, ma chère, trouve un siège pour M. de Mercy! Attendez que je débarrasse le canapé.

Et il se rua sur le meuble, enlevant des vêtements, des papiers, des règles plates et jusqu'à un flacon vide, oublié là.

—Le dîner est servi, dit Marie.

Dans la pièce voisine où était mis le couvert, les enfants prirent leurs places, bruyamment. Un rire de contentement courut; Thom, attablé le premier, et à qui les coins de sa serviette faisaient deux oreilles d'âne, engloutissait, à l'aide d'une énorme cuiller, son potage, tout en roulant des yeux effarés.

—Il n'a que quatre ans!—dit le père avec orgueil.

André observait ce milieu, si nouveau pour lui. Marie avait une sollicitude charmante pour ses soeurs, elle prit de force le poupon à sa mère, et l'alla coucher. André regardait Mme Crescent; belle certainement, autrefois, les grossesses, le souci du pain quotidien l'avaient fatiguée. Elle gardait de beaux cheveux cendrés, un teint animé et un doux sourire.

Le dîner fut gai, troublé seulement par une querelle entre deux des petites soeurs; l'une, vive, avait renversé de la sauce sur la jupe de sa soeur, et l'autre, avec désolation, se lamentait, criant que la robe était perdue. Marie lava la tache.

Comme on prenait le café, le bébé poussa des cris gutturaux, d'une violence exceptionnelle. Mme Crescent disparut. Son mari et André allèrent au salon, tandis que les enfants desservaient, que Marie nettoyait les couverts et que le fils aîné, sur un coin de table, le nez sur un livre et le crayon à la main, se remettait obstinément à travailler.

Seul à seul, Crescent regarda André avec un bon sourire, et quittant le ton de cérémonie:

—Excusez-nous de vous recevoir si mal, la maison est toute en l'air, ma femme va revenir; tant d'enfants, vous savez…

Il sembla à André que cet homme pensait bonnement: «Que de tracas, de soucis, n'importe, la vie est bonne!»

—Tant d'enfants!—répéta Crescent avec un geste d'excuse,—que voulez-vous, les gens riches économisent là dessus, ils me font rire avec leur Malthus. Eh, sapristi, que voulez-vous qu'on fasse, là, entre nous deux? Ne pas avoir d'enfants, mais est-ce que ce ne serait pas une abomination? Je ne veux pas savoir comment font les autres,—dit-il avec énergie,—non! je ne veux pas le savoir, mais j'aime mieux être à ma place qu'à la leur. J'aime ma femme d'ailleurs, je ne saurais pas la traiter en maîtresse. Que diable!…

Il s'arrêta court: Marie lui apportait sa pipe, toute bourrée, elle lui présenta un papier enflammé, puis disparut.

Les deux hommes s'étaient assis.

Dans le grand salon rendu silencieux par l'absence des enfants, André, redevenu mélancolique, fumait sa cigarette, sans parler.

—Vous êtes triste, monsieur André, je n'ose pas vous demander pourquoi?

—Je suis pauvre, répondit-il, sans avenir, et j'envie votre bonheur de famille, je voudrais me marier, mais je ne le puis, dans mon milieu…

L'ennui d'avoir à s'exprimer longuement pour être compris, le fit taire.

—Moi, dit Crescent, j'ai eu plus de bonheur que je n'en méritais. Fanny,—il baissa la voix,—appartenait à une des meilleures familles du pays,—elle est de la Saône-et-Loire,—son père s'était remarié. La belle-mère, très mauvaise, prit tant d'ascendant sur le père, qu'il refusa tous les prétendants de sa fille; il déclara que l'argent seul les attirait et qu'il la marierait sans dot, en se bornant à une faible rente. Fanny était très malheureuse. J'étais alors employé à la sous-préfecture; nous nous sommes aimés, bien innocemment; tout s'est découvert. Le père était furieux, mais la marâtre, trop heureuse d'un mariage qui mettrait Fanny dans la crotte (ce sont ses propres paroles!) a consenti avec empressement. Nous nous sommes mariés. La première année, la rente a été payée; puis au premier prétexte on s'est brouillé. Depuis ce temps, nous n'avons pas reçu un centime. Nous sommes venus à Paris, ma femme était enceinte, nous avons passé un dur hiver, je donnais des leçons par-ci par-là; elle faisait le ménage et vendait des ouvrages de dentelle. À la fin, j'ai pu me caser au ministère, les enfants sont nés à la grâce de Dieu, et en dépit des soucis, et malgré tout ce que notre vie a de précaire, je me trouve content.

«Oh! j'avais rêvé autre chose, à vingt ans. J'étais ou je me croyais peintre, je dessinais toute la journée, je voulais conquérir la gloire artistique: tout cela s'est apaisé. Apparemment, ce n'était pas ma vocation; et quand bien même, il faut se résigner, n'est-ce pas? J'ai un exemple admirable sous les yeux: ma femme. Elle était de riche famille et elle m'a épousé, moi fils de pauvres gens. Elle a été tendre et bonne pour mes vieux, ils l'aiment comme leur enfant. Et cette femme, monsieur, qui avait une santé délicate, des mains blanches, ne craint pas, depuis dix-huit ans, de faire les plus durs travaux du ménage!

Mme Crescent entra; les yeux humides, avec un mélancolique sourire, elle mit la main sur l'épaule de son mari, et doucement:

—Tu ne crains pas d'ennuyer M. de Mercy?

—Lui! mais il veut se marier. Il croit, lui aussi, qu'il faut avoir dans sa vie une femme et des enfants, des préoccupations et des devoirs. Je suis sûr que si nous connaissions une jeune fille qui lui convînt, il la prendrait de nos mains, sans hésiter, tout de suite. Est-ce vrai?

Et il regarda avec malice André, qui s'étonna d'être deviné et compris.

Mme Crescent resta pensive. Elle n'ignorait pas le désir d'André: il n'était pas facile de le satisfaire.

Pour leur compte, bien qu'ils eussent une fille à marier, elle et son mari, d'instinct, écartaient, par délicatesse, l'idée et jusqu'à la possibilité de cette union.

Elle répondit:

—M. de Mercy est jeune, il a l'avenir. Nous avons beaucoup parlé de vous, monsieur, mon mari et moi, excusez-nous. Ce n'est pas par bavardage, mais Sylvestre vous aime tant. Et lui et moi ne pensons pas tout à fait de même.

—Comment cela?

—Excusez-moi, encore une fois, de me mêler de ce qui ne me regarde pas. Sylvestre vous voit marié, avec une fille de notre milieu; moi, je crois que si vous voulez vous marier si jeune, vous ne devez le faire que dans votre monde, à titre égal et à fortune égale.

André fit un geste.

—Oui, reprit-elle, car votre position et votre nom sont un capital. Une autre alliance désolerait, je le crains, madame votre mère, et vous mettrait, vis-à-vis d'elle et de vous-même, dans une position fausse et pénible. Êtes-vous sûr que vous ne reprocherez pas un jour, malgré vous, à votre femme, d'être sinon un obstacle, du moins un retard à votre ambition? Ne craignez-vous pas qu'un ménage et des enfants ne vous soient autant de chaînes très lourdes à porter. Il faut tant de courage pour mener une vie semblable!...

Et elle exprimait sans le vouloir, un doute qui, au lieu d'ébranler André, le raffermit.

—Ma chère, dit Crescent, M. de Mercy n'est pas dissipé, il a des sentiments droits et son intention lui fait honneur; pour moi, je me ferais une joie de l'aider à être heureux, si mes faibles moyens m'en donnaient le pouvoir.

Les enfants, sur ce mot, entrèrent, guidés par Marie et souhaitèrent le bonsoir; ils avaient des cheveux emmêlés et des yeux gros de sommeil. Leur vivacité était tombée; debout, les bras ballants, ils se tenaient dans une pose d'abandon, avec un gauche sourire.

La porte refermée, l'entretien reprit; et peu à peu, gagné à la sympathie franche de ces honnêtes gens, André se confessa entièrement, et s'adressant surtout à Mme Crescent, dont les yeux le plaignaient, il dit sa situation particulière, vis-à-vis du monde et de sa mère, combien il était seul, et à bout de courage. Une pudeur l'empêcha d'avouer qu'il venait d'échapper au suicide: il l'eût dit au mari, il n'osa le dire à la femme.

Il y avait tant de sincérité dans sa voix, une si grande lassitude morale, et en même temps, une telle bonne volonté à lutter pour l'avenir, que les Crescent, touchés, échangèrent un regard, et le mari s'écria:

—Nous allons le marier, Fanny! donne-moi l'album!

Elle partit d'un éclat de rire encore jeune et clair, et regardant André surpris et souriant, elle dit:

—Mais tu n'y penses pas, mon ami.

—Pourquoi pas? nous avons presque tout Châteaulus dans notre album; et d'ailleurs toi et moi nous connaissons toutes les familles, ce sera bien le diable si nous ne trouvons pas quelque chose.—Donne-moi l'album!

Alors on le chercha partout et on le découvrit, glissé derrière une commode.

Sous la lampe, l'album fut placé devant André; des figures défilèrent.

Et comme des montreurs de curiosités, les Crescent faisaient une glose, à chaque portrait. D'abord vinrent les grands-parents:

—Mon père!

—Ma mère!

Devant une photographie prétentieuse, à la figure hypocrite et méchante, ils tournèrent la page, sans rien dire. C'était la marâtre de Mme Crescent.

Venaient des amis et des amies, avec des airs de province. Endimanchés, ils se tenaient raides; et leur visage revêtait une solennité de circonstance.

Le portrait d'un vieux monsieur arracha de fous rires aux Crescent; à mots entrecoupés, ils se remémorèrent, en se coupant la parole, une histoire incompréhensible Puis ils devinrent graves:

—Celle-ci est Élise, une amie de ma femme, elle est morte à vingt-six ans.— Et Élise disparut, sans qu'André en sût jamais plus sur son compte.

Passèrent des communiants, un bébé gras, un sous-lieutenant en buste, une jeune fille en pied, mince comme une perche.

—Pas celle-là, monsieur André, elle est un peu maigre.

Sur chaque personne, des détails grossissaient, reliant les photographies entre elles, évoquant peu à peu, pour André, toute la société de Châteaulus avec ses alliances, ses fortunes et ses scandales.

—Ah! fit Crescent, Jeanne Lénizeul?

C'était une belle personne, qui souriait avec affectation.

—Elle n'est pas assez riche, mon ami.

La page tourna.

—Et celle-ci?

Mme Crescent hésita:

—Tu sais, sa mère, et puis l'histoire des boucles d'oreilles?…

Passons! passons!—dit-il vivement, et la demoiselle disparut, sans qu'André pût connaître l'histoire des boucles d'oreilles.

—Diable! dit Crescent, c'est plus difficile que… Ah! Mme de Saintré; celle-là ferait l'affaire?

Elle avait la pâleur d'une vierge prête à prendre le voile; son visage d'un blanc mat, non sans noblesse, était éclairé par deux grands yeux pensifs, ses lèvres restaient fermées.

Mme Crescent baissa la voix.

—On craint pour sa santé, le docteur la disait poitrinaire.

—Hum!

D'autres passèrent, le mari les proposait, et pour chacune la femme avait une objection.

Tout à coup André remarqua une petite photographie mal faite, cassée dans le coin. Il en reçut comme un regard vivant qui lui plut; déjà la feuille avait tourné, sans que les Crescent eussent nommé la jeune fille.

Ils tombèrent d'accord sur le portrait d'une demoiselle vigoureuse, fille d'un gros propriétaire. On ne pouvait lui opposer que la fille d'un ancien magistrat, riche aussi.

Mais ces belles offres laissaient André froid, et il avait envie de revoir la petite photographie cassée, dont on ne lui avait pas dit le nom. Il refeuilleta l'album et finit par la trouver.

—Qui est-ce? demanda-t-il d'un air indifférent.

—Oh! c'est Toinette,—dit Crescent d'un air détaché.

Ni lui ni sa femme ne semblaient y attacher d'importance, comme si ce fût un mariage trop pauvre, ou méprisable.

—Toinette qui?—demanda André, à qui la simplicité de la pose, la naïveté du regard, la grâce du corsage inspiraient un obscur désir que cette jeune fille fût à marier.

—Antoinette Rosin,—dit Mme Crescent,—c'est une parente éloignée de Sylvestre, elle achève ses examens, afin d'être institutrice.

—Cette figure me plaît, dit André.

—Pauvre petite!—dit Crescent pensif,—elle ne se doute guère qu'en ce moment un beau monsieur de Paris la dévisage; oui, celle-là vous aurait convenu, mais…

—Elle n'a pas de fortune,—dit Mme Crescent avec un ton ferme qui masquait un attendrissement, car elle aussi s'était mariée pauvre.

—C'est de la bien petite bourgeoisie, monsieur André, et si un mariage, socialement, est impossible pour vous, c'est celui-là,—dit Crescent.

—Pourquoi donc?

—Votre mère n'y consentira jamais. D'ailleurs,—ajouta Mme Crescent,—on nous a écrit qu'Antoinette allait se marier, n'est-ce pas, Sylvestre?

—Oui, sans doute, je crois!—balbutia-t-il, gêné par un mensonge qu'il reconnaissait nécessaire, car André, pensif et l'oeil brillant, contemplait fixement le portrait.

L'album, retiré doucement par Mme Crescent, lui glissa des mains; et il lui sembla que son bref bonheur s'évanouissait. On lui remontra les deux demoiselles riches, on renchérit sur leur compte.

—Laquelle préférez-vous?

—Ni l'une ni l'autre, dit-il d'un ton boudeur.

Les Crescent se mirent à rire, et elle:

—J'ai donc eu tort de vous montrer l'album, puisqu'aucune des jeunes filles de notre pauvre ville ne vous plaît?

—Si, dit André, Mlle Toinette.

—Bah! elle est peut-être fiancée à l'heure qu'il est, demain vous n'y penserez plus!

André sourit, d'un air gêné, et prit congé; il était tard.

Dans l'antichambre, ils trouvèrent le fils aîné; il avait suspendu au mur un tableau noir et, un morceau de craie à la main, il y traçait de formidables équations algébriques, tandis que Marie, à la clarté d'une bougie, raccommodait le linge des enfants, dans le silence du quartier endormi.

Elle leva les yeux sur André et rougit.

VIII

Le lendemain ni les jours suivants, l'image de Toinette Rosin ne s'effaça du souvenir d'André. Épouser une provinciale naïve, d'honnête famille, pourvu qu'elle fût bonne, intelligente et saine, n'avait à ses yeux rien que de naturel et de très tentant. Aussi son désir bientôt devint-il idée fixe.

Et toutefois, n'ayant pas perdu tout jugement il s'avouait qu'il était dans des conditions déplorables pour agir, et qu'il allait, avec un empressement irréfléchi, aussi bien vers son malheur peut-être, que vers son bonheur. Nulle force humaine cependant n'eût pu l'arrêter. Il ancra au plus profond de lui-même le portrait et la vision de la jeune fille, devinée plus qu'entrevue sur la petite photographie, et pressentit que ce mariage, pour invraisemblable qu'il parût, s'accomplirait.

Il ne s'étonnait point d'en remettre ainsi sa vie future à un coup de dés, à la chance de tomber bien ou mal. Et d'abord amusé de se choisir ainsi, par sa volonté, une femme vivant à une centaine de lieues et ignorante de sa destinée, peu à peu en y pensant, il trouva cela tout simple.

«Tout mariage,—arguait-il,—hors le cas où les fiancés se sont connus dès l'enfance, ou pendant de longues années,—n'est-il pas tout aussi improbable, la veille? Connaissait-on hier, celle que l'on épouse aujourd'hui? Ne sont-ce pas des parents, des amis, des indifférents même qui négocient le mariage, entre des gens qui ne se connaissent point, et qui ne se seraient jamais connus?

«Étudier longuement une jeune fille, discerner ses qualités et ses défauts, dans quel milieu est-ce possible? l'éducation française ne s'y oppose-t-elle pas? Puis, promis l'un à l'autre, se sentant observés l'un par l'autre, les fiancés sont-ils sincères, se montrent-ils tels qu'ils sont? Jamais. On s'épouse donc sans se connaître, et au lendemain seulement des noces, le masque dont on s'est paré tombe, et les véritables caractères sont aux prises.

«Donc, il faut risquer, comme chacun, l'avenir; et le mariage, sauf exception, est une loterie, dont le résultat est chanceux.

«Cette jeune fille me plaît! Il me semble que son image révèle des qualités simples, douces et fortes, de la santé, de la franchise. Si ses parents sont sortables, pourquoi balancerais-je?

«C'est étrange,—ajouta-t-il—à moins d'événements que je ne puis deviner, mon nom, mon emploi feront qu'on m'accordera Antoinette, non, j'aime mieux Toinette; quel gentil nom! Ainsi, je la tiens en mon pouvoir: sa destinée de vierge, de femme, de mère est dans mes mains, dépend de mon caprice. Que je ne veuille pas d'elle, elle épousera un autre, ou restera vieille fille. Sera-t-elle heureuse?—Que je le veuille, c'est moi qu'elle aimera. Et… sera-t-elle plus heureuse?…»

Cette pensée l'attendrit, car il ne voulait pas d'un bonheur égoïste; décidé à plaire, avec la vague confiance qu'il saurait faire le bonheur d'une femme, il cessa d'hésiter et passa à l'action.

Il annonça à sa mère qu'il voulait se marier, qu'il avait en vue une jeune fille sans fortune, mais honorable, et qu'il la suppliait, elle, de réfléchir et de consentir.

Ces paroles tombèrent, comme autant de coups de marteau, sur le coeur de Mme de Mercy. Elle devint si pâle qu'André crut qu'elle allait mourir. Mais elle se raidit, et parla avec la violence d'une âme ulcérée au plus profond. L'air de résolution froide d'André la mettait hors d'elle. S'il avait supplié en pleurant, peut-être attendrie eût-elle prêté les mains à tout. Mais l'idée que son fils allait revendiquer cette liberté si longtemps retardée, épouser une étrangère, et quitter celle qui l'aimait plus que tout, la jalousie, l'irritation, l'angoisse, et la terreur aussi de l'avenir, bouleversèrent cette femme, que le malheur et la ruine avaient intérieurement brisée, et qui ne vivait plus que par devoir et religion. Elle se répandit en paroles amères.

Fort de son droit, et la jugeant injuste, il répliqua, mais sans ménagement, avec ce tour d'esprit cassant, qui froisse si cruellement le sentiment des mères. Une scène affreuse s'ensuivit et Mme de Mercy fut prise d'une attaque de nerfs.

«Ah!—répétait André avec rage, quand sa mère, soutenue par la vieille servante, eut regagné sa chambre, nous nous aimons! et voilà le mal que nous nous faisons!… Ne vaudrait-il pas mieux, cent fois, n'éprouver l'un pour l'autre que de l'indifférence? Si je suis coupable, est-ce de préférer la vie à la mort? car si m'évader de l'existence que je mène est impossible, je préfère me faire sauter la cervelle, et cette fois le coup ne manquera pas!…»

Puis il compta qu'après cette grande émotion, le lendemain, sa mère, plus calme, se résignerait et même, les jours suivants, accepterait la possibilité d'un tel événement.

Il ne la vit point au déjeuner, mais au dîner elle lui tendit la main, très pâle sous ses bandeaux gris. Il baisa cette main et, par une illusion singulière, il crut tout terminé.

De son côté, Mme de Mercy attendait des excuses, des regrets, l'aveu d'un coup de folie, et la promesse d'un renoncement. Le silence ému d'André la trompa, mais aux premières paroles, le malentendu s'éclaircit; voyant que de part et d'autre rien n'était changé, le fils et la mère se rembrunirent, et gardèrent un silence plein de rancoeur, de lassitude et de tristesse.

D'instinct ils supprimèrent la familiarité, l'intimité des entretiens. Et les mots qu'ils échangeaient avec une gravité acerbe, leur retombaient sur le coeur.

Une semaine s'écoula ainsi, puis une autre.

Cependant André, s'entêtant d'autant plus qu'il éprouvait une résistance, obsédait Crescent de questions sur sa parente, et le suppliait de s'employer pour lui.

N'ayant cru d'abord qu'à un caprice, le brave homme s'était prêté à ce jeu, entretenant par là sans s'en douter, la curiosité naissante d'André. Les Rosin, une vieille famille de Châteaulus, avaient trois enfants: un fils aîné, une fille veuve, et Toinette. Le père était sous-chef de bureau dans les chemins de fer, le grand-père Rosin, ancien fermier, vivait avec eux. Mme Rosin, la mère, une femme concentrée, dominait toute la maison. Antoinette avait fait ses études au pensionnat d'une ville voisine.

Ces détails, l'imagination d'André les grossissait, et il en pressait Crescent davantage; mais celui-ci voyant qu'on parlait sérieusement, en devenait d'autant moins empressé, par scrupule. Toinette étant sa parente éloignée, il n'eût point voulu sembler capter l'engoûment du jeune homme. Puis la pauvreté de cette enfant, mariée à celle dont André se plaignait, l'effrayait pour eux. Enfin il subissait l'influence de sa femme qui, dans leurs entretiens, le dissuadait de s'entremettre: car par là n'endossait-il pas une responsabilité terrible? Malheureux, le jeune ménage n'aurait-il pas le droit de rejeter sur lui son infortune?

Cependant elle parlait ainsi comme à regret, et sans doute, ayant bravement élevé ses enfants et soutenu son ménage, trouvait-elle simple et louable, que chacun en fît autant; ou, attendrie pour André, dont la grâce et la politesse l'avaient touchée, s'assurait-elle, en son for intérieur, qu'il serait droit, vaillant, honnête et ne faillirait point à sa tâche.

Crescent, lui, n'était que trop porté à contribuer au bonheur de son ami. C'est ainsi que peu à peu, vaincus par André, ils furent amenés à l'aider, et enfin à négocier son mariage.

Mme Crescent y mit une condition: l'adhésion de Mme de Mercy. Cette exigence, légitime et digne, parut lourde à André, dont les rapports avec sa mère devenaient de plus en plus sombres et taciturnes.

Tous deux s'observaient et, se voyant souffrir mutuellement se plaignaient, sans consentir pourtant, l'un ou l'autre, à céder.

Il s'irritait, de ce silence gardé, et Mme de Mercy s'en épouvantait; connaissant l'entêtement de son fils, elle n'osait s'avouer sa peur, qu'il fût capable de passer outre, de faire les sommations légales. À la vérité, il n'y aurait jamais pensé, se fut jugé cruel d'agir ainsi.

Mais ignorant cela, elle tremblait. Et dans son esprit, imbu des idées de respect filial et d'autorité maternelle, la pensée d'une telle injure l'indignait plus que tout ce qu'elle pouvait craindre et déplorer d'un tel mariage, que le bonheur douteux de son fils, sa pauvreté, sa mésalliance, et l'obscurité à laquelle il se vouait.

Aussi, n'y pouvant tenir, un soir, avec un accent solennel, elle l'adjura de déclarer, quelle qu'elle fût, la vérité:

—Si je refuse mon consentement, André, passeras-tu outre?

Il eut envie, par révolte, de répondre:—Oui! mais par pudeur, et aussi sincère, il répondit tristement:

—Tu sais bien que non! jamais.

Et il s'agenouilla près d'elle, comme s'il la suppliait, sans parler.

Ces seuls mots la bouleversèrent; et touchée plus par là que par mille explications, ne raisonnant point, tout emportée par le sentiment, elle dit d'un trait:

—Eh bien, marie-toi donc! et sois heureux!

À peine eut-elle dit cela, qu'elle s'en repentit amèrement, sentant qu'il était trop tard, et que ces mots, arrachés à son émotion, avaient une force sacramentelle, absolue.

—Ah! méchant, enfant! tu veux donc me quitter?

Et ce dernier regret où elle cria sa solitude et son veuvage, fit répondre à André:

—Jamais! jamais! nous serons trois, et nous t'aimerons tant.

Ils bâtirent, dans la nuit, mille projets d'avenir et force plans impossibles.

Avec cette mobilité d'esprit qu'ont les femmes, Mme de Mercy espérait, était presque joyeuse, et les objections graves, profondes, qu'elle semblait ne faire plus que pour la forme, André, d'un baiser ou d'une parole, les dissipait, soufflait dessus, comme sur des bulles de savon.

Le lendemain, il courut chez les Crescent. Il était ivre de joie, et leur assura que sa mère était ravie; ils ne refusèrent plus alors de s'entremettre pour lui, mais ils restèrent pensifs, comme s'ils craignaient un revirement et que, maintenant acculés, ils eussent presque peur de l'avenir. Mais André, devinant leur souci, les rassura gaîment. Enthousiaste, il ne voyait rien autour de lui, parlait d'abondance, sans prêter d'attention aux petites filles qui, ébahies, contemplaient cet homme si triste devenu tout d'un coup si gai, ni à Marie, qui, les yeux baissés et un peu pâle, fermait les lèvres, comme sur un secret candide et tendre, qu'André n'avait pas deviné et qu'il ne saurait jamais.

* * * * *

—Mon cher ami,—disait quelques jours après Mme de Mercy, avec un sourire un peu sceptique,—nous nous sommes laissés aller, toi à ton enthousiasme, moi, à ma faiblesse, et j'ai cédé pour que tu sois heureux. Maintenant parlons affaires, et si tu m'en crois, établis ton budget.

—Mais, mère, est-ce que nous ne vivrons pas ensemble? je te donnerai tout le peu que je gagne, et tu…

—Mon enfant, je n'habiterai pas avec vous.

—Comment! Pourquoi?—Et André, dans un égoïsme involontaire, se sentait presque heureux et confus de cette solution, qu'il n'eût osé espérer et encore moins proposer, et il ne comprenait pas que sa mère si seule, si triste, préférât vivre abandonnée, qu'avec eux.

—J'ai longuement réfléchi, dit-elle, j'ai demandé à l'abbé Lurel de m'éclairer, et Mme d'Ayral pense comme moi. Vois-tu, j'ai une vie qui n'est plus que l'ombre de celle que j'avais autrefois, mais si peu qu'il me reste de mes habitudes, j'y tiens. Que ta femme entre ici, et notre vie sera bien différente, car il est probable,—fit-elle avec une moue de dédain,—que ta femme (le mot passa difficilement) aura des goûts différents des miens; avec sa naissance, sa famille, son éducation… donc,—abrégea-t-elle,—nous nous séparerons. Et comment ferez-vous pour vivre?

Comme André allait répondre, elle le fit pour lui, d'une voix assez ferme et avec bonté.

—Je vais te le dire: ton traitement, tes gratifications, plus les rentes qui te reviennent sur la ferme d'Algérie, font deux mille six cent francs. Voilà ton avoir légal; si la jeune fille ne t'apporte rien, comment vivras-tu avec cela?

—Mais, dit André, des gens plus pauvres que nous…

—Mon ami, habiteras-tu dans une mansarde, vous priverez-vous de viande? Ta femme fera-t-elle tous les nettoyages? la transformeras-tu en servante, en cuisinière et en frotteuse? J'admets,—fit-elle pour répondre à un geste d'André,—j'espère même qu'elle fera la cuisine et quelques petits savonnages; il vous faudra, pour le moins, une femme de ménage, un appartement décent, une nourriture saine et des vêtements propres. Pardon si ces détails te répugnent, ils me choquent, moi, bien davantage!

«Voici ce que je compte faire.

«La maison de Médéah vaut une vingtaine de mille francs. Il se présente un acquéreur et je vais la vendre. Elle m'appartient en toute propriété, nous partagerons le prix de la vente, et ce sera, si ton argent est bien placé, quatre ou cinq cents francs de rentes à ajouter à ton petit revenu. Voilà mon cadeau de noces.

—Mais toi, mère?…

—Moi, mon cher enfant,—fit-elle avec une tendresse infinie,—je restreindrai un peu plus mes dépenses, je suis seule, je vivrai petitement, parmi mes vieux meubles, avec mes souvenirs, et ma vieille Odile qui me soignera. Je n'implore qu'une chose,—et elle dit cela d'un ton solennel et inquiet—, quand tu seras marié, que ta vie sera organisée, ne me demande pas au delà de ce dont nous sommes convenus. Je ne le pourrais pas, mon cher enfant, et il faudra que vous ayez un ordre et une économie extrêmes pour vivre avec 3.000 francs par an. Songe que ta femme peut devenir grosse, les médecins coûtent cher. Sois prudent et ferme, car les jeunes mariées sont souvent coquettes, et il faut que la jeune Mme de Mercy soit vaillante et sage. Ainsi ne me demandez jamais plus rien, car si tu me ruines de mon vivant, que trouveras-tu après ma mort? Tu es un honnête garçon, j'espère que tu ne feras pas de dettes et de folies, comme ton malheureux père, si bon, mais si léger. Tâche que ta femme t'aime, car alors elle m'aimera peut-être. D'ailleurs, je ne lui demande rien. Nous nous verrons autant qu'il vous plaira, pas davantage. Vous aurez votre liberté, moi la mienne.

«Et tâche d'être heureux, mon pauvre ami!

Troublé par ces graves dernières paroles, il ne put, deux larmes lui coulant le long des joues, que baiser longuement les mains de sa mère.

—Ne faites donc pas de dettes, je ne pourrais pas les payer. Dans quelques semaines, si les circonstances s'y prêtent, et si cette jeune fille te convient, votre mariage se fera. Je compte ne pas y assister; tu me diras malade. Et ce ne sera pas mentir, car je serai bien triste, bien abattue. Vois-tu, il me semble que tu agis à faux, que tu n'épouses pas qui tu devrais. Je ne parle pas de l'honnêteté de cette famille, il ne manquerait plus que cela… Mais assister au mariage, serait me rendre complice de ton coup de tête. Non! Que ceci d'ailleurs ne t'afflige point; de retour à Paris, j'ouvrirai les bras à ta femme.

Mme de Mercy s'arrêta, car l'émotion la gagnait; élevant les yeux vers le ciel et réunissant les mains, elle s'écria:

—Mon Dieu! nous élevons nos enfants, nous leur donnons notre âme, et c'est alors, au moment où ils pourraient nous payer de nos soins et de nos souffrances, qu'ils nous quittent pour ne plus revenir!

«Ingrat! dit-elle à André, ingrat! me diras-tu tes peines au moins? car tu en auras!…

Un mois après, Crescent, de concert avec sa femme, prit un congé au ministère, et alla voir ses vieux parents, à Châteaulus, André devait arriver trois jours après, comme de passage, et loger chez Crescent; tout ce qui serait alors possible, on le tenterait.

Ce fut avec un sentiment d'angoisse inexprimable et une joie sourde et fébrile, qu'André, l'heure venue, se jeta dans le train qui l'emporta, à toute vapeur, vers la ville où ignorante de ses destinées, en province, Antoinette Rosin vivait.

IX

Sautant de wagon, André tomba dans les bras de Crescent, qui le mena chez son père.

—Tout va bien, répondait-il, j'ai sondé les parents. Quoique leur fille soit un peu jeune, ils consentiraient à un bon mariage. Nous irons dans la journée leur rendre visite.

—Et… se doute-t-elle?

—Ah! sait-on jamais? avec les jeunes filles…

Le long des vieilles rues cahoteuses, pavées de cailloux pointus, André, frappé de la vie morte de Châteaulus, éprouvait un indéfinissable malaise.

Loin de Paris, agissant si singulièrement, et entré dans l'inconnu, il s'étonnait, doutant de son identité, se demandant s'il rêvait et si c'était bien lui, André de Mercy, qui volontairement venait échouer en ce coin, pour y chercher un bonheur étroit et un amour de province. Puis il se troublait, pensant:

«Elle vit donc ici! Dans laquelle de ces maisons? Peut-être vais-je la rencontrer tout à coup. Qu'éprouverai-je alors? Et sera-t-elle conforme à mon idéal?»

Cela surtout l'inquiétait; car André, comme chacun, portait en lui l'image d'une femme imaginaire. Cet idéal, fait ordinairement de réminiscences de tableaux, de statues, de beaux vers, de souvenirs et de rêves, s'incarnait pour lui dans l'évocation d'une grande jeune femme blonde, à la voix musicale et câline; vision si précise, que peintre il en eût fixé immédiatement les traits. Il savait quel esprit elle avait, quels défauts même, ses gestes habituels et tous ses charmes.

Sans doute, en voyant pour la première fois le petit portrait de Toinette, avait-il trouvé qu'elle différait de son rêve, mais non absolument. Et peu à peu, sans qu'il s'en doutât, son idéal blond, blanc et vaporeux, s'était modelé, conformé aux traits vagues et indécis de la photographie. Mais était-elle ressemblante?—Non, disait les Crescent. Et il craignait que la jeune fille ne lui plût pas.

La journée lui parut éternelle. Ne sachant comment tromper son impatience, il écrivit à sa mère quatre pages d'aveux et de tendresses; jamais il ne s'était montré si expansif et si confiant. Mais cette lettre, qui l'eût ravie, il ne l'envoya point, par une pudeur bizarre.

Enfin vers quatre heures, Crescent, qui le remorquait, s'arrêta et sonna à la porte d'une maison blanche. Un petit chien aboya. Une servante ouvrit. Et ils passèrent d'un couloir obscur et frais à une grande pièce claire. Là, trois femmes qui cousaient se levèrent, saluant Crescent et regardant avec curiosité l'inconnu.

D'abord André ne vit rien, qu'une taille de jeune fille et un visage rose; puis ayant rapidement dévisagé la mère, une femme sèche et brune, et la soeur aînée, assez belle personne en deuil, il ramena les yeux, invinciblement, sur Antoinette Rosin.

Elle ne ressemblait pas à sa photographie!

Elle ne ressemblait pas davantage à l'idéal d'André!

Il se fit alors comme un silence, dans les sentiments tumultueux qui l'agitaient; et détournant la tête, il se mêla à la conversation, tâcha de deviner l'âme et l'esprit de ces gens, qui joueraient, s'il se décidait, un si grand rôle dans sa vie. Et du coin de l'oeil, il observait la jeune fille. Ingénue, elle souriait à Crescent, et regardait, sans savoir ni pressentir rien, André, à la dérobée.

«Elle me trouve laid, absurde!» pensa-t-il, soudain gêné, et il essaya de sourire, d'être spirituel; mais un malaise l'oppressait, de s'agiter ainsi sous les yeux de cette enfant, qu'il n'avait encore pu contempler en face, deux minutes. Il se retenait de crier aux parents: «Allez-vous en donc! Ce n'est pas pour vous que j'ai fait ce voyage. Laissez-moi lui parler, lui plaire!»

—Toinette, dit Mme Rosin, sers à ces messieurs des rafraîchissements.

Aidée de sa soeur, elle tira d'un placard, de la chartreuse et de l'anisette, courut emplir une carafe à la fontaine.

Les regardant aller et venir, André trouva que l'aînée, Mme Berthe était belle, et que Toinette était jolie. La jeune veuve avait un port fier et un air de femme faite. Sa soeur séduisait par sa fraîche jeunesse, sa santé, ses mains un peu rouges, sa robe qui l'habillait mal.

Et André ne pensait plus au choc éprouvé à première vue, se disait: «Il faut voir, réfléchir!»—En même temps, il sentait que c'était inutile, tout vu et tout réfléchi déjà, qu'il s'habituerait vite, qu'elle lui plaisait enfin. Seulement, qu'il y avait loin entre la jeune femme blonde et séraphique de son rêve, et cette fraîcheur paysanne, cette ingénuité provinciale!

Tandis que sa soeur offrait un verre à Crescent, elle-même en présenta un à André. Droite devant lui, avec un sourire, elle lui entrait dans les yeux un beau regard franc, coulé par deux yeux bruns. Sa gorge bien faite se soulevait légèrement. Elle avait tant de bonne grâce simple, qu'il faillit la serrer entre ses bras, pour un baiser de fiançailles. Il prit le verre, gauchement.

Déjà il ne pouvait plus, qu'à grand'peine, détacher ses regards d'elle; mais Crescent bientôt se levait et l'arrachait à ses premières impressions. On les invita à diner pour le lendemain.

Dans la rue, André marcha, rêveur, confus de n'avoir pas trouvé une parole.

—Eh bien? dit son compagnon.

André le regarda, sourit et ne répondit pas.

Ils visitèrent l'église, quelques monuments. Crescent, érudit, donnait des renseignements, que l'autre distrait, n'écoutait pas. Il songeait à Toinette.

Il dormit mal et fit des rêves saugrenus.

Le lendemain, il alla se promener seul dans la ville. Elle était laide. Derrière les vitres, des tremblements de rideaux trahissaient l'espionnage. Il devinait sa présence, sa visite chez les Rosin commentées. Il lisait, dans les yeux des passants, l'ironie, la stupeur ou l'envie. Il était l'étranger, l'ennemi. Il voyait défiler des dévotes; un livre de messe à la main, elles lui glissaient de côté un regard renchéri. Les chiens grognaient à son passage. Des gamins sortant de l'école, le regardèrent avec impudence. Il se mira dans une glace, craignant que quelque chose en lui fût ridicule. Un gros homme, sur le trottoir, s'arrêta, les yeux écarquillés. Et trois vieillards qui gagnaient ensemble, péniblement, un banc au soleil, tordirent leur cou, pour le voir, comme de vieux perroquets.

La journée s'écoula avec une lenteur intolérable.

Tout à coup, André qui se tenait à la fenêtre de sa chambre, vît passer Mme Berthe. Crescent parla d'elle. Un très malhonnête homme l'avait épousée, rendue malheureuse, et laissée veuve, sans fortune. Rentrée chez ses parents,—dit Crescent avec un léger embarras,—elle n'y était pas très bien, souffrait de leur humeur. Le grand-père Rosin, en payant une pension pour elle, lui assurait le gîte et la table.

Mme Rosin, dut-il avouer aussi, aimait peu ses filles, et idolâtrait son fils, un garçon d'une trentaine d'années, employé dans une maison de banque. Il avait fait des folies bêtes, et si ses soeurs n'avaient point de dot, c'est qu'il la leur avait mangée. La mère en prenait son parti. Le père manquait d'autorité. Le vieux passait pour original; bien qu'il l'eût peu vu, Crescent en pensait du bien.

En allant dîner, André se sentit mal à l'aise. Sa destinée allait se décider là. Ferait-il un pas en avant? Son dépaysement s'accroissait. Quelle morne petite ville! S'accommoderait-il de cette famille étrangère?—Mais Toinette, avec son frais visage, lui faisait franchir ses doutes. Toutes les villes de province se ressemblent. Ses beaux-parents ne seraient-ils pas les mêmes, pires peut-être, ailleurs? On les disait honnêtes, que fallait-il de plus! Puis, avait-il le droit d'être trop difficile? Enfin, ce dîner ne l'engageait à rien. Il étudierait, observerait simplement.

Il fut tout surpris, au bout de ces réflexions, coupées de répliques distraites à Crescent, de se trouver devant la porte, et une minute après, dans le salon, assis entre M. Rosin et sa femme.

—Mes filles sont sorties, dit-elle, elles vont rentrer.

Et presque aussitôt elle se leva et disparut pour vaquer au dîner.

Crescent causait avec le père, André l'examina. Chauve, gras et blême, parlant d'une voix blanche et sans ressort, il ouvrait de gros yeux bleus fixes, et laissait pendre sa lèvre inférieure. Il ne répondait à une question qu'une minute après, comme si un travail difficile se fût opéré dans son cerveau. On le disait ordinairement fort absorbé, surchargé de besogne. Très borné, en réalité, il n'imposait que par sa tenue soignée, et le masque de sa figure figée. Quand sa femme était là, il ne la quittait pas du regard, comme un enfant qui a peur d'être puni. La présence d'un étranger l'intimidant toujours, il affectait de ne pas voir André, et presque entièrement tourné vers Crescent, il l'entretenait avec obstination.

Mme Berthe entra, soutenant son grand-père.

—Serviteur!—fit-il, avec un brusque salut, et il s'assit, courbant son grand corps maigre.

—Ma soeur arrive,—dit la veuve en regardant André.

Les yeux du vieillard allèrent dans la même direction, se fixèrent sur le visage du jeune homme, et le toisèrent de la tête aux pieds, sans curiosité apparente, avec un sourire mince; puis il baissa la tête, et muet s'enfonça dans une immobile rêverie.

Il avait un grand nez courbe, de petits yeux brillants, le menton relevé, l'air goguenard. Son fils le craignait, sa bru s'en méfiait, seules ses petites-filles l'aimaient, et il ne parlait guère qu'à elles. Il regardait peu M. Rosin, avait pour Mme Rosin de brefs regards qui réduisaient l'altière femme à des silences enragés; quant à son petit-fils, il ne pouvait le sentir.

Celui-ci justement poussa la porte et entra.

C'était un laid gros petit homme, à paupières bouffies, à mauvaise bouche, et bedonnant déjà. Il s'avança, poussé par Mme Rosin, qui s'écriait avec orgueil:

—Guigui! voilà Guigui!

Il salua d'un air maussade et déplut à André. Par bonheur, aussitôt Antoinette entrait.

Elle offrit son front au vieillard qui la retint, la regarda dans les yeux, puis la laissa aller avec un sourire éteint.

Le coeur d'André se mit à battre. Les beaux yeux de Toinette venaient, subitement, de le rendre tout joyeux; mais quand elle fut près de lui, troublé, il ne sut rien lui dire, balbutia et adressa la parole, non à elle, mais à sa soeur.

Pendant cinq minutes, ils parlèrent de choses banales, de riens, mais un sourire, un mot leur prêtait un charme infini; André souriait, ravi; il cherchait le regard de l'enfant, et quand il l'avait rencontré, il étouffait avec peine le brusque, le jaillissant aveu de ses lèvres.

Le dîner fut servi.

Un étalage extraordinaire de plats surprit André; il remarqua que profitant de la bonne aubaine, Rosin et son fils se gorgeaient.

Le grand-père s'abstenait: Mme Rosin, ses hôtes servis, réservait de bons morceaux, et elle les empilait sur l'assiette de son fils.

On parla des voisins avec des allusions perfides; les deux jeunes femmes écoutaient attentivement. Mme Berthe, d'un air paisible, Toinette avec une curiosité enfantine; peut-être cachait-elle ainsi le malaise que lui causaient les yeux d'André, constamment fixés sur elle.

Il était d'autant plus frappé par le milieu où il se trouvait, qu'il l'observait pour la première fois. Ses inductions étaient assez justes, comme il arrive, lorsque pénétrant soudain parmi des étrangers, on prend garde à des menus faits, des intonations, des gestes que l'on ne remarquerait pas, huit jours après. À examiner tous les visages, l'intuition qu'il eut de la manière dont tous ces êtres vivaient, et de leurs rapports entre eux, l'effraya bien un peu.

Seule, livrée à elle-même, ayant vécu éloignée dans un couvent, voyant à la maison tous les soins et égards aller à son frère, et imprégnée du plus pur esprit de province, Toinette ne devait-elle pas avoir des défauts ou des préjugés invétérés, qui rendraient la communion d'idées difficile, impossible peut-être, entre mari et femme?—Puis sa jeunesse et son ingénuité plaidaient pour elle; le transplantement brusque ne lui ferait-il pas du bien? Ne s'assimilerait-elle pas des idées nouvelles?—Si! pensa-t-il.

Et il la regardait toujours, songeant:

«M'aimera-t-elle? M'aime-t-elle? Comment serait-ce possible, depuis hier? J'en aurai le coeur net!—puis avec hésitation: «Il me semble que moi je l'aime, oui, certainement!…»

Et comme s'il en doutait, il murmura mentalement avec force: «Mais oui, je l'aime! mais oui!»

Et il se dit:

«Je vais la regarder, si nos yeux se rencontrent, c'est qu'elle m'aimera aussi!»

Il se tourna vers elle: le nez baissé, elle mangeait des cerises, avec un petit air sérieux.

André se dit:

«Elle ne m'aime pas.»—Et il se sentit à la fois triste et absurde.

Mais pendant la soirée, il se rapprocha, et s'assit près d'elle. Toinette fut troublée. Le pied du jeune homme frôlait le sien. Elle n'osa le retirer. Elle rougissait, n'ayant plus sa sérénité coutumière. La visite de la veille l'avait laissée indifférente. Aujourd'hui, prise par un obscur et indéfinissable intérêt, elle faisait, inconsciemment, plus attention à lui, à ses paroles, à ses regards. Des choses qu'il avait dites lui revenaient, et ce qu'elle n'en comprenait pas sollicitait sa curiosité.

Elle entra un peu dans l'âme d'André: il paraissait, malgré sa gaieté apparente triste au fond pourquoi? Il ne ressemblait guère aux jeunes gens qu'elle connaissait. Il paraissait d'une autre race, plus délicat, mieux élevé. Mais n'était-il pas ironique? Peut-être se moquait-il d'eux, et d'elle-même? Elle ne le trouvait pas beau, mais aimable.

Tout cela, elle le pensait à mesure et confusément, sans rien prévoir, émue, souffrant d'un doux malaise. Il la regardait depuis deux heures, obstinément; pourquoi? Lui plaisait-elle, à lui? était-ce cela? Oui! elle le sentit.

«Quelle folie!» pensait-elle.

Et le soir, les impressions plus fortes qu'elle ressentait, s'élargissaient dans son esprit dormant, que la venue d'André avait frappé, comme ces grands cercles dans l'eau où une pierre est tombée.

La soirée cependant s'avançait, et André ne lui avait encore rien dit de net et de clair. Une insurmontable peur l'oppressait. Enfin, voyant que Crescent lui faisait un signe de départ, il s'efforça et dit à la jeune fille, avec une angoisse puérile:

—Vous vous plaisez beaucoup ici? mademoiselle?

—Oui!—dit-elle en rougissant, parce qu'elle n'avait pas le courage et le droit de dire «non» à un étranger.

—Et,—continua-t-il déconcerté,—vous auriez beaucoup de peine à quitter cette ville? Vous auriez horreur d'habiter Paris, par exemple?

—Mais non!—dit-elle vivement.—Paris me plairait beaucoup…—Mais subitement elle se tut, confuse. Un rapprochement se faisait dans son esprit. Crescent, la surveille, lui avait fait la même question. Et le malaise de la jeune fille s'accrut, son coeur commença de battre, elle s'attendit à quelque révélation grave, qu'elle eût voulu retarder et que, cependant, elle était aise d'entendre; voici qu'André, très pâle, lui disait:

—Je vous connais depuis longtemps, mademoiselle, je vous ai vue à Paris?

—Moi?—fit-elle avec surprise,—je n'y suis jamais allée.

—Et cependant je vous ai vue, regardée et admirée bien souvent. Vous ne devinez pas? Chez les Crescent.

—Comment donc?—demanda-t-elle, inquiète.

—Dans leur album… votre portrait!…—et il baissa la voix, en la regardant dans les yeux.

Elle devint toute rose.

—Je l'ai aimé tout de suite; il m'a semblé que celle qu'il représentait devait être bonne, charmante, et que je ne pourrais la voir sans l'aimer!…

Toinette se taisait, ne sachant que répondre; elle avait jeté un regard de détresse à sa soeur, assise à l'autre bout de la salle; maintenant, elle baissait les yeux, et délicieusement troublée, la bouche mi-close, elle gardait un sourire d'enfant, tandis que ses seins, lentement, soulevaient son corsage étroit.

André se méprit, se crut dédaigné, et la voix tremblante, malgré son air enjoué:

—Je ne sais pas,—dit-il,—la sympathie (il n'osa dire: l'amour) vient peut-être plus vite aux garçons qu'aux filles?

Elle lui jeta un vif regard, et il lui échappa:

—Vous pourriez vous tromper!

Elle vit la joie de ses yeux et, confuse, s'éloigna de lui.

On parlait fort; ils écoutèrent: Crescent conviait les Rosin à un déjeuner à la campagne, le lendemain. Son ami partirait le soir même, dans la nuit. Les Rosin hésitaient, parce qu'Alphonse ne serait pas libre.

Mais Crescent insista; tous promirent de venir, sauf le grand-père, trop fatigué.

Crescent et André s'en allaient; on les accompagna dans la cour. La nuit était pleine d'étoiles. André serra fortement les mains des deux soeurs; en se retournant encore, il vit les doux et lumineux yeux de Toinette, et sans savoir pourquoi il s'éloigna mélancolique. Un doute le tourmentait. Les Rosin se doutaient-ils de quelque chose? jouaient-ils une comédie d'amabilités? Toinette elle-même?…

«Non! non!—se disait-il, avec un petit sentiment de vanité,—elle ne sait rien.»

Par une association d'idées involontaire, une réminiscence absurde de collège lui vint, le mot de César, qui s'implanta, comme une obsession ironique dans son cerveau:

«Je suis venu, j'ai vu, j'ai vaincu!»

Et il ne pouvait chasser cette phrase bête.

X

Un beau soleil se leva sur la troisième journée. En homme avisé, Crescent avait commandé deux voitures. Ses parents et lui montèrent dans l'une, on combla les vides avec le grand-père Rosin, qui au dernier moment, ragaillardi par le beau temps, voulut venir. On mit Alphonse près de lui.

Dans l'autre voiture s'empilèrent M. Rosin, sa femme, ses filles et André. Les cochers firent claquer leurs fouets, et l'on partit.

André était maussade; il avait pour vis-à-vis Mme Rosin, qui lui emboîtait les genoux avec une force terrible. Tout le long du trajet elle s'inquiéta:

—Mon Dieu! pourvu que Guigui ne tombe pas! Il doit être bien mal, le pauvre enfant!

Et pas un regard pour ses filles ni son mari qui, indisposé par le mouvement de la voiture, laissait pendre tristement sa lèvre inférieure et gardait un silence de carpe.

La campagne où l'on allait déjeuner appartenait aux parents de Crescent. C'était pavillon d'été, fort simple, à un étage; une immense cuisine à l'âtre énorme occupait le rez-de-chaussée. Autour, un clos herbeux, entouré de grands arbres.

Dès l'arrivée, Crescent courut ouvrir les portes et les fenêtres de la maisonnette. Son père, courbant sa taille voûtée, ramassa du bois mort, près d'un hangar; alerte et vigoureuse, sa mère, avec une grâce de petite vieille, allumait le feu, brandissait les poêles. Chacun se multiplia.

On tira les paniers de provisions entassés dans les voitures. Et le grand-père Rosin, avec précaution, transportait les bouteilles de vin et les trempait dans un seau d'eau de la citerne, tiré de mauvaise grâce par Alphonse.

Plus d'une fois, les mains de Toinette et d'André se rencontrèrent. Ils se regardaient en dessous, avec des yeux tendres et parlants; ils riaient sans cause, avec un air qu'ils s'efforçaient de rendre naturel, et regardaient autour d'eux, craignant d'être devinés.

Ils trouvèrent le déjeuner bien long. Elle allait être à eux, cette moitié de journée, puis André partirait. Quand reviendrait-il? Si tout allait à son gré, toutefois il faudrait le temps…

On ne se levait pas de table; grisés par le grand air, les vins, le repas, les Rosin s'appesantissaient, les yeux las. Déjà, prestement, la mère Crescent rinçait les couverts et desservait, aidée de son fils. Mme Rosin, prétextant une migraine, accepta de dormir à l'étage au-dessus, sur un vieux lit à ramages. Son mari et Alphonse se couchèrent dans l'herbe. Les deux grands-pères allèrent sur un banc fumer lentement leurs pipes, côte à côte, au soleil, tandis que les cochers s'empiffraient, près des chevaux.

Les deux jeunes femmes et André se sauvèrent au fond du clos; Mme Berthe, en arrière, cueillait des violettes. Toinette et André poussèrent la clôture et se trouvèrent sur un chemin de mousse, qui s'enfonçait en se rétrécissant, sous un dôme de verdure inondé de soleil, jusqu'à un lointain arceau de jour bleu.

Des insectes d'or voletaient, avec un bruissement d'ailes de gaze, des papillons blancs s'envolaient des fleurs en grappe, et une odeur d'herbes chaudes parfumait la sente.

Ils gardèrent assez longtemps le silence; leurs bras pendaient, leurs fronts s'inclinaient comme alourdis par un secret; puis, si brusquement qu'il en fut étonné, André dit:

—Prenez mon bras?

Elle s'appuya sur lui.

Il la regarda dans les yeux. Elle, ne cilla point, mais son bras, légèrement, tremblait.

—Je vous aime bien! dit-il.

Après une pause, il reprit avec émotion:

—Je ne suis pas riche, je vis seul, il faudra beaucoup de courage à la femme qui consentira à m'épouser. Je suis triste et malheureux; il faudra qu'elle soit gaie et consolante. Il me semble que si vous m'aimiez un peu, cela irait facilement?

Il sentit le bras d'Antoinette presser le sien instinctivement.

—Voulez-vous être ma femme?—dit-il avec douceur.

Elle baissa la tête et d'une voix indistincte:—Je veux bien.

Leur bonheur était si rapide, si facile, qu'ils en furent étonnés.

Doucement il lui passa les bras à la taille et l'embrassa.

Aussitôt, comme s'il craignait que leurs paroles se fussent envolées, il répéta comme un enfant:

—Vous m'aimez? bien vrai?

—Et vous?

—Moi, je vous aime.

Rapprochant leurs têtes, ils mêlèrent leurs regards, et leurs lèvres s'unirent mollement.

—Oui! je vous aime, répétait André.

Et il sentit que ces mots, si souvent profanés, à cette heure étaient sacramentels, absolus. Alors, toutes les femmes, dont il avait eu le désir ou la possession, les Mariette, les Germaine du passé, devinrent vagues et s'évanouirent, puériles, à côté de la douce et fraîche vierge, dont l'âme, ingénue encore, serait toute à lui, en même temps que la beauté neuve de son corps. Ce qu'il éprouvait était sans nom, la joie d'un arrêt dans le cours des événements, d'une halte brève coupant l'aride route, d'une ivresse unique qui jamais plus ne reviendrait.

Il s'abandonna à ces sensations ailées, fugitives, délicieuses.

Son coeur se dilata, sa poitrine aspira l'air pur, et son âme s'ouvrit à un bonheur parfait.

Il se sentait jeune, il se sentait fort. Ses anciens chagrins, la monotonie du bureau, la pauvreté quotidienne, la vie, tantôt aigre, tantôt douce, auprès de sa mère, son suicide manqué, tout cela était vieux, se perdait dans le passé, comme un cauchemar presque oublié.

Alors il éprouva un furieux besoin de vivre. Il dit à Toinette ses rêves, son espoir, comment leur existence pouvait être gaie, bonne. Il entra dans les détails, parla de Mme de Mercy, dit, imprudemment, qu'elle l'avait fait souffrir, et aussitôt il ajouta qu'elle était tendre, si dévouée. Il supplia la jeune fille de l'aimer, d'être douce pour elle. Ensuite il parla de lui-même, de souvenirs d'enfance, du bureau. Il mêla tout, embrouilla tout, et crut qu'elle avait compris, parce qu'elle acquiesçait à tout.

Mais, tandis qu'il croyait à une communion de leurs âmes, ses pensées à elle étaient bien loin. Les phrases de son amoureux, murmurées avec tendresse, la berçaient comme une musique, mais elle n'en comprenait le sens que peu et mal. Son passé flottait dans son esprit: des souvenirs de petite fille, la mort de la grand'mère Rosin, une vieille acariâtre, le temps du pensionnat, les soeurs qui l'instruisaient, sa grande amie, soeur Flore, et les parloirs, les sorties, puis le mariage de sa soeur et comme elle venait souvent pleurer à la maison, les folies d'Alphonse, des dettes stupides, payées par la dot des filles, la mort du mari de Berthe et, depuis, leur vie commune, promenades du dimanche sur le cours, visites cancanières, jours monotones coulés sans trop d'ennui, dans l'attente de l'avenir, jusqu'à hier, où l'inconnu avait surgi. Et elle regardait André, l'examinant, dans l'ingénuité de son jeune coeur, avec une inquiète curiosité.

Il pensait:

«C'est la femme qu'il me faut, dévouée, résignée.

Toinette n'y songeait guère. Peut-être serait-elle tout cela si la vie l'exigeait, mais en attendant, elle rêvait un avenir chimérique, fait de surprises agréables, et où se mêlaient le plaisir de porter des chapeaux de dame, de sortir seule, et d'avoir un appartement à soi.

André rêvait de beaux enfants, il n'osa en parler. Toinette pensait à une amie de couvent, mariée l'an passé, et qui avait reçu de beaux bijoux. Elle n'osa en parler.

Si loin l'un de l'autre par leurs pensées, leur éducation, leur caractère, leurs habitudes, leurs qualités et leurs défauts, cependant ils étaient près, et se touchaient en un point: ils s'aimaient.

Mme Berthe, qui les surveillait de loin, les rappela. Sa soeur l'embrassa; elles se comprirent.

Ils regagnèrent les voitures, attristés de rentrer sous la surveillance indifférente des parents. Mais la mère exigea qu'Alphonse montât dans la même voiture qu'elle. Toinette et André grimpèrent vite dans l'autre, et le grand-père Rosin aussi.

C'était une joie inattendue. Ils se regardèrent malicieusement. Au bout de quelques minutes, le vieillard parut s'assoupir; aussitôt, ils entrelacèrent leurs mains; leurs genoux se frôlaient. Ils parlaient bas. Le soir fraîchissait, le vent rougissait leurs joues. Ils ne souhaitaient rien, sinon que le trajet durât longtemps, ainsi. Mais bientôt parurent les premières maisons de la ville.

Comme on arrivait, le grand-père leva la tête, et regarda les mains unies des deux enfants. Ils tressaillirent et dégagèrent leurs doigts, mais déjà il avait refermé les yeux, et ils préférèrent croire qu'il n'avait rien vu, quoiqu'un bon sourire errât sur ses vieilles lèvres.

En descendant de voiture, les Rosin, à leur tour, insistèrent pour garder Crescent et André à dîner; c'était impossible, les préparatifs du départ n'étant point faits. Ils offrirent alors de conduire à dix heures, à la gare, André, qui accepta.

Rentré chez les Crescent, il les remercia de leur affectueuse hospitalité, il bouscula ses effets, boucla sa valise, dîna mal et attendit l'heure. On sonna à la porte.

Mme Berthe et sa soeur entrèrent, suivies du père. Mme Rosin était restée à la maison.

Sur le quai de la gare, dans la nuit très sombre, tandis qu'appuyé sur le bras de sa fille aînée, M. Rosin, habitué à se coucher tôt, marchait d'un pas lourd et endormi, en profilant sur le mur l'ombre d'un nez et d'une lèvre démesurés, Toinette et André se tenant par le bras, se promenaient lentement, le coeur serré. Crescent à l'écart, pensif, regardait les rails lumineux se prolonger sur la voie.

André eut un remords. Si ce mariage se faisait, ne le devrait-il pas à Crescent? Il se rappela leur maison de Paris, et qu'il y avait dîné, tant de fois triste. En le voyant si discret, si peu gênant, se retirant presque, sa promesse accomplie, il s'approcha vivement, et lui montrant Toinette:

—Je vous devrai mon bonheur, dit-il.

Crescent eut un geste de modestie; et il y avait dans son sourire quelque regret peut-être. Si ces jeunes gens n'étaient pas heureux, plus tard?… Ce sentiment lui étant une souffrance, il répondit, là où André attendait toute autre parole:

—Avez-vous pris votre billet? je crois qu'il est temps!

André y courut.

En l'attendant, Crescent et Toinette, côte à côte, se taisaient, par une gêne inconsciente. La nuit était fraîche, des rumeurs confuses couraient dans la campagne. Pénétrés par la mélancolie de cette séparation, ils éprouvèrent la même inquiétude, sans se l'avouer. André reviendrait-il? N'était-ce pas un caprice? un engoûment de sa part? Personne ne l'influencerait-il?

Il reparut, avec un bon sourire.

Un quart d'heure après, le train gronda, siffla, s'arrêta brusquement.

André serra des mains tendues, embrassa Toinette en l'étreignant bien fort, puis il sauta dans un compartiment; le train, à un appel de cloche, siffla, s'ébranla lentement, accéléra sa marche. On ne vit plus que les lanternes rouges du dernier wagon, puis elles s'éteignirent, tout bruit mourut, André était loin.

XI

Après les premiers entretiens avec Mme de Mercy qui, résignée, reculait devant un voyage, mais se décida à écrire, et à faire remettre par Crescent la demande en mariage, André alla rendre visite aux Damours; ne le devait-il pas à l'avocat, si bon pour lui?

Il le trouva soucieux; la santé de sa femme empirait, et Germaine était souffrante. Il craignait pour elle l'hérédité d'une maladie de coeur, transmise par la mère. Dès qu'André parla mariage, il se mit à rire.

—Pourquoi riez-vous?

—Parce que j'en sais plus que vous, mon ami, Vous avez été à Châteaulus, chez les Rosin, une famille assez mal composée, pas plus d'ailleurs que beaucoup d'autres…

Et il lui dépeignit les membres de la famille, avec assez d'exactitude.

—Vous les connaissez donc?

—N'est-ce pas mon métier d'avocat de tout savoir?—fit-il en riant. Et il ajouta:—Pensez-vous que Mme de Mercy vous eût laissé marier sans prendre de renseignements?

Damours au reste n'en avait que d'une façon vague, par un ami.

—Alors vous la connaissez, elle?

—Oui, André, je crois que vous auriez pu plus mal choisir, peut-être mieux aussi, C'est une enfant, et vous êtes presque aussi jeune qu'elle. Enfin! le sort en est jeté.—Et lui mettant sa grosse main sur l'épaule, il ajouta avec tristesse:—L'expérience, voyez-vous, ne sert qu'à celui qui l'acquiert à ses dépens, jamais aux autres. Mariez-vous donc, et tâchez d'être heureux. Souvenez-vous que vous avez en moi un ami sûr, et…

«Allons voir Germaine!—dit-il en se levant brusquement.

Ils la trouvèrent sur une chaise longue, dans une jolie chambre, pleine de bibelots. Elle sourit à André, qui fut ému.

En écoutant son babil d'oiseau, il l'admirait, frêle, avec ses grands yeux à la fois précoces et ignorants, tout son petit être troublant, et il faisait une comparaison égoïste entre elle et Toinette, autrement vigoureuse et fraîche.

Tout à coup, sans motif, un des éclats de rire de Germaine se brisa en sanglots. André fut confondu. Mais déjà Germaine s'essuyait les yeux, souriait. Il prit congé et, dans l'antichambre, il interrogea l'avocat, qui eut un geste rude et hésitant:

—Est-ce qu'on sait? Elle est si sensible! De vous avoir vu peut-être?…

Dans la rue, André pensa que cela pouvait être vrai; enfin, il l'avait aimée, autrefois!

«Et Mariette? pensa-t-il. Qu'est-elle devenue? voyage-t-elle toujours? ou de retour à Paris, a-t-elle pour protecteur quelque triste individu, qui la bat?»— Puis cette curiosité tomba.

Huit jours après arriva une lettre de Crescent. Les Rosin consentaient au mariage.

À partir de ce jour, il se fit de grands préparatifs: l'achat du trousseau, la publication des bans.

Accompagnant sa mère, chargée d'acheter le mobilier et les robes, André mêlait, dans ses lettres à Toinette, aux protestations d'amour, des explications détaillées sur la couleur d'un tapis ou les galons d'un corsage.

Le temps, toutefois, lui semblait long, surtout au bureau; il y travaillait de façon distraite et inconsciente.

Un jour, las de regarder le mur et d'en compter les moellons, il fut pris d'une joie égoïste et d'un besoin de la crier. Il regarda son compagnon, Malurus, qui, le teint jaune de bile et les yeux gonflés, ouvrait des cartons poudreux et toussait d'une toux fêlée.—«Pauvre diable!» pensa-t-il, et il lui cria:

—Je vais me marier, Malurus!

L'employé tourna vers lui sa figure usée, et lugubre dans ses haillons noirs, cocasse comme un huissier des pauvres, il regarda son collègue, en faisant une grimace triste:

—Je vous félicite, monsieur de Mercy.

Et une grande minute après:

—Moi aussi, j'ai été marié.

Il dit cela d'un ton si étrange, que l'autre sentit un frisson de malaise. Que savait-il au juste sur ce pauvre diable? Rien. Avait-il une famille, des enfants? Sa femme l'avait-elle planté là? On ne savait lire sur cette face morne. André regretta de lui avoir annoncé son mariage.

Malurus s'était approché de lui, un point brillait dans ses yeux vitreux, et ses lèvres tremblaient, comme si des paroles muettes encore y remontaient. Il fronça le sourcil, devint verdâtre, et murmura avec effort:

—Monsieur de Mercy…

Puis d'une voix changée:

Ils se le disent.

Puis ce sont des riens, des enfantillages, la joie des repas, des promenades, où il faut garder un air sérieux. Toinette rit, car son soudain mariage a mis la ville en tumulte. Leur maison n'a pas désempli de visiteurs. Des amies se sont fâchées. Personne n'a voulu croire à une union si rapide; en province, à Châteaulus surtout, on reste deux ans, trois ans fiancés; les familles se brouillent, se raccommodent, les enfants en souffrent; qu'importe! c'est la coutume.

Et dans la rue, André reçoit d'étranges regards qui lui arrivent, comme des coups. Il sent qu'on le hait, qu'on le dénigre. On n'aime pas que l'étranger vienne prendre les filles; n'appartiennent-elles pas de droit au groupe de la jeunesse fainéante, cancanière et stupide, qui perd son temps au café et au cercle?

De retour à la maison, les amoureux sont aux bras l'un de l'autre.

Mais André devient impatient, inquiet; il est homme, il sait ce que l'enfant ignore, et le sang lui bat, à coups saccadés, aux tempes et au poignet. Il souffre, du supplice de Tantale.

Une fois, il a dénoué ses bras de la taille de Toinette, comme honteux:

—Qu'avez-vous? dit-elle, vous ai-je fait de la peine?

Et ingénue, elle le regarde, troublée.

—Il me tarde que nous soyons tout l'un à l'autre—dit-il en rougissant. Et à voix basse:—Ne trouvez-vous pas le temps bien long?

—Oh si!

Et elle rougit, comme lui, sans avoir bien compris.

Depuis ce jour, un instinct s'éveilla en elle. Toinette n'embrassa plus son ami, comme si elle pressentait que ses caresses lui faisaient mal, et qu'à leur bonheur pour qu'il fût entier et libre, manquait encore la sanction des hommes et de Dieu.

Le surlendemain, le mariage se fit, à la mairie. On y alla par petits groupes; personne n'y assista que les témoins.

Mais le soir, les Rosin n'avaient pu se priver d'inviter une quinzaine de personnes. La messe serait dite à minuit. Les mariés aussitôt après partiraient pour Paris.

Le dîner, commandé à l'hôtel, fut servi. Le repas fut long. On était en vêtements de noces. Bien qu'André, qui passa pour fier, empêchât par son air réservé, d'éclater cette gaieté triviale propre aux petits mariages bourgeois,

Quand elle entra dans la chambre nuptiale, aux bras de sa mère et de sa soeur, un peu pâle et vêtue d'un peignoir blanc, le coeur défaillit à André. Ainsi on la lui livrait, elle était à lui, et c'était le prix du marché conclu. Mme Rosin se retira, Berthe passa dans la chambre à côté. Deux heures sonnèrent, mélancoliques dans la nuit; et debout, près du lit entr'ouvert, André et Toinette se regardèrent. Ce qu'ils éprouvaient, était sans paroles et même sans pensées. Pleine d'appréhensions devant l'inconnu, l'âme trouble, elle souriait, avec un imperceptible tressaillement nerveux. Lui plein d'angoisse devant la vierge, cherchait de vaines paroles, et bouleversé d'amour et de peur, il souriait aussi, confus. Les mots expiraient à leurs lèvres. Alors en silence, il lui tendit les bras, puis les lèvres; et ils s'étreignirent frissonnants, elle toute enfant, lui redevenu enfant, pour cette nuit de tendresses et de caresses, pour cette nuit unique au monde.

DEUXIÈME PARTIE

I

Huit jours après, un matin, ils se réveillèrent à Paris, comme au sortir d'un songe. Leur départ, le voyage, les heures écoulées, défilaient devant eux d'une façon confuse. Le coeur gonflé de tendresse, doucement ivres, ils ne savaient si leur arrivée était bien réelle, et s'ils ne dormaient point encore.

Pourtant, descendus sur le quai de la gare, et entrés dans la grande ville bruyante, ils se secouèrent, regardèrent autour d'eux, et se sourirent. Ils s'occupèrent enfin de leurs bagages et d'une voiture. Mais cela les étonnait d'agir, et ce fut d'une voix indécise qu'André cria au cocher l'adresse.

Le fiacre roula; bercés doucement, ils retombèrent à leur molle ivresse. Ils se contemplaient, perdus dans une pensée douce, ils se trouvaient beaux, admiraient leurs yeux battus et brillants, leur visage pâli par l'amour; ils se tenaient la main et se taisaient, tant leur bouche avait proféré de fois les aveux, les appels, les caressantes paroles.

La voiture s'arrêta brusquement; ils sursautèrent. On était arrivé, ils se mirent à rire.

—Montez,—dit André en désignant un escalier, dans la cour. Il la suivit, regardant la robe qui dépassait, sous le manteau de voyage.

«Ma femme! c'est ma femme!» répétait-il, et au sentiment délicieux de l'avoir possédée, s'ajoutait la joie de l'avoir sienne à jamais, de l'introduire dans l'existence nouvelle, de lui faire, dans l'appartement où elle vivrait, la surprise des meubles frais, de lui dire: «Vous voici chez vous, c'est bien modeste, mais j'espère que vous vous y plairez.»

—Là!—et il introduisit la clef dans la serrure—nous sommes au premier!

Cela déjà lui semblait une aubaine; tant de Parisiens habitent au cinquième. Mais Toinette, habituée à vivre dans une grande maison, ne prêta aucune attention à cet avantage. Elle s'étonnait même qu'on pût vivre, tant de locataires ensemble, entassés les uns sur les autres.

Le concierge déposa les malles. André ferma la porte.

—La domestique ne viendra que demain, dit-il. Nous sommes seuls, nous mangerons dehors, cela vous déplaît-il?

—Mais non!

—Vous voici chez vous, c'est bien modeste, mais…

Et il répéta la phrase qu'il pensait dans l'escalier. Elle sourit, étonnée, et s'avança rapidement, par curiosité enfantine; elle ne jeta qu'un coup d'oeil: le cabinet de travail d'André lui plut, mais elle eût préféré un salon, elle aima la chambre à coucher, dont la grandeur imposante ne lui parut que raisonnable, elle traversa deux grands cabinets à portes vitrées, passa dans la cuisine qu'elle trouva sombre, et dans la salle à manger, sombre aussi. Il lui semblait avoir tourné sur elle-même, et déçue:

—Comme c'est petit! s'écria-t-elle.

Timidement, elle regarda André avec regret, et le voyant gêné, l'embrassa.

—Chère, chérie! nous ne sommes pas en province. Cet appartement, voyez-vous, est très grand pour notre budget, et même très grand pour Paris.

Et il entra dans des détails qui firent hocher la tête à la jeune femme; elle se résignait, sans être convaincue.

—Bah! fit-elle, ça ne nous empêchera pas d'être heureux?

—Mais viens voir, regarde en détail, est-ce que le papier de ta chambre te plaît?

—Attends que je me mette à l'aise.

Et tout de suite après, elle alla regarder aux vitres, vit une grande cour et, sur trois côtés, des murs percés de fenêtres; tout en haut, s'ouvrait un carré de ciel bleu; en face d'elle, par delà un mur sur lequel un chat promenait sa silhouette maigre, montait une maison de pauvres gens, noire de suie.

André comprit le regard de la jeune femme.

—Oui, je sais, c'est un peu triste une cour, mais que voulez-vous? l'appartement est si avantageux.

Ce n'était pas trop l'avis de Toinette; elle se laissa prendre aux bras du jeune homme.

—Vois-donc, disait-il tendrement, aimes-tu ces meubles?

—Oui.

—Et ce lit?

—Aussi.

—Cette psyché?

—Oui,—dit-elle en hésitant; elle aurait préféré une armoire à glace.

—J'ai fait de mon mieux, êtes-vous contente?

—Je vous remercie,—dit-elle très bas, car depuis leur mariage, ils se tutoyaient dans les moments d'expansion, mais revenaient au «vous» malgré eux, presque aussitôt. C'était leur pudeur mutuelle qui s'exprimait ainsi, avec une contrainte et une cérémonie involontaires.

Car telle était la bizarrerie de leur situation, commune à tous les jeunes mariés: ils ne se connaissaient qu'à peine, et d'autre part, liés par la possession amoureuse, ils ne pouvaient être plus intimes. De là, chez eux, un mélange ingénu de chatteries, d'effusions et de réserves subites, de gênes délicates.

Toinette et André prirent possession de leur appartement, ouvrirent les armoires, mirent les mains sur tout; elle s'assit à un petit bureau de laque et écrivit à ses parents, la plume grinçait; lui prit un livre et le lut, sans intérêt: leur dépaysement ne pouvait de sitôt cesser, il leur faudrait des jours et des mois avant qu'ils se sentissent chez eux.

André, en regardant écrire sa femme, goûtait d'avance les plaisirs de l'intimité, des matins d'été dans la chambre ensoleillée, des soirs d'hiver, quand pétillerait la flamme.

Ils sortirent sur la place Saint-Sulpice; André désigna l'église:

—Veux-tu entrer?

—Oui.

Devant une des petites chapelles consacrées à la Vierge, elle s'agenouilla. Debout et en arrière, il la regardait, penchée, le front dans ses mains; les cheveux bruns, durement tordus, dégageaient la nuque fraîche, d'un blanc d'ivoire. Il resta pensif; que de fois il avait vu sa soeur Lucy, prosternée ainsi en de longues prières, lui revenir avec des yeux d'extase et une clarté sur le visage. Mais Toinette se signa rapidement, lui prit le bras en souriant.

Frappés par la même idée, ils se rappelaient la messe de leur mariage, et leurs impressions troubles, en cet instant.

Ils déjeunèrent dans un restaurant cher. Toinette avait faim. Pleine de curiosité, elle regardait autour d'elle les couples assis à de petites tables. Le tumulte de la rue ébranlait les vitres; grisée de couleurs et de bruits, elle murmura avec étonnement:

—C'est drôle, Paris!

—Préfères-tu Châteaulus?

—Oh non!

La note l'épouvanta.

—Mais on te vole!

—Je le sais bien.

—Refuse de payer!

Il se mit à rire:

—Pour une fois… nous ne dînerons pas souvent ici, ni chez Bignon, va.

Ils prirent une voiture qui les mena au bois.

André indiquait au passage, les monuments, les rues; Toinette distraite, regardait les voitures de maître, tournant autour du lac. Pourquoi était-elle en fiacre? Et avec une ignorance enfantine du prix de l'argent, la jeune femme trouvait sa robe trop simple. Elle se consola en dédaignant les omnibus et les piétons.

De temps en temps, elle désignait à son mari une dame empanachée ou quelque fille au chignon doré, conduisant un dog-car:

—Connais-tu cette dame?

… comme s'ils eussent été sur le cours d'une ville de province. Les réponses d'André l'effrayèrent. Personne ne les connaissait. Ils ne connaissaient personne. Quelle solitude! Elle garda le silence.

—À quoi penses-tu? demanda-t-il.

—À rien.

Car elle pensait à trop de choses à la fois, voyait trouble. Aux images vagues et pompeuses d'un avenir inconnu, se mêlaient l'impression tourbillonnante du présent, et les évocations précises du passé.

André, déjà las de ce spectacle monotone, avait grand'hâte d'être chez eux. Sa femme, dans le plein air de Paris, semblait lui appartenir moins. Des gens la regardaient; il en était froissé.

—Veux-tu que nous dînions chez nous? Ce sera une économie.

Elle battit des mains:

—C'est cela! tu verras la bonne cuisine que je sais faire!

Ravis à l'idée de cette dînette, courant les magasins, ils entrèrent dans les plus beaux.

Toinette, qui s'empara du porte-monnaie, acheta une livre de fraises, des oeufs, une bouteille de Médoc, un pâté fin.

On n'oublia que le pain, André ressortit.

Déjà Toinette avait mis la table; la vue de leur porcelaine, de leurs couverts, les ravit.

Il n'y avait pas d'eau, André alla emplir une carafe dans la cour.

Ce fut un gracieux dîner, leurs verres se touchaient, leurs chaises se rapprochèrent. Les bougies jetaient sur les murs des clartés amies. La porte, fermée à double tour, les isolait du reste des vivants. Ils connurent, pour la première fois, avec une intensité décuplée par leur amour, l'égoïste confort de famille quand, les rideaux tirés, on se replie en soi-même, laissant passer les heures. Ils mangeaient lentement, André s'écria:

—Ne sommes-nous pas mieux ici, tout seuls?

—Si!

Elle était sincère. Chaque impression nouvelle mettait une empreinte en elle, comme dans de la cire.

L'heure était douce et pénétrante. Ils inaugurèrent, avec une ivresse sourde, ce premier soir de leur vie future. Leurs mains se mêlaient sur les meubles et les objets. Désormais tout leur serait commun, jusqu'au grand lit vierge, caché dans l'ombre des rideaux.

II

Ils dormaient profondément, le lendemain, quand sept à huit coups de sonnette, retentissant chaque fois plus stridents, réveillèrent brusquement Toinette. Effarée, elle jeta autour d'elle le regard surpris des gens qui s'éveillent pour la première fois, dans un lieu inconnu, elle frotta ses yeux, tressaillit, secoua son mari, qui murmura tranquillement:

—C'est la bonne, je vais y aller.

—Non, non, dormez!—dit-elle avec importance,—c'est mon affaire.—Elle courut à la porte, et recula étonnée.

Portant un grand chapeau de crêpe, une vieille dame aux yeux rougis par les larmes, les mains enfouies dans un manchon à longs poils jaunes, fit une révérence, en disant poliment:

—Madame de Mercy, je crois?

Toinette fit un signe d'assentiment.

—Madame Ouflon…—dit la vieille dame en se nommant.—On peut m'appeler aussi Marie.

—Ah!—dit Toinette troublée—très bien! très bien!—et elle introduisit la bonne.

«Mon Dieu! pensait-elle, pourquoi André a-t-il pris cette dame-là? Je n'oserai jamais la commander.»

La vieille la couvait d'un bon regard, comme si elle comprenait:

—Monsieur a peut-être dit à madame, que je n'ai pas toujours été en condition? J'ai longtemps habité le Nord, j'avais une belle maison et des champs, madame. Mon mari a tout bu, tout perdu, il est mort avec tant de dettes, que nous n'avons su, mon fils et moi, comment nous retourner. Mais maintenant Polyte,—c'est pour abréger, remarqua-t-elle avec beaucoup d'aménité,—Hippolyte est dans les chemins de fer, et dès qu'il sera sous-chef de gare…

Elle n'acheva pas; un avenir divin s'étalait devant ses yeux. Elle tira un grand mouchoir et s'essuya les yeux.

—Madame sera contente de moi, j'espère? Je dois dire que madame me plaît beaucoup. Faut-il faire du chocolat?

—Attendez, oui, ayez l'obligeance de préparer le chocolat!—dit Toinette d'un petit air entendu, et elle courut rejoindre André, qui ne put se tenir de rire.

—Chérie, dit-il, il paraît que c'est une personne sûre; si vous saviez comme c'est rare à Paris; j'espère qu'elle vous conviendra?

—Mais je n'oserai pas la commander.

—Par exemple!—Et il sonna:

—Bonjour, Marie, vous m'apporterez de l'eau chaude pour ma barbe.

—Bien, monsieur.

Une demi-heure après, le chocolat parut. Mme Ouflon le portait avec un petit sourire gourmand, de l'air de quelqu'un qui transporte son déjeuner dans une chambre voisine, afin de le déguster plus à son aise.

Le chocolat était détestable.

—Bah! fit André, c'est la première fois…

Et il cria:

—Eh bien, Marie, et cette eau chaude?

—Voilà, monsieur.

L'eau était froide.

—Sapristi!

Toinette se mit à rire; ils se regardèrent, un peu penauds.

—Il faudra la dresser, dit-il avec conviction.

—Comptez sur moi!

Le congé d'André touchait à sa fin. Il employa les quelques jours qui lui restaient à promener sa femme dans Paris. Elle s'arrêtait devant tous les magasins; des étoffes, des bijoux la tentaient. Il les lui promettait pour plus tard, dès qu'ils seraient riches.

Ce mot n'avait aucun sens pour elle. N'étaient-ils pas riches, puisqu'ils dépensaient de l'argent, prenaient des voitures, allaient au théâtre. Elle trouvait cela tout simple. Dans sa facile vie de province, n'ayant pas de besoins, elle n'avait manqué ni souffert de rien. Pourquoi n'en serait-il pas de même à Paris?

Mme de Mercy avait écrit plusieurs fois, souhaité de loin la bienvenue à sa belle-fille. Son retour ne pouvait tarder.

André, à la veille de rentrer au bureau, fit ses comptes.

—Il est temps que ma mère revienne, je n'ai plus un sou!

—Ah! mon Dieu!

—Elle a encore cinq mille francs à moi, elle me les garde, je lui parlerai.

Le lendemain, il alla à son ministère. Les jours d'après furent pénibles.

André fut malheureux. Avant son mariage, la nécessité de griffonner des paperasses lui pesait. Maintenant, au contraire, il eût voulu plus de besogne, et gagner bravement sa vie. N'était-ce pas absurde qu'il fût là, rivé à son pupitre, astreint à une exactitude niaise, n'ayant qu'une besogne inutile de copiste? Il eût travaillé gaîment du matin au soir, pour gagner davantage que ses cent soixante francs de salaire. Comment vivre, avec cette somme dérisoire?

Le bureau, que jusqu'à présent André avait supporté avec ennui, redevint pour lui une préoccupation irritante, pénible.

Encore, s'il avait pu se retirer et gagner sa vie autrement. Mais comment? L'Administration donnait le gagne-pain incomplet, mais immédiat. À l'âge d'André, entré dans une carrière, on n'en sort point, quand on est pauvre. Rigide sur certains points et fier, il ne voulait demander ni devoir rien à personne. D'ailleurs qu'eût-il su faire? Avec cet enseignement classique, qui fait tout au plus des hommes de lettres ou des ratés, à quoi eût-il été bon?

Il n'y avait donc rien à faire qu'à attendre, continuer sa vie puérile et vide, sortir râpé, et manger peu.

Mais, auraient-ils de quoi vivre?

Deux ou trois années étaient presque assurées, grâce à la moitié restant des dix mille francs donnés par sa mère. Ensuite l'on verrait, quitte à vivre en province, délégué dans quelque emploi. André se disait cela pour se donner espoir, mais cette perspective lui faisait horreur; en effet, la liberté de Paris serait loin. Ici il avait, en dehors de l'Administration, une indépendance réelle. Que deviendrait-elle, ailleurs?

Toinette s'accoutumait.

Prise dans des liens d'habitude douce, elle vivait d'une vie tendre, facile et calme. Les heures, l'après-midi, lui paraissaient longues. Elle n'avait pas l'habitude de lire, n'aimait ni coudre ni broder; André tâcha de lui inspirer ces goûts. Il n'aimait pas que l'esprit des femmes se perdît en rêvasseries inutiles. Il voulait que Toinette sentît toujours l'obligation, l'utilité d'un travail, si petit fût-il.

Leurs rapports étaient bons, leurs caractères ne s'étaient pas encore heurtés. Ils se cédaient toujours.

Au lieu de s'approfondir, ils reculaient l'un devant l'autre. À tout ce que sa femme disait, André répondait *amen*; et il se croyait sincère. Ils se faisaient ces concessions mutuelles, où la raison n'est pour rien, toutes de sentiment et qui cessent, dès que l'esprit et le caractère, tôt ou tard, revendiquent leur indépendance. Alors naissent les petits heurts, les raisonnements stériles, les abdications sans conviction, les entêtements bêtes, les bouderies cruelles sans le savoir, les mots brutaux sans le vouloir, mille discussions où la femme, vaincue, est humiliée, où vainqueur, l'homme est amoindri.

Car tout se combat, dans les deux êtres que la vie a associés: les origines, l'éducation et l'instruction, tout, jusqu'aux préjugés et aux manies.

Chez les êtres les mieux doués d'intelligence et de coeur, ce n'est qu'au contact journalier, après des mois et des années, que les caractères s'assouplissent, se conforment l'un à l'autre; la tâche est rude, quotidienne, fastidieuse.

Souvent l'amour y sombre. Et ce jeu cruel et irritant, où parfois aux mauvaises heures, mari et femme semblent se complaire, met en cause le bonheur de toute la vie, et l'avenir des enfants.

Toinette et André n'en étaient point là encore; cependant ils n'étaient pas tellement enivrés, endormis par leur tendresse, qu'ils ne pressentissent pas déjà, l'un chez l'autre, des malentendus, peut-être éternels.

André était si affectueux, si prévenant qu'elle le trouvait trop bon et lui baisait la main de force, avec une tendresse reconnaissante; il lui semblait supérieur aux hommes, aux parents qu'elle avait connus.

André jugeait Toinette assez intelligente, peu instruite, et fine; car elle avait ce tact féminin d'écouter sans comprendre, et de sourire à propos.

Ils s'admiraient, se flattaient l'un l'autre, car la vie leur était douce. L'intérêt, ni le sacrifice, ni la pauvreté mesquine n'avaient encore ouvert leurs yeux, ni réveillé leur égoïsme endormi.

Ils perdaient la conscience de leur moi. André était Toinette, et Toinette était André. Ils vivaient l'un par l'autre, mais c'était l'homme qui s'abandonnait le plus, car ayant vécu et souffert, il avait besoin d'effusions. Ignorante, expectante, Toinette se livrait moins.

André l'étonnait par ses phrases sérieuses, son désir d'être câliné, sa tendresse nerveuse. Elle l'aimait tout uniment parce qu'il était jeune et aimant. Elle ne comprenait guère ce qu'il lui disait, ou souvent l'interprétait à côté, peu perspicace d'ailleurs, ou peu curieuse de deviner l'esprit de son mari. Elle ne pensait point, elle sentait.

Quand elle le regardait avec de beaux yeux tendres, et qu'elle lui caressait les cheveux, il lui confiait souvent d'amers chagrins, ou des projets d'avenir, et lui demandait si elle pensait comme lui; elle répondait:

—Oui!

… d'une voix doucement grave; et André se sentait le coeur réchauffé; mais Toinette, le plus souvent, avait parlé d'instinct, sans comprendre.

Qu'importait? puisque leurs yeux se cherchaient, puisque leurs lèvres se souriaient, puisque l'ardeur de la jeunesse les jetait aux bras l'un de l'autre, puisqu'ils s'aimaient.

Leurs nuits étaient douces et longues. Une veilleuse emplissait la chambre d'une faible clarté amie. Leurs sommeils amoureux s'éveillaient en un sourire, tandis que Mme Ouflon, tirant gravement les rideaux, leur présentait le chocolat, devenu meilleur.

Ils paressaient encore, n'avaient pas besoin de parler: se regarder et se sourire suffisait. Ils lisaient le journal, distraits; elle pensant à des emplettes, car bien que rien ne manquât, chaque jour elle s'avisait d'un bibelot nouveau; lui, inquiet et parlant d'économie, car il ne restait presque rien du traitement du premier du mois.

Ils se levaient, s'habillaient lentement, et André partait pour le bureau. Toinette s'occupait du déjeuner, envoyait Mme Ouflon plusieurs fois dehors, car la vieille n'avait pas plus de mémoire que la jeune. Vers onze heures on entendait un pas dans l'escalier. Toinette se jetait sur la nappe, mettait en hâte le couvert.

—Un petit moment, mon ami! criait-elle.

Les premiers jours, le repas avait tant tardé, qu'André, en retard à son bureau, avait été admonesté. Toinette désolée pressait le service, Mme Ouflon cassait des assiettes, et le repas était à peine cuit, peu mangeable. Puis une réaction vint. Toinette se levait tôt, bousculait la vieille dame, et quand André arrivait, on lui servait des viandes calcinées, des sauces gélatineuses. L'équilibre fut long à se faire.

Un soir que Mme Ouflon était montée se coucher, Toinette qui furetait dans les armoires, poussa un cri, André accourut. Dans un petit buffet de cuisine, comme un gros chat qui a trop mangé, l'indicible manchon à poils jaunes de Mme Ouflon reposait sur une montagne de croûtes de pain. Il y en avait pour plusieurs livres, en fragments secs, en blocs de mie, en croûtons fantastiques.

Le lendemain Toinette constatait le désordre, l'excès des dépenses, elle eut une sévère explication avec la bonne, et l'accompagna dans ses achats. Elle fut vite édifiée.

Mme Ouflon ne pouvait se passer d'un bonnet neuf, elle marchait, dans la rue, à petits pas, d'un air indifférent, comme une vieille dame sortie en coiffure du matin.

Très digne, elle achetait ce qu'il y avait de meilleur, comme pour elle, sans marchander; les fournisseurs la prenaient pour une rentière.

Toinette s'apercevant du manège, bouscula Mme Ouflon, mais celle-ci se mit à sangloter dans la rue, disant qu'elle n'avait pas été toujours en condition, et que quand Polyte serait sous-chef de gare, elle partirait avec lui dans un fiacre à deux chevaux.

Toinette ne la gronda plus.

Mais c'était elle-même qu'André reprenait doucement. Il sentait leur petit ménage aller à la dérive, les dépenses s'accumuler; beaucoup de provisions étaient perdues, on laissait la bonne les revendre. Elle troquait ainsi au marché, des portions de viande, de poisson, contre des assiettes de moules, qu'elle dégustait avec ravissement, en essuyant ses yeux rouges, et en soupirant après un avenir meilleur.

Malgré leur tendresse, Toinette et André sentaient bien que les choses allaient de travers, et qu'il fallait enrayer. Ils avaient été souvent au théâtre; maintenant que l'argent manquait, ils passaient leurs soirées ensemble. Il lisait tout haut, elle n'écoutait pas. Rarement ils parlaient du désarroi de leur petit ménage, mais ils y songeaient. Une fois André s'écria, en pensant au besoin d'argent:

—Ouf! il est temps que ma mère revienne!

Toinette lui jeta un regard vif comme un éclair, et s'enferma dans un silence têtu. Avait-elle cru à une arrière-pensée d'André, et qu'il souhaitait que sa mère dirigeât leurs affaires? Les jeunes femmes ont de ces défiances. D'ailleurs c'était avec appréhension qu'elle attendait de connaître Mme de Mercy. Que seraient-elles, l'une pour l'autre? Et sans savoir, d'avance, elle aimait peu sa belle-mère inconnue.

André murmura, pensif:

—Elle a été souffrante, sans cela elle eût été à Paris, pour nous voir, au premier jour. Avec cela, tu sais, très fière, très réservée. Elle a trop peur de paraître gênante, de s'imposer à nous. Elle a l'âme très haute, vois-tu, et dès qu'elle te connaîtra, vous vous entendrez si bien; n'est-il pas vrai, ma chérie?

Toinette ne répondit point, et baissa le capuchon de la lampe, car le regard franc d'André gênait le sien. Elle avait presque envie de pleurer; pourquoi donc?

Il continua:

—Si tu savais comme elle est bonne, et affectueuse. Elle a toutes les politesses du temps passé, elle est très délicate sur les convenances; un rien lui fait de la peine, mais un rien lui fait plaisir. Tu seras bonne pour elle?

Elle se leva, cherchant la laine de sa tapisserie, qui était tombée.

André parlait toujours; la mélancolie qui passait parfois sur son front, Toinette l'attribua à l'absence de Mme de Mercy. Elle faillit répliquer:

«—Elle vous manque, avouez-le? elle a été toute votre vie; et moi que suis-je, si peu de chose encore?»

Elle aurait dit cela avec dépit, mais André l'aurait rassurée tendrement; elle l'aurait cru.

Elle ne parla point, c'était le tort de son caractère fermé; les malentendus commencent ainsi. Pour se soustraire à la conversation, elle bâilla:

—Tu as sommeil?

—Non,—dit-elle par contradiction.

Et cependant, quelques minutes après, elle était couchée.

Quand André fut seul, il passa la main sur son front, chercha un livre, le lut mal, respira une ou deux fois, comme oppressé, puis pensant aux tendresses, à la jeunesse d'Antoinette, il sourit et passa dans chambre à coucher.

Elle avait les yeux ouverts; à la vue de son mari, elle les ferma, puis les rouvrit, silencieuse.

—À quoi penses-tu? dit-il.

Et il pressentit qu'elle allait répondre:

«À rien!»—Et effectivement:

—À rien! dit-elle.

—Tu n'as pas de chagrin?

—Pourquoi en aurais-je?—et sa voix était sèche.

Ce ton déplut à André, qui se contint et dit:

—Embrasse-moi!

Elle se laissa embrasser, passivement, immobile comme une souche.

—Bonsoir! dit-il.

—Bonsoir!—dit-elle, avec une imperceptible rancune.

Il y eut un long silence, ni l'un ni l'autre ne dormaient; ils n'avaient pas de cause à rupture, et cependant, comme dans un ciel bleu, d'invisibles souffles d'orage passaient.

—Voyons!—fit-il brusquement,—qu'as-tu? parle-moi! qu'est-ce qui te peine?

Elle ne répondit pas.

—Parle! fit-il vivement, je t'aime, explique-toi, pas de malentendu, parle!

Muette, elle se mit à pleurer, étendue sans bouger, et de grosses larmes lui coulaient le long de la figure.

—Voyons! fit André tendrement, voyons! je ne t'ai jamais grondée, qu'est-ce que tu as? est-ce que tu me crois fâché, parce que nous dépensons trop?

Elle pleurait toujours.

—Est-ce que tu as peur que ma mère ne nous gronde, qu'elle ne s'en prenne à toi? tu n'as pas à le craindre!

Les larmes de Toinette coulèrent plus fort.

—Est-ce que tu n'as pas confiance en moi? tu ne sais donc pas combien je t'aime? Tu ne m'aimes donc plus? Es-tu jalouse de ma mère? la pauvre femme!…

À toutes ces questions, Toinette ne pouvait répondre, elle eût voulu crier:

—«Ce n'est rien, tu as raison, j'ai confiance, dirige-moi, protège-moi.»

Mais un cadenas fermait sa bouche; c'était plus fort qu'elle; et elle eut le triste courage de se taire, de voir André souffrir, s'irriter, pâlir; ce ne fut qu'à la fin, très tard, qu'elle finit par sourire, calmée.

Alors il dit, pour tout reproche:

—Ah! folle, pauvre petite folle!

Il l'embrassa, et l'endormit comme une enfant. Elle reposait, soulagée, paisible, elle ne souffrait pas. Mais lui avait reçu un coup cruel, car alors qu'elle ne pensait plus à rien, la peine qu'elle lui avait faite, volontairement ou non, s'agrandissait dans ce coeur d'homme. Inquiet, il soupira.

Toinette était jalouse, injustement jalouse; serait-il, entre elle et sa mère, comme le fer battu et pétri, entre le marteau et l'enclume? Ces deux êtres qu'il aimait meurtriraient-ils son coeur?

Peut-être, ce soir de la première scène, eut-il l'intuition de tous les chagrins, de tous les malentendus à venir; peut-être osa-t-il aller au fond de sa pensée, et reconnaître l'inintelligence cruelle de sa femme; mais écartant ses pressentiments, il se dit avec un soupir:

«C'est là le mariage!»

Et il ne désira plus tant que sa mère revint.

* * * * *

Les jours suivants il se sentit accaparé.

Il n'était plus lui. La nécessité de toujours penser, sourire, parler à sa femme, avait comme rapetissé son esprit. Sans vouloir se l'avouer, il respirait plus largement dehors, dans les rues; il se reprenait, avec la peur vague que le mariage ne l'absorbât, ne confisquât l'indépendance de ses idées.

Toutefois il n'entendait pas l'appel de sa vie passée, n'étant pas de ceux que le bonheur rassasie, et qui retournent à des amours vulgaires ou à des camaraderies banales; il n'avait aucun regret du célibat, qui avait été pour lui solitaire, spleenétique et pauvre; mais il s'étirait, la tête lourde, comme quelqu'un qui a dormi un peu trop longtemps dans un lit de plume.

Et ne pas penser de la journée à Toinette, le soulageait.

Puis, le soir, reposé d'âme et fatigué de corps, c'est presque gaîment qu'il rentrait chez lui; avant qu'il n'eût sonné, il devinait que sa femme était derrière la porte, l'entendant, l'attendant; la porte s'ouvrait, et les soucis du jour s'en allaient entre deux baisers.

III

Ils étaient mariés depuis cinq semaines, lorsque Mme de Mercy parut et entra dans leur vie.

Depuis trois jours elle était à Paris, où personne ne soupçonnait sa présence. Elle voulut, le premier soir, courir embrasser ses enfants, mais elle se retint. Une pudeur singulière, presque invincible, l'empêchait de pénétrer brusquement chez le jeune ménage, de s'annoncer en disant: «C'est moi!» Il lui semblait être devenue une étrangère pour son fils, depuis qu'il lui avait préféré une autre femme.

Deux journées s'écoulèrent pour elle en réflexions douloureuses. Son âme était dévorée par le scrupule; dans son esprit, pour la moindre chose, que de tergiversations, de doutes: elle s'était rendue ainsi longtemps malheureuse. Seuls, les événements graves, les nécessités violentes, lui rendaient une énergie subite, une volonté robuste et entêtée.

Elle se disait, aux cours des heures intolérablement longues:

«Ai-je tort? je devrais être dans leurs bras! Pourquoi ai-je passé en deuil un temps précieux, qui aurait dû être fête pour moi?…»

Le regard surpris de sa vieille servante, Odile, la gênait alors.

«Si elle leur écrivait son retour? ou qu'André eût l'esprit de le deviner? Il accourrait, la serrerait dans ses bras, lui confierait bien des choses. Elle avait tant besoin de le voir seul, de l'entendre, de le retrouver!»

Alors elle se levait, prête à courir chez lui, mais une mélancolie poignante l'arrêtait:

«Il n'est plus seul, mon grand garçon!… Mon Dieu!—s'écria-t-elle avec ferveur,—faites qu'il soit heureux!»

La précipitation de ce mariage l'avait assombrie. Quelles tristes journées passées chez Mme d'Ayral! Là-bas, le jour où son fils se mariait, elle n'avait fait que pleurer. Elle regrettait de n'avoir pas assisté aux cérémonies; quels vains scrupules, quelle gêne mauvaise l'en avaient donc empêchée? n'était-ce pas mal d'avoir ainsi voulu dégager sa responsabilité? Mais non, celle-ci lui restait entière. Alors à quoi bon cette abstention? Elle savait trop bien à quelles suggestions d'orgueil elle avait obéi; et ses préjugés incurables, reprenant le dessus, elle s'écria:

—Mon Dieu, pourvu que cette personne soit bien élevée, qu'elle fasse honneur à André dans le monde!

Le monde; André ne comptait pas y aller.

Le troisième jour, Mme de Mercy n'y tint plus; ayant communié le matin, afin que son âme, lavée de toute pensée trouble ou injuste, fût ouverte à toutes les tendresses et à tous les pardons, elle rassembla son courage, et se rendit chez ses enfants.

Le coeur lui battait fort, quand elle demanda à Mme Ouflon:

—Madame de Mercy?

Elle fut étonnée, ces paroles dites, d'avoir prononcé son propre nom. Il existait donc, maintenant, une seconde Mme de Mercy?

Elle attendit dans le cabinet de travail d'André, regardant les murs avec curiosité, comme si elle ne reconnaissait pas cet appartement, qu'elle avait loué, meublé, orné avec lui, pour lui.

La portière se souleva, Toinette parut, interdite, devina l'étrangère en deuil, puis après cinq ou six secondes de silence, les deux femmes s'embrassèrent, trop émues pour parler.

—André qui n'est pas là!—balbutiait Toinette, le coeur gros, comme si c'eût été sa faute.

—Je le sais, ma chère. Je ne suis pas venue pour lui, c'est vous que je veux connaître et aimer.

Et les yeux de Mme de Mercy, fanés et fatigués, s'animèrent d'un beau reflet, en regardant la jeune femme, dont elle tenait les mains dans les siennes.

—Mais asseyez-vous,—murmura Toinette, toute gauche.

—Mon Dieu! que vous êtes fraîche et jolie!—dit la mère.

Toinette rougit, puis sourit, gagnée par la bienveillance empreinte sur le visage, encadré de cheveux gris, de la vieille femme.

—Voulez-vous m'aimer?—dit celle-ci en l'attirant.

Toinette l'embrassa:

—Êtes-vous guérie au moins, vous avez été malade?

—Oui,—dit Mme de Mercy qui hésita, avec la confusion de ne pas dire vrai,—oui! mais maintenant je vais mieux, très bien même; regardez-moi encore: vos yeux sont bons, ils sont francs, vos lèvres sont belles; vous avez une blancheur de peau qu'envierait la comtesse de Suzy, une beauté blonde, pourtant. Allons, ma chère, vous êtes parfaite, et la vraie femme d'André! il sera heureux!

Toinette sourit.

—Ah! maligne, vous me jugez égoïste pour mon fils, comme toutes les mères; hélas! mon pauvre André n'est pas parfait, lui mais tel qu'il est, il vous aime bien…—Et vous?

Toinette n'osant répondre, baissa les yeux, toute rose; l'idée qu'elle rougissait la fit rougir plus fort, et toute éperdue, elle jeta son visage, empourpré jusqu'aux épaules, contre le sein de Mme de Mercy. C'est dans les bras l'une de l'autre, causant, les mains unies, mais l'esprit en éveil, et s'observant déjà mutuellement, qu'André les trouva, en rentrant, une heure après.

Il exigea que sa mère dînât avec eux. Et Toinette discrètement sortit, les laissant seuls.

Souvent, au sortir d'un dîner d'apparat, André avait vu le visage de commande et le sourire mondain de sa mère, faire place à une expression d'amertume et de vieillesse; il eut la même impression quand, d'un mouvement spontané, elle lui prit la main, lui jetant, avec un éclair dans les yeux, ce seul mot âpre:

—Eh bien?

Tout un monde de questions tenait là.

—Eh bien,—répondit-il doucement,—tu as vu ma femme? (Ce mot faisait mal à l'oreille de sa mère.) Tu vois comme elle est tendre, bonne, jeune de coeur et d'esprit; elle t'adore déjà, sois-en sûre.

Mme de Mercy eut un fin mouvement de lèvres, et son regard impatient sembla dire:

—Ensuite?

—Je suis heureux,—dit André, mais tu nous as bien manqué; un mois et demi sans venir! Vite, parle-moi de toi?

Mme de Mercy se leva, et tirant avec soin des écrins d'un petit sac en cuir de Russie:

—Tiens, André, tu donneras ces bijoux à ta femme. Une vieille femme comme moi n'en a plus besoin, cache-les,—dit-elle en les mettant dans un tiroir.

—Maman!…

—Je te les aurais donnés plus tôt, mais je n'étais pas là; puis tiens! je voulais avoir vu ta femme. Ces bijoux-là,—dit-elle avec un indéfinissable orgueil de caste,—n'iraient pas à tout le monde. Tu vas dire que je suis folle, André, car je me sens toute triste.

—Pourquoi, bonne mère?

—Vous êtes, nous sommes si pauvres, mon enfant. Aurez-vous la sagesse, l'économie? Il vous faudra presque vivre comme des ouvriers. Soyez donc un de Mercy, pour mener une vie semblable!

—Ah!—dit-il gaîment, mais son sourire n'était pas très net,—tu parles à propos, je n'ai plus d'argent, veux-tu m'en donner?

—Plus d'argent, André?…

Et l'angoisse s'empreignit sur le pâle visage maternel.

—Oui, fit-il avec embarras; pardonne-moi, les premiers jours, le ménage, un peu de théâtre…

—De théâtre,—dit Mme de Mercy qui venait de faire un long trajet dans un compartiment de secondes.—Bien!

Et après avoir repris un visage calme, et s'efforçant de sourire:

—Veux-tu tout ton argent demain!

—Oh non!—dit André, qu'une si grosse somme effraya, cent francs suffiront.

—Je serai donc votre caissière,—dit-elle avec un sourire forcé, et voyant son fils attristé:

—Cet argent est à vous,—dit-elle,—puisque je vous l'ai donné; et tu es assez grand pour savoir ce que tu dois en faire, mon bon ami.

Après le dîner, où tout le monde se força à être gai et expansif, André fit à sa femme, affolée de trouble et de joie, la surprise des bijoux donnés; et il ramena sa mère chez elle. Elle eut la délicatesse de ne pas lui reparler d'argent; pensive, elle dit seulement quand ils se séparèrent:

—Rien encore?

—Ce serait trop tôt, mère, laisse-nous nous aimer un peu auparavant..

Mais les enfants naissent, en dépit des désirs ou des non-vouloirs; et chaque mois qui s'écoulait, devait donner aux deux jeunes mariés l'espoir d'une maternité future: sentiment mêlé de peur et de naïve fierté.

André sut se résigner à quelques visites. Mais il ne satisfit point sa mère; elle eût voulu qu'il promenât sa femme dans le salon des d'Aiguebère et chez beaucoup d'autres. Il refusa, mais vit les Damours.

La mère était de plus en plus malade, l'avocat soucieux, pensant à quitter Paris, à mener sa femme à Alger, et à s'y faire une haute place comme avocat. Germaine, mieux portante, les reçut avec une grâce de petite fille; ses robes l'ajustaient comme une poupée; elle avait un sourire vague et un bleu d'émail dans les yeux. Elle et André se regardaient à la dérobée.

En sortant, Toinette, par une étrange intuition, dit brusquement:

—Pourquoi ne l'avez-vous pas épousée plutôt que moi?

—Je ne l'aimais pas, chérie.

—Oh!—fit-elle avec incrédulité. Et André rougit, craignant qu'elle n'eût pressenti presque toute la vérité passée.

—Mais vous?—dit-il, taquin, pour détourner la conversation,—vous avez pensé à quelqu'un, avant moi?

—Mon Dieu, non! répliqua-t-elle avec franchise.

Les de Mercy visitèrent aussi et reçurent les Crescent, dont ils ne purent assez louer l'affection cordiale et la discrétion.

Leur propre vie s'organisa, s'équilibra au bout de quelques mois.

* * * * *

André se résignait presque à son bureau. Toinette s'habitua à employer les heures de solitude. Elle s'installait dans sa chambre, près d'une fenêtre dont, avec curiosité, par désoeuvrement, elle relevait le rideau, si quelqu'un traversait la cour. Elle faisait quelque tapisserie ou lisait. Mais le goût des livres ne lui était pas encore venu; la diversité des oeuvres la stupéfiait, et toute tension d'esprit lui était pénible. Souvent même, elle ne pouvait suivre les conversations qu'André tenait avec elle; passé un certain point, elle manquait d'attention, perdait le fil; souvent elle posait des questions qui embarrassaient son mari. D'autres fois, des mots qu'elle n'avait jamais entendus frappaient son oreille, et leur sens inconnu la tourmentait, sans qu'elle osât s'informer.

Le retour d'André vers cinq heures, la tirait d'une demi-torpeur où elle vivait. Elle le caressait, à table lui disait souvent les histoires de la maison, recueillies par Mme Ouflon; ou ils s'ébahissaient sur le prix des choses et la cherté du ménage. Mais ces riens ne leur paraissaient pas dénués de poésie, parce qu'ils étaient mêlés à leur vie même, qu'ils faisaient, en quelque sorte, partie d'eux-mêmes.

Toinette d'abord avait soutenu une correspondance assidue avec ses parents, mais les Rosin répondirent très mollement. Le père, tous les deux mois, n'exprimait que des pensées banales et soporifiques. La mère n'avait pas le temps. Quant à Berthe, secouée par le mariage de sa soeur, elle semblait retombée à une apathie provinciale. Elle n'avait rien à dire, ne voyait rien qui pût les intéresser; son coeur et son esprit s'étaient rendormis.

Mme de Mercy dînait souvent chez ses enfants; eux aussi, chez elle.

Après cinq ou six mois de bons rapports entre la mère et la fille, les caractères peu à peu reprirent leur naturel. Celui de Toinette montra ses défauts. Elle était très jalouse, redoutait que son mari ne subît l'influence maternelle. Mme de Mercy, conseillère, prêchait l'économie. Il eût fallu que Toinette fût bien avisée et prudente, pour ne pas avoir ni montrer d'amour-propre.

André, dont les sentiments les plus intimes, les plus délicats, étaient en jeu, se tut, gardant une neutralité dont ne pouvait s'accommoder personne. Par égard encore pour lui, sa mère et sa femme gardèrent le silence, imitèrent sa froideur; seulement, si Mme de Mercy souffrit sans se plaindre, Toinette sans parler, leur visage, leurs regards, leur mutisme avaient une cruelle éloquence. Toinette avait des raidissements d'âme, des entêtements de silence cruels. Puis ces bouderies se résolvaient en sanglots rageurs. Toute seule, Mme de Mercy versait des larmes rares et âcres. Qui des deux avait raison? Aucune, toutes deux. Toinette était injuste, et se défiant à tort de son mari. Mme de Mercy était trop timorée; ses conseils, fatigants à la longue, étaient sans portée, parce que ce n'étaient qu'insinuations et réticences.

Tout à coup Mme de Mercy crut avoir l'explication de ce changement: Toinette était enceinte.

Cela suffit pour que sa belle-mère oubliât tous ses griefs. Malheureusement la grossesse ne faisait qu'accroître chez la jeune femme, les dispositions naturelles de son caractère.

Pourtant telle est la force de la jeunesse, que malgré ces points noirs, malgré le plus sombre:—l'argent coulant aux nécessités journalières, deux mille francs nouveaux dépensés en six mois, rien que pour vivre,—malgré ces soucis, ces craintes, Toinette et André étaient encore heureux.

Seule, Mme de Mercy atterrée, pensait, voyant s'accroître les dépenses:

«Que feront-ils, une fois ruinés? Ah! je suis trop faible; pourquoi ai-je consenti à ce mariage?»

Regrets stériles. L'idée qu'elle serait grand'mère lui fut une nouvelle préoccupation; pour les jeunes mariés, c'était une grande joie naissante.

Ils escomptaient trop vite leur bonheur. Toinette se fatigua, fit une fausse couche, heureusement peu avancée.

Alors, ce furent des larmes et des lamentations, puis des journées de repos qu'imposa le médecin, un homme maigre, petit et vêtu de noir. Il employait des termes de la vieille école, avait une politesse grave. Ses reproches, et le chagrin d'André, firent sur Toinette une grande impression.

Ainsi elle aurait été mère et, par sa faute, voilà qu'elle avait compromis sa santé future. Elle pleura longtemps le petit être informe, le débile germe d'homme ou de femme, ce rien qui s'en allait, et qui pourtant avait un nom. Elle l'eût appelé André; aucun de ses enfants à venir ne porterait ce nom, comme s'il eût été celui d'un réel petit mort.

Elle se remit, resta grave, songeuse, se reprocha d'être étourdie, puérile.

«C'était terrible, le mariage, elle n'était qu'une enfant; elle le reconnaissait. Et cependant, un jour, bientôt peut-être, elle serait mère d'un bébé vivant, appelé à grandir!» Elle le voyait à l'école, puis homme fait. Était-ce possible? Quel mystère que celui de cette vie mystérieuse, transmise de père en fils, de génération en génération!

Elle eut conscience de la responsabilité qui pesait sur elle, et sentit le devoir s'imposer à son existence instinctive et vide, de jeune fille ou de jeune mariée. Car Toinette était à cet état incertain où les grâces folles de la vierge d'hier se mêlent aux gravités précoces de la femme d'aujourd'hui.

Elle devint un peu plus sérieuse, s'attacha à la lecture, écouta avec plus de patience les conseils de Mme de Mercy.

IV

Toinette tenait un de ces petits almanachs, alors à la mode, illustrés par Kate Greeneway.

—Il y a déjà quatorze mois, mon cher mari, que vous êtes venu à Châteaulus.—Et d'un lent mouvement de femme souffrante, elle se coula près de lui:

—Te rappelles-tu?

Et passant à une autre idée:

—Dis, sera-ce une fille ou un garçon?

—Je ne sais pas...

—Oh, mon Dieu, je vais devenir laide, tu ne m'aimeras plus?

—Mais si! bien plus.

—Et pendant que... je serai malade, tu ne penseras pas à voir d'autres femmes?

—Veux-tu bien! vilaine.—Et il l'embrassa.

—Oui, tu dis cela!... L'aimeras-tu au moins, ton enfant?

—Non, c'est toi que j'aimerai en lui.

—Ah! que c'est long: encore cinq mois, crois-tu? Souffrir tout le temps, de ces horribles maux de coeur! C'est qu'il pèse déjà, je t'assure. Non? Si, il pèse, je le sens bien.

Elle babillait avec des intonations d'enfant gâtée, quand sa voix changea, devenant sérieuse:

—André, c'est terrible, j'ai fait les comptes du mois, c'est cher! c'est cher!

—Oui, mon amie, je sais que tu fais ton possible, ne te chagrine pas, je tâcherai d'avoir au ministère du travail supplémentaire. Le tout, vois-tu, est d'équilibrer nos dépenses, d'arriver à une moyenne fixe chaque mois.

Mais cette moyenne ne se rencontrait jamais.

Toinette se plaignait ainsi souvent, accusant les fournisseurs, la maladresse de Mme Ouflon, etc. Elle-même ne pouvait savoir. Ce n'était pas sa faute.

—Eh non, qui t'accuse?—finissait par dire André avec un peu d'impatience.

—Toi, tu m'accuses,—reprenait-elle en boudant un peu.

—Je ne dis rien!

—Mais tu n'as pas l'air content?

Alors force lui était de rire.

Deux mois plus tard, Toinette eut une grande joie, son enfant avait remué; puis elle douta, jusqu'à ce que de nouveaux, fréquents, intimes tressaillements, l'assurassent qu'il était là, bien vivant. Chaque secousse lui causait une douleur, qui se transformait en joie, après.

Et il fallait la rappeler à l'ordre, la supplier d'être sage, de ne se point fatiguer. Car elle avait des jours de turbulence où elle courait les rues, regardait les magasins; des semaines de langueur et maussades succédaient. La tête emplie de rêvasseries vaines et de terreurs vulgaires, elle voulait se faire tirer les cartes, ou craignait d'avoir des envies.

Elle n'en eut aucune.

Elle et son mari parlaient le moins possible de Mme de Mercy. André avait reconnu la jalousie des deux femmes. Comment arriverait-il à les faire s'aimer, s'entendre? car il le fallait à tout prix, pour le bonheur commun.

Quand sa belle-mère venait, Toinette se montrait avenante, aimait à parler, à rire. Mais dès que, les nouvelles échangées, la conversation se ralentissait, pour peu que Mme de Mercy s'adressât à André, Toinette s'enfonçait en des mutismes défiants; si sa belle-mère touchait à quelque objet ou dérangeait un meuble, Toinette, après son départ, remettait, sans parler, les choses à leur place. D'autres fois, ses préventions injustes tombaient. Elle se montrait alors affectueuse et douce.

Mme de Mercy supportait ces écarts de caractère avec une grandeur d'âme exagérée.

Elle disait tout bas à André:—C'est pour toi que je souffre sans me plaindre!—Puis elle offrait à Dieu ses chagrins.

Quand Toinette avait été raisonnable, elle guettait un regard reconnaissant de son mari. Et lui, sentant qu'il était la cause involontaire du conflit ou de l'accord entre ces deux femmes, souffrait en silence, s'efforçant de se résigner, et de penser à autre chose. Il comptait sur le temps, qui éteint les passions vives; parfois il eût voulu être plus vieux, avoir des enfants grands, vivre calme.

Il s'isolait dans son cabinet de travail, après avoir, d'une main rapide de copiste, fait quelques travaux obtenus, non sans peine, au ministère, et assuré par là un petit supplément d'argent à la fin du mois. En entendant dans la chambre voisine sa femme se mouvoir, donner des ordres à Mme Ouflon, il pensait:

«Il y a deux ans, j'étais seul, malheureux. Aujourd'hui le décor de cet appartement, ces meubles, cette vie nouvelle, et la jeune femme qui est là, qui porte mon nom, et va avoir un enfant de moi, tout, jusqu'à la servante qui l'écoute, c'est moi qui, par ma volonté, l'ai créé.

«Rien de cela n'existait. J'ai voulu que cela fût: Cela est!»

Il ajouta: «Cela est mien, et cependant distinct de moi: un petit monde qui marche avec moi, que j'entraîne. Peut-être sera-ce lourd plus tard?» Et il entrevit une responsabilité, des devoirs lourds.

Sans oser se demander s'il était plus ou moins heureux qu'auparavant, écartant ce doute, il ne pouvait s'empêcher d'admirer le pouvoir que l'on a de diriger sa vie dans un sens ou dans l'autre, et d'être, selon son plus ou moins de sagacité ou de raison, l'artisan de sa joie ou de sa douleur.

Mais la vie n'aurait-elle pu tourner autrement?

Il en doutait. Tous les événements, les accidents qui l'avaient heurté, il les reconnaissait inévitables et croyait à la fatalité. En cela, il différait de sa mère, âme tourmentée, toujours prête à déplorer sa faiblesse, à s'accuser comme d'un crime de ce qu'elle avait fait ou laissé faire.

Tout ce qu'André éprouvait, il le renfermait en lui, par pudeur. Mme de Mercy ne sut jamais rien de ses troubles secrets. Bien que Crescent fût d'âge mûr et de bon conseil, André jamais ne lui confia le fond de ses pensées.

Au ministère, Crescent, soucieux, lui disait, un matin:

—Voilà le père de ma femme très malade; vous savez qu'il n'a jamais rien fait pour sa fille, et que sa femme le mène. Il paraît qu'il s'affaiblit beaucoup. Moi qui ai une vie très rude, et l'avenir de mes enfants à assurer, je me demande si le père aura été subjugué par cette femme au point de dépouiller complètement sa fille, j'en ai peur.

Et après un moment de silence:

—Enfin! on travaillera encore.—Et il regardait André avec un bon sourire, tout en soufflant d'un air fatigué.

Crescent, outre son travail au ministère, donnait des leçons; il se levait à cinq heures, se couchait à onze, avec un fonctionnement de machine. Mais à la fin il s'usait; et toujours cette expression de lassitude résignée et courageuse avait frappé André.

Il en parla à sa femme.

—Pourquoi travaille-t-il tant?—demanda-t-elle ingénument.

—Et vivre, ma chère, et nourrir les enfants?

Elle hocha la tête et écouta une lecture qu'André reprit tout haut, des vers de Victor Hugo. En dessous, il observait sa femme, prêt à s'interrompre, craignant que son esprit ne fût ailleurs ou qu'elle ne comprît pas.

—André, je voudrais tant savoir, apprends-moi, je t'en prie?

—Quoi donc?

—Tout, je sais si peu de chose, on ne m'a rien enseigné.

Alors il lui pardonna ses inattentions. Peut-être devait-il lui faire des lectures plus simples. Mais lesquelles? Balzac n'intéressait pas la jeune femme. Et elle n'avait même pas achevé les *Trois Mousquetaires*.

D'abord déconcerté, il en avait pris son parti. Pourtant, il trouvait pénible de ne pouvoir parler à son gré, et qu'elle ne le comprît pas. Parfois il se résignait, comptait qu'elle serait bonne mère, bonne ménagère, n'en demandait pas plus.

Il la regarda. Paisible et fatiguée, elle tirait la laine de sa tapisserie.

«Ah! les beaux, essors du rêve, les passions de roman, ce menteur idéal sacrifié courageusement en se mariant, tourmentaient encore André. Il pensait aux heurts de l'amour et de la jalousie, aux enlèvements, à l'adultère, aux douleurs tragiques, à la passion. Cela, il ne le goûterait jamais! Mais n'était-ce pas chimérique? et n'avait-il pas pris le meilleur lot, le bonheur terre à terre, strict et résigné, mais sûr?

«À quoi pensait-elle en ce moment?

«Suivait-elle les mêmes réflexions mélancoliques, regrettait-elle un idéal cavalier, une vie de rêve, tout un romanesque de jeune fille?» Il voulut le savoir et se penchant, lui prit la tête, la leva vers lui et la regarda.

Sous le jour qui tombait, il se vit reflété dans les prunelles de sa femme, comme en un miroir: impression douloureuse. Pourquoi ne pouvait-il pénétrer au fond de ces beaux yeux bruns? pourquoi, alors qu'il voulait la connaître, était-ce lui-même qu'il rencontrait, dans ce reflet? Il pensa que Toinette, de même, se mirait dans ses yeux à lui, et il sentit qu'ils étaient à mille lieues l'un de l'autre, que même aux heures où se mariait leurs âmes, ils étaient deux, et ne pourraient jamais, jamais être un! Cette constatation le rendit égoïste, et il eut des regrets, mais elle, dont le regard ne l'avait pas quitté, lui dit:

—N'est-ce pas que tu m'aimes, *tout de même?*.

Hasard ou divination, la pensée de Toinette avait répondu à la sienne. Troublé, il sentit des larmes lui monter aux yeux, et plein de pitié pour elle, pour lui, il la prit dans ses bras, brusquement.

—Prends garde! fit-elle.

Il eut horriblement peur:

—Pardon!

—C'est passé!

L'idée que sa femme serait bientôt mère l'attendrit; cela lui créait de nouveaux devoirs. Alors il congédia les rêves impossibles, les espoirs trahis, les voeux stériles; il s'en fit ensuite un mérite, et d'instinct, et par raisonnement, se dit qu'il fallait accepter la vie, ne lui rien demander d'impossible, et en tirer ce qu'elle contient de bon.

Déjà elle s'annonçait inquiète, nécessiteuse.

Le terme d'octobre approchait.

Ils connaissaient déjà ce souci périodique dont on s'effraye d'avance, pour en rire après: comme beaucoup de gens, ils n'avaient pas la somme nécessaire pour le payer. Seulement, cette fois sa mère ne pouvait avancer à André de l'argent; il le savait. Elle-même vivait parcimonieusement, se privant de robes et allant en omnibus; elle craignait d'être rencontrée par les d'Aiguebère ou par d'autres.

Ce fut Toinette qui, avec un sens inquiet de ménagère, et sachant qu'André n'avait nul moyen de se procurer de l'argent, et qu'il ne voulait pas emprunter, lui dit:

—Voici le terme, comment ferons-nous?

Il essaya de plaisanter.

—Si nous profitions de l'occasion pour rappeler humblement à tes parents la modeste pension qu'ils nous ont promise? Soit dit sans reproche,—ajouta-t-il avec la secrète rancune qu'on a pour les mauvais payeurs,—il s'est déjà écoulé plusieurs mois sans qu'ils aient daigné nous manifester leur bon vouloir.—Il s'arrêta, regrettant ces mots; Toinette toute rouge se retenait de pleurer.

—Pardonne, dit-il, ce n'est pas ta faute, mais songe aux sacrifices que ma mère a faits; eux, là-bas, vivent tranquilles, égoïstement. Tu es fière, n'est-ce pas, autant pour ton mari que pour tes parents?—Puis avec la lassitude soudaine d'un homme délicat que ces sujets révoltent:

—N'en parlons plus, c'est trop mesquin.

—Ce n'est pas cela, dit Toinette, c'est que je leur ai déjà écrit, et...

—Et?

—Ils ne m'ont pas répondu.

—Qu'à cela ne tienne!—fit-il vivement,—je m'en charge…

Puis il hésita, en proie à des scrupules, et parlant haut comme pour penser clair, il allait et venait dans l'appartement.

—Voyons, d'abord, amie, ne t'afflige pas, cela arrive dans tous les ménages. Les beaux-parents transportés de joie promettent, puis ne tiennent pas; moi je ne leur demanderais rien, si je m'écoutais. Cependant ils ont promis, donc ils doivent. À tel point que cet argent, tu t'en souviens, était destiné à payer nos termes. Si j'étais plus riche, j'aurais l'orgueil de ne jamais réclamer un sou. Le puis-je ici? le dois-je? Non, que diable. Il est juste que tes parents nous aident dans la mesure du possible. Est-ce vrai?

—Oui, dit-elle, sans conviction.

«D'autant plus, n'osa-t-il dire tout haut, que ma mère se sacrifie bien, elle qui n'a rien promis, qui ne doit rien.»

Il reprit:

—Dans tous les pays du monde, on aide les enfants.

—Chez moi,—dit-elle tristement,—ce sont les hommes qu'on aide, vois Guigui, il a mangé tout l'argent de ma soeur et le mien.

—Oui, dit André, aussi je n'en fais guère compliment aux tiens. Que faire? Dicte-moi ma conduite, vois, décide.

—Écris!—dit sa femme. Et lui passant les bras autour du cou, elle abdiqua bravement ce qu'elle avait d'orgueil et d'amour-propre.—Seulement, ajouta-t-elle, écris gentiment!

André s'adressant aux Rosin, fit valoir dignement ses droits, rappela leur promesse, dit combien les difficultés d'un jeune ménage étaient pressantes, impérieuses, fit appel à leur tendresse et à leur dévouement.

Ce fut le père qui répondit. Sa lettre portait comme toujours l'en-tête des Chemins de fer, et calligraphie et paraphe étaient d'une netteté et d'un calme admirables. Il faisait l'étonné. Les jeunes gens n'étaient donc pas assez riches? Quoi! ils demandaient à des gens plus vieux qu'eux, et qui avaient toujours travaillé? Il les exhortait avec bonté à ne pas se décourager, et il leur envoyait sa bénédiction paternelle.

De la rente promise, pas un mot.

—C'est fort! dit André.

—Maman a dicté,—dit la jeune femme, et elle se sentit triste et honteuse des siens. Leur mauvaise foi la frappait. André ne l'aimerait plus. Il la serra fortement dans ses bras, et dit, comme par acquit de conscience.

—Écrirai-je à ta mère?

—Si tu veux!…—Elle n'espérait plus.

La réponse de Mme Rosin fut un chef-d'oeuvre.

«André parlait d'une rente, l'avait-on stipulée? Elle en doutait, car nul souvenir ne lui était resté. D'ailleurs, quatre cents francs par an étaient une somme énorme, écrasante; où aurait-elle pu les prendre? Elle était la plus malheureuse des mères, elle en pleurait,—il y avait en effet des taches d'humidité sur le papier—elle aurait donc toujours des chagrins? Ah! si elle n'avait pas de consolation dans son propre fils… Il allait bien. Dimanche dernier, on avait fait une partie aux environs, c'est Alphonse qui avait le mieux dîné, il avait chanté des chansons à faire mourir de rire. Elle embrassait ses enfants de Paris en leur recommandant de travailler, d'être sages, et surtout de ne pas se tracasser; les ennuis s'en vont comme ils viennent, mon Dieu!»

Cette lettre jeta André dans une stupeur qui se changea vite en colère, mais Toinette le calma. Elle avait l'habitude de ses parents. C'était ainsi, on n'y pourrait rien changer.

Alors tous deux se résignèrent.

Mais ces lettres échangées devaient longtemps leur rester sur le coeur. Si André et sa femme s'étaient moins aimés, la malpropre question d'argent les aurait aigris. Ils évitèrent cette brouille et se serrèrent plus fort l'un contre l'autre.

Mais ce ne fut pas sans souffrir.

Ne parlaient-ils plus de cela, ils en gardaient le poids sur la poitrine. En parlaient-ils, leurs paroles étaient choisies, mais acerbes. Et André s'inquiétait. Toinette, qui maintenant souffrait de ses parents, ne se laisserait-elle pas reprendre un jour à l'habitude? Alors, excusant les siens, c'est son mari qu'elle blâmerait, pour ses paroles justes, mais âpres.

Les Rosin, dans leur égoïsme, ne se souciaient guère de cela. Ils écrivirent depuis sans jamais parler des conventions faites, comme s'ils ne doutaient pas que leurs enfants fussent heureux, prospères, très enviables.

Le terme échut.

Toinette demanda avec anxiété:

—Qu'allons-nous faire?

André se mit à rire.

—Je prêterai ma montre à une administration bienveillante, qui me comptera une centaine de francs en échange; que veux-tu?—fit-il en la voyant humiliée,—plus d'un Parisien y passe. Et puis personne ne le sait. Enfin est-ce que devoir à un ami ne te gênerait pas davantage?

Toinette pensive ouvrit un écrin, choisit un bracelet et ajoutant sa petite montre de jeune fille:

—Va, dit-elle, porte cela, mais confie-moi ta montre, je ne veux pas que tu l'engages.

Le débat fut long, André céda et porta les bijoux de sa femme au Mont-de-Piété. À sa gratitude attendrie, s'ajoutait un peu d'orgueil. Elle comprenait donc son devoir. Elle se dévouait. Il l'en aima davantage.

Le terme fut payé, mais d'autres dépenses surgirent, et comme on avait là un moyen commode de trouver de l'argent, peu à peu, en moins d'un trimestre, tous les bijoux partirent. Toinette semblait fière de ce sacrifice. Mais André en souffrait, humilié et chagrin.

Il travailla double, en revanche. Mais avec tout le mal qu'il se donnait et des travaux supplémentaires, il n'élevait pas son salaire mensuel à plus de deux cent cinq francs par mois. Des réformes s'étant faites dans le ministère, André retomba à cent soixante francs pour vivre.

Dur problème, insoluble. Le peu qui lui restait des sommes données par Mme de Mercy fondrait avant six mois.

Toinette, qui avait supporté patiemment les premiers mois de sa grossesse, trouvait les suivants pénibles. Le dernier surtout fut intolérable. Cependant elle avait bon espoir. La jeune sage-femme qui l'assistait était contente.

V

Un soir que Mme de Mercy devait dîner chez eux, vers six heures, Toinette ressentit les premières douleurs.

Elles étaient courtes, lancinantes et espacées. Tandis qu'André gardait sa femme, la mère, montée dans un fiacre, courut chercher la sage-femme.

D'abord vaillante, Toinette riait, bravant les douleurs qui se rapprochaient, plus vives. Au bout d'une demi-heure, elle eut peur que la sage-femme n'arrivât trop tard. Ce que lui disait André pour la tranquilliser était vain. Elle prêtait l'oreille au bruit des voitures, et debout, nerveuse, s'impatientait. Trois quarts d'heure passèrent ainsi en un long silence. Toinette s'était assise, un peu pâle.

Sur sa figure fatiguée passait, par éclairs, l'expression d'une douleur aiguë. Se retenant de crier, elle soupirait doucement.

Une sueur perla au front d'André. Il allait, son devoir l'exigeait, assister au plus abominable spectacle, celui de la douleur ravageant et défigurant la femme qu'on aime, un pauvre être faible qui va, dans la torture, donner la vie à un être plus faible encore. Toute quiétude le quitta, ainsi que l'image de leur bonheur et de leurs tendresses passées. Il ne songea plus qu'à l'épreuve qu'ils devaient tous deux subir, lui spectateur, non moins cruellement qu'elle; d'avance, il fut pénétré de l'effroi des souffrances, et déchiré à l'idée de la mort possible.

Deux coups de sonnette pressés retentirent. André courut à la porte, Mme de Mercy était là, contrariée. Elle lui souffla à l'oreille:

—La jeune sage-femme n'a pu venir, c'est la mère que j'ai amenée, aie confiance, mais préviens ta femme.

Quand elle sut que ce ne serait pas Mme Rollin qui l'assisterait, Toinette poussa un cri, trépigna et se refusa absolument à recevoir la vieille; et ce gros chagrin et ce refus entêté s'exhalaient en mots colères, que la matrone, dans la pièce à côté, entendait sans sourciller, avec la philosophie d'une femme qui en a vu bien d'autres.

Une nouvelle douleur, bien mieux que toute exhortation, coupa court au débat. Toinette chancela, les yeux pleins de larmes, et dit, avec cet air de souffrance animale qui attendrit les plus forts:

—Faites de moi ce que vous voudrez. Ah! mon Dieu!

Trois minutes après, elle et Mme Pâquot étaient bonnes amies.

—Rien à craindre avant cinq ou six heures,—dit la grosse femme, en sortant de la chambre, à André et à Mme de Mercy qui, debout, anxieux, se regardaient sans parler.

—Faut-il qu'elle se couche?

—Non, elle peut marcher, nous avons du temps devant nous.

—Alors,—proposa insidieusement Mme Ouflon, montrant sa figure digne,—on pourrait peut-être dîner?

La sage-femme y consentit tout de suite, et l'on s'attabla sans cérémonies. Mme de Mercy fit en cela preuve d'une condescendance réelle. Car, elle n'ignorait pas que, dans les châteaux où la sage-femme se vantait d'être continuellement appelée, il est séant de servir à part; mais quoi! l'on était pauvre, il fallait s'accommoder, et elle découpa elle-même, dînant peu, toute troublée. Mme Pâquot mangea placidement, avec une expression de sérénité tout à fait rassurante. André ne put et ne voulut rien prendre; il trouvait cruel de dîner, comme si rien ne se passait, sous les yeux de sa femme, qui allait et venait, s'asseyant près de lui, voulant le servir.

Après le repas, on prit les dispositions d'usage.

Le grand lit, dans le fond, resta vide. Toinette s'étendit sur un petit lit bas, un drap jeté sur elle. Dans le foyer, de grosses bûches se consumaient doucement, toutes rouges. Point d'autre bruit dans la pièce aux rideaux tirés et aux tentures closes, que le tic-tac régulier d'un cadran. Une lampe sur la cheminée tombait d'aplomb sur le lit; seule la tête de la femme restait dans l'ombre; une veilleuse perdue dans un coin, éclairait vaguement ses traits, qui pâlissaient à chaque minute davantage.

Peu à peu les gros soupirs d'enfant, devenus une plainte, un sanglot rauque, se changèrent en cris forts, plaintifs. Rien ne pouvait soulager Toinette; elle devait, selon la parole cruelle, enfanter dans la douleur. André lui avait livré sa main et son poignet; et cette main d'homme et ce poignet vigoureux, Toinette les broyait par instants, dans une étreinte violente, où les ongles crevaient la chair. Il la sentait, cette pression désespérée, et il souffrait d'être impuissant; une colère sourde montait en lui, contre l'injuste douleur. Le silence lui semblait aussi trop calme, et l'immobilité des personnages l'angoissait. Il les voyait, rigides dans l'ombre: Mme de Mercy pâle comme du marbre, avec des yeux brillants et un sourire crispé; la sage-femme étendue dans un fauteuil, tournant benoîtement ses pouces et dodelinant de la tête, déjà presque assoupie.

Toinette aussi avait vu cela, et une colère et un chagrin lui emplissaient le coeur. Comment pouvait-on être aussi indifférent? Mais la vue de son mari la consola: il était blême et inondé de sueur.

Elle lui sourit, et ce faible sourire fit monter des larmes aux yeux d'André. Une douleur la tordit, et elle poussa un grand cri.

—Oh! madame Pâquot! madame Pâquot—répétait-elle avec une intonation enfantine, tout à fait navrante.

La sage-femme s'approcha et se pencha sur le lit, masquant la lumière; alors dans l'obscurité monta une plainte horrible et une voix aiguë de petite fille:

—Non, non! ne me touchez pas, je ne veux pas! je ne veux pas!—Et la révolte mourut en un sanglot brisé; Toinette murmurait avec une douleur monotone:

—Oh! que je souffre! oh! que je souffre!

—Courage, madame,—disait la bonne créature,—tout va bien, pensez au bébé.

—Oui, madame Pâquot. Oh!…

André serra ses dents à les briser. Toinette lui racla le poignet contre le pied du grand lit, et le mal qu'elle lui faisait le soulageait un peu.

Une heure s'écoula, minute par minute: un siècle. Mme de Mercy tisonna le feu, puis se rassit. Et le temps était comme arrêté. Le cadran avait des tic-tac ralentis. Le drap du lit, agité de tressaillements nerveux, semblait vivre, s'enfler d'une vie douloureuse; soudain la lampe baissa brusquement, s'éteignit, troublant la somnolence de la sage-femme; et dans cette obscurité de nouveaux cris éclatèrent, coup sur coup.

Tandis que Mme Ouflon apportait une autre lampe, mettait devant le feu une bassine d'eau chaude, la sage-femme s'approchait de Toinette et disait:

—Courage, madame!

Et se tournant vers André, elle lui fit signe que le moment approchait.

—Le champagne est-il là?—demanda-t-elle.

On prit la bouteille, dont le bouchon partit avec un bruit de fête.

—Qu'on lui en donne un verre, tenez, madame!

André, avec malaise, reprit le verre vide aux lèvres de sa femme; on la soutenait, on la grisait pour qu'elle souffrît moins!

—André, viens! viens!

Il accourut, et les ongles rentrèrent dans sa chair, son poignet fut tordu par une force surhumaine.

—Allons, madame, aidez-nous!

Les yeux de Toinette se convulsèrent, une plainte sourde, puis une clameur prolongée, sortirent de sa bouche, horriblement tordue. Et André regardait cela, les mains tremblantes, avec rage et pitié.

L'enfant ne venait pas. La sage-femme leva un front rouge et, mécontente, échangea avec Mme de Mercy un mauvais regard, qu'André surprit.

Alors il se fit un grand froid en lui, ses yeux se brouillèrent; la vie qu'ils attendaient était douteuse, perdue peut-être; il eut la vision du médecin appelé en hâte, de l'extraction par les fers, d'horreurs glaçantes; et il lui sembla que, dans la chambre sombre où montaient aux rideaux des reflets d'aube, dans deux heures, avec le jour, ce n'était point la vie qui entrerait, mais la mort. Il détourna la tête, et ne raisonna plus. Un désespoir sans pensées, un désert de ténèbres l'enveloppèrent; alors ses yeux malgré lui, se fixèrent sur sa jeune femme.

Elle claquait des dents, en même temps que de grosses gouttes de sueur coulaient sur sa figure, comme des larmes. André prenant un grand éventail, l'éventa machinalement. La matrone versa dans un nouveau verre de champagne une poudre roussâtre, et s'approcha.

Mais les douleurs arrêtées reprirent avec violence. Trois cris se succédèrent, le dernier désespéré sans rien d'humain, épouvantable. Mme de Mercy maintenait sous le drap Toinette pâle comme une femme qu'on assassine; puis il y eut un de ces silences qui suivent le dernier soupir, et tout à coup de cette mort, s'éleva un vagissement de vie, rauque et joyeux.

Tous trois comprirent, et André, le coeur retourné comme par une main de fer, se mit à trembler de tous ses membres.

La sage-femme déjà donnait ses soins à l'enfant.

Une angoisse tourmenta le père, était-ce un garçon ou une fille? Toinette n'y pensait pas... elle demanda seulement d'une voix faible:

—Est-il beau?

—Très beau, madame, ne vous agitez pas!

Elle regarda son mari, le fit se pencher à ses lèvres et, très bas, avec des lèvres qui claquaient encore, elle lui dit des mots qu'il n'entendit pas.

Pour ne pas la fatiguer, il répondit:

—Oui, oui! repose-toi, ma chérie.

Et les vagissements continuaient, et un petit corps vivant, net et chevelu, se battait avec la sage-femme, qui l'essuya, après l'avoir baigné. Alors André fut infiniment soulagé, la chambre lui parut un palais; par les fenêtres, où le jour blanchissait, ce qui était entré n'était point la mort, mais la vie!

La vie sous sa forme la plus belle, l'enfant, chair et âme nouvelles, nées de deux chairs et de deux âmes, l'enfant, joies et chagrins, soucis et espoirs, l'enfant, tout l'avenir!

Il était né! Il était là, tout grouillant de vie! Quel doux mystère!

On le donna à garder à André, qui s'assit sur une chaise basse, le tenant gauchement dans ses bras. À sa joie succédait une stupeur presque pénible.

«Comment! c'était à lui, ce pauvre être grimaçant, à la face indécise et rouge, et dont il ne pouvait seulement deviner le sexe?…» Il regarda sa mère; penchée vers lui, elle le baisa longuement au front, en disant tout bas, afin que Toinette n'entendit pas:

—Une fille!

—Ah!…—Et il ne fut ni content ni fâché; c'était un enfant, le sien: dans ce mot tenait tout son bonheur. Toinette le regardait, et d'une voix douce et traînante:

—On ne veut pas me dire ce que c'est; je vous assure que ça m'est bien égal; je n'ai pas du tout de préférence!

On finit par lui avouer une petite fille:

—Ah! tant mieux,—dit-elle. Et elle ferma les yeux, tout heureuse; pourtant elle avait rêvé un garçon; mais en ce moment de calme, après de si terribles épreuves, elle était bien contente que «ce ne fut qu'une fille».

—Montrez-la moi, dit-elle; si je lui donnais le sein?

On lui apporta l'enfant, qui ne devait boire jusqu'au lendemain que des petites cuillerées d'eau sucrée.

Alors elle se tourmenta de savoir si elle serait bonne nourrice.

Ce ferme désir, cette conscience qu'il était beau et nécessaire à une mère, après avoir donné la vie à son enfant, de la lui donner doublement, c'est André qui l'avait inspiré à Toinette. Ce n'était pas la coutume dans la famille Rosin; seul, Alphonse avait été nourri par sa mère, avec une telle frénésie maladive qu'elle avait été mauvaise nourrice, et avait toujours dissuadé ses filles de l'imiter.

—Monsieur va m'aider,—dit la sage-femme—à transporter madame dans le grand lit.

André prit Toinette dans ses bras, elle se suspendit à lui, épuisée et tendre. Plein d'angoisse, il porta ce corps meurtri, dont la tête pâle, renversée en arrière, souriait, avec l'expression d'accablement d'un enfant qui a failli mourir.

Alors, un calme singulier, emplissant la chambre, pénétra les coeurs. On éteignit la lampe et le feu fut couvert; une ombre blême envahit la pièce, le berceau fut approché, et les grands rideaux du lit tombèrent sur le sommeil de la mère et de l'enfant.

La sage-femme s'étendit dans un fauteuil; l'heure du repos était venue.

À pas muets, André et sa mère passèrent dans le cabinet de travail, ils causèrent bas, longtemps, à la clarté d'une bougie, près des cendres. Ils firent des rêves d'avenir, pour l'enfant à peine né. Ils éprouvaient un accablement délicieux, et une surprise infinie de leur situation nouvelle.

Lui était père; cela le vieillissait, lui imposait des charges, une responsabilité. Elle était grand-mère, une vieille femme déjà, et elle fit de ce jour le sacrifice du peu de jeunesse qui lui restait. Son deuil même deviendrait plus austère, plus simple, comme si une dernière coquetterie l'avait quittée.

Ils causèrent du passé perdu, plus riche et plus beau, résumèrent leur vie aisée dans la maison de province, la mort du père, la liquidation ruineuse et les procès perdus. Cela défila, mais avec moins d'amertume qu'autrefois, car ils sentaient bien qu'en échange du passé, il venait de leur naître un peu d'avenir et d'espoir, dans l'attendrissante petite personne de l'enfant.

La vie était précaire, il fallait la subir. Le mariage d'André, en somme, avait été nécessaire à ce garçon, différent des autres. Mme de Mercy le comprit alors, et mieux, depuis que l'enfant était là, dans son berceau, rendant irrévocable l'union du père et de la mère, la scellant à jamais.

Cet entretien pacifia leur âme. Mais leur inquiétude resta entière pour l'avenir. La pauvreté croissante menaçait:

—Que faire? demanda-t-elle.

Le jour entrait, un rayon de soleil pâle filtra dans la chambre où mourait la flamme incolore d'une bougie, qu'André souffla. L'inquiète demande de Mme de Mercy resta sans réponse.

VI

La journée fut bonne, la mère raisonnable. Mme Pâquot ne revint pas, et ce fut à sa fille que Toinette rendit avec reconnaissance une relique de Sainte-Marguerite, que la grosse sage-femme avait, avant l'accouchement, glissé sous le chevet, avec l'adresse d'un escamoteur.

Mme Rollin loua tout et trouva l'enfant superbe.

La fièvre de lait fut intense et l'enfant, ayant tété un peu trop tôt, attira une grande quantité de lait dans les seins gonflés qui, presque aussitôt, gercèrent. André, de plus, par imprudence força sa femme à prendre des bouillons gras, trop nourrissants, qui accélérèrent dangereusement la sécrétion lactée.

Cependant on n'avait point d'inquiétude encore.

Déclarer sa fille, en présence de témoins, la montrer au médecin de la mairie venu exprès à la maison, un pauvre homme las, qui mit dans un coin sa canne et fit tenir son chapeau dessus, occupèrent prodigieusement André. Sa vie lui parut toute changée. Sur un petit lit dressé dans le cabinet de travail, il se réveillait la nuit, prêtant l'oreille, pris de peurs sans cause. Entendre pleurer l'enfant lui semblait doux: ce bruit attestait que l'on vivait à côté.

Marthe fut baptisée selon le rite catholique. On dut attendre longtemps le prêtre à l'église. Mme de Mercy fut marraine avec Crescent, représentant le grand'père Rosin, absent. On ramena du baptistère l'enfant à sa mère. Elle s'était levée pour la première fois. On eut le tort de la laisser dîner. André lui versa du bordeaux; elle éprouvait une ivresse inconnue, sachant sa fille baptisée. Le lendemain elle était malade.

Les seins tuméfiés versaient, du côté droit, un lait rare et difficile, à travers les gerçures innocemment faites par les lèvres de l'enfant, et qui arrachaient à Toinette des cris de douleur. Un abcès se forma.

Chose étrange, la petite fille, venue au monde ses mamelles pleines de lait, que l'on pressait chaque jour et qui se remplissaient le lendemain, avait bientôt elle aussi, au même sein que la mère, un abcès.

Devant la crainte de tous, l'impuissance de Mme Rollin, l'appel brusque du médecin, Mme de Mercy prit un grand parti et dit à son fils: «Une garde est indispensable. Je vais écrire aux soeurs du Bon-Secours de Reims.»

Le lendemain sonnait à la porte et entrait, joviale, une grosse soeur sans âge, rougeaude et puissante, aux yeux malicieux et fureteurs. La soeur Ursule aussitôt, avait avant toute chose fait son lit minutieusement, congédié Mme de Mercy épuisée de fatigue, et déjeuné de grand appétit, montrant dans tous ses actes l'habitude de la règle, et cette pratique des religieuses, qui, habituées à veiller jour et nuit les malades, ménagent leur santé afin de rendre des services durables. À André, elle dit pour premier mot:

—Cette petite femme ne pourra pas nourrir.

Gros crève-coeur pour le jeune mari. Et une tristesse plus grande l'envahissait, de voir l'enfant rejeter le lait maternel trop échauffé, et pleurer et crier, pendant des heures. Sur sa plate petite poitrine pointait déjà un deuxième abcès. Le médecin opéra la mère, et pensif, sachant bien que c'était une triste et coûteuse nécessité, il déclara à regret:

—Il faut que vous preniez une nourrice.

Mme de Mercy leva les yeux et dit simplement:

—Il y en aura une dans une heure.

Et vaillamment, courant à pied chez elle prendre de l'argent, elle emmenait soeur Ursule, qui exigea, d'abord, un grand bureau; elle y choisit, naturellement, une femme mariée, une paysanne pâle, à qui l'on promit soixante-cinq francs par mois: chiffre exorbitant. Mme de Mercy, par un grand sacrifice, se disait:

—C'est moi qui paierai.

Elle ne pensa pas un instant à éloigner la petite, à la confier à une mercenaire de la banlieue, sachant combien fréquents, affreux, arrivaient chez elles les accidents. Puis, priver les parents de leur enfant, n'était-ce pas bien dur? Et elle se disait, égoïste volontairement, et comme pour donner le change à son dévoûment:

«C'est pour moi que j'agis, c'est pour jouir de cette petite chérie!»

Et elle se sentait une tardive, une nouvelle maternité. Au retour, elle trouva Toinette pâle, gardant le froid du bistouri entré dans sa chair; elle examinait avec André, douloureusement, la poitrine de leur fille, dont le sein portait maintenant trois gros abcès, livides et fermés. À démailloter le triste petit corps, ils désespéraient: les côtes, soulevées par la respiration saccadée, semblaient prêtes à trouer la peau maigre; les cuisses et les jambes déjà s'atrophiaient.

L'enfant cria, la mère l'approcha de ses seins tuméfiés et gercés, mais il ne put téter, sans force.

À ce moment entra la nourrice. Toinette tristement, sans la regarder, lui tendit l'enfant. La nourrice le mit à ses mamelles; et il but; avidement, la bouche en suçoir, les yeux démesurément ouverts. Le lait, soulevant sa gorge, descendait avec un petit bruit dans tout son corps; à cette vue, Toinette ne put réprimer ses regrets, et elle éclata en sanglots.

Le lendemain, un quatrième abcès venait à la petite. Mécontent, gardant un silence de mauvais augure, le médecin donna deux coups de bistouri dans cette chair d'enfant. Puis il regarda la nourrice et hocha la tête.

Dans l'antichambre il dit à André la vérité.

—C'est bien grave, bien dur, quatre abcès pour un si pauvre petit corps. Si l'enfant tétait pourtant… elle est entre la mort et la vie.

Dures paroles, qui firent qu'André resta morne, n'osant rentrer, le coeur étouffé, dans la chambre des malades. Quelles graves responsabilités pesaient maintenant sur lui! Comme cette femme, cet enfant, tout cet entourage qu'il avait créé par sa volonté seule, retombaient de tout leur poids sur lui!…

La vie l'emporta, grâce au régime suivi par la soeur, une vieille expérimentée; les abcès sous des cataplasmes coulèrent d'eux-mêmes. Marthe vécut. La mère se remit. Le docteur, discrètement, se retira en se frottant les mains. Seule la soeur Ursule restait quelques jours encore. Et elle faisait plaisir à voir.

Rassurée et rassurante, elle n'avait plus sa figure de gendarme, ne grondait plus Toinette, la bordait doucement, et après l'avoir irritée et choquée, elle faisait maintenant sa conquête.

Près de la petite fille, être sans plainte, résigné et pourtant obstiné à vivre, dont la peau devenait blanche, le sourire plaisant, et les sombres yeux bleus attentifs à la flamme des bougies, la soeur avait un verbiage, des mots répétés qui frappaient l'enfant; sa virginité religieuse faisait place à une maternité provisoire, attendrie et babillarde. Marthe souriait vaguement, comme si elle avait conscience qu'elle revenait de bien loin. Alors l'expression sérieuse qui montait à son petit visage, expression vieillotte qu'ont certains petits enfants, troublait André et le bouleversait jusqu'au fond de l'âme.

La soeur Ursule faisait de bons sommes, abandonnait le soir les deux jeunes gens pour aller au salut, surveillait la nourrice, déjeunait et dînait largement, avec une bonhomie souriante; et sa grande joie enfantine était qu'on lui servît de la salade de pissenlits. Elle fredonnait alors, de sa grosse voix, avec un sourire sur sa figure sans âge, une chanson de son pays qui se rapportait à cela.

Un soir elle s'en alla, payée pour son couvent, et contente.

Tous les jours, sur la recommandation du médecin, on pesait la petite. Quelques grammes de plus accusés par l'aiguille sur le cadran, remplissaient de joie André, et Toinette debout et rétablie.

La nourrice n'était plus pâle; arrivée de son pays exténuée et taciturne, elle reprenait des forces, des couleurs.

Toinette faisait la toilette de la petite, et lui donnait des bains: l'enfant y témoignait un calme heureux, des battements de bras, et dans les yeux étonnés le reflet d'une joie animale.

Mais une maternité violente s'était emparée de Toinette, au point de frapper et de peiner son mari. Il semblait n'être plus rien à sa femme. S'il lui parlait, elle était distraite ou désobéissante. Pour son enfant, elle avait des crises de tendresse, des étouffements de baisers, qui marquaient en rouge dans la cire moite du petit visage; et André reconnaissait, avec malaise, chez sa femme, une brusque apparition de l'hérédité maternelle, croyait revoir Mme Rosin, si férue de son Alphonse. Il restait troublé devant cette manifestation physiologique où la volonté de sa femme n'était pour rien, et qui l'envahissait et la dominait toute.

Cela allait jusqu'à énerver Toinette si son mari prenait l'enfant. Elle était pleine de défiance; il la tenait mal. Longtemps elle resta bouleversée ainsi, s'étonnant d'être devenue mauvaise; puis, au bout d'un ou deux mois, ces fâcheuses dispositions cessèrent; elle reparut bonne et tendre, se laissa reprendre, câline, aux bras d'André.

* * * * *

Mme de Mercy, discrète, étant rentrée dans l'ombre, Toinette accepta le sacrifice de sa belle-mère, les mille francs nouveaux dont elle se priverait pour eux. Il fallut, trois mois après, payer le médecin, le pharmacien.

André apprit alors qu'il ne restait rien des dix mille francs que lui avait donnés sa mère; et qu'elle-même, vaillante pour les grandes choses, si elle défaillait souvent pour les petites, avait déboursé plus de deux mille francs à elle, prélevés sur le maigre capital qu'elle possédait.

Elle en parla froidement, noblement. Mais l'avenir de misère n'en était pas moins là, menaçant.

«Mon Dieu! disait-elle tout bas, pourvu qu'ils n'aient pas de sitôt un enfant!»

Vœu légitime, mais ingénument absurde. Les jeunes gens, mariés de la veille, se priveraient-ils donc à jamais de s'aimer? fermeraient-ils leurs lèvres? desserreraient-ils leurs bras? seraient-ils, dans leur propre maison, des étrangers l'un à l'autre?

André, bien des fois, l'avait trouvée horrible et contre nature cette peur bourgeoise des enfants, et quand sa mère tout bas lui dit:

—Mon Dieu! puissiez-vous n'en pas avoir pendant quelques années!

… André, tout homme et expérimenté qu'il fût, ouvrit de grands yeux clairs, puis baissa la tête, et il lui sembla que sa mère et lui, sans le vouloir, remuaient des choses louches. Il rougit, et riant:

—Ah! ça, vois-tu, on n'y peut rien…

Mme de Mercy faillit répondre, puis elle se tut, tant la matière était pénible et délicate.

Ses craintes n'étaient que trop justifiées. Trois mois, après la naissance du premier enfant, Toinette redevint enceinte.

De ce jour, ils prirent le grand parti de déménager, d'habiter un appartement moins cher, éloigné.

Tout absorbée qu'elle fût par son ménage, le soin de nourrir suffisamment la nourrice, fort exigeante, Toinette n'accepta pas qu'André s'occupât seul du choix d'un logement. Elle l'accompagnait à sa sortie du bureau. Longuement ils exploraient des quartiers différents. Un besoin de luxe la poussait vers les grandes maisons neuves en plâtre humide, du côté du Trocadéro, et vers les avenues désertes aboutissant à l'Arc de Triomphe, où s'alignent des hôtels, loin des fournisseurs et des marchés. Il combattit difficilement ces goûts, et ramena Toinette vers les centres populeux où abonde et grouille la vie. La rue Saint-Antoine lui plut par sa vie ouvrière, ses ressources et le bon marché des loyers. Ils se logèrent à la Bastille, dans un coin de rue coupée par le boulevard Henri IV. L'endroit calme aboutissait au canal. Les maisons ne longeaient qu'un trottoir; en face, de grands entrepôts de bois de démolition étageaient des amoncellements rectangulaires. Sur le trottoir, tout le jour, des polissons jouaient à la marelle, tandis que, d'un cabaret aux murs peints en vert-pomme, sortaient des chocs de verre et des clameurs d'hommes.

Plus que son mari, Toinette discuta les prix, inspecta l'appartement, petit et donnant sur la cour, auquel on arrivait difficilement, en suivant plusieurs escaliers numérotés.

La maison, immense, divisée en plusieurs corps de logis, était bondée de petits bourgeois, d'ouvriers descendant le matin, avec un bruit de gros souliers. Dans l'escalier noir on frôlait toujours, sans savoir qui, des femmes plaquées contre le mur, des vieillards raides, et des enfants qui dégringolaient à toutes jambes.

Tout cela déplaisait à Toinette, mais non à André.

Il avait, dans sa pauvreté décente, souffert de la maison de Saint-Sulpice, où il sentait les réserves faites par les concierges. Il aimait mieux vivre ici, au troisième, dans une maison pleine de vie, au milieu de ces ménages pauvres. Socialement, c'était descendre, mais qui donc viendrait le voir? Sa mère?— Elle reconnaissait, la pauvre femme, au prix du peu d'argent qui lui restait, la nécessité formelle pour son fils de restreindre au plus strict ses dépenses.

Le logement étant vacant, ils se préparèrent à déménager. Faute d'argent, ils durent supporter les papiers vilains des murs, mais André, ingénieux, utilisa de vieilles étoffes, des soies éteintes dont Mme de Mercy gardait une malle pleine, reliques du beau temps; il les drapa aux murs et, tirant parti de ce piètre décor, au grand étonnement de Toinette joyeuse, il le rendit fort acceptable.

Seule Mme Ouflon se prêtait avec regret à ce changement de vie; sa dignité en était offusquée. Elle commença à négliger son service et parut absorbée. Elle cassa de nouvelles assiettes avec un mépris tranquille, comme si elle en avait plusieurs services de rechange. Tous les jours le facteur lui apportait une lettre, et, dès qu'elle l'avait lue, Mme Ouflon fondait en larmes, puis essuyait ses yeux rouges et grimaçait de bonheur. Elle mettait plus de distance entre ses maîtres et elle. Elle reparlait plus que jamais du temps où elle était dame, et de sa propriété dans le Nord, et de son mari, qui l'avait battue et ruinée; elle s'animait à ces détails, les ressassait avec satisfaction, comme si rien ne lui avait été plus agréable.

L'avant-veille de leur installation définitive, et comme il ne restait plus dans l'appartement quitté que les gros meubles et les malles, Toinette et André, assez intrigués, entendirent sonner à la porte.

Mme Ouflon, parée d'un cachemire, ornée d'un chapeau, et les mains dans le manchon jaune, fit la révérence et entra.

—Excusez-moi, madame,—dit-elle avec cérémonie, et passant dans le cabinet de travail, elle s'assit sur une chaise qu'on ne lui offrait point. Là, prenant un air de visite, souriante, elle dit, avec beaucoup de dignité:

—Mon fils est nommé sous-chef de gare, madame, j'irai le rejoindre demain. Quels regrets pour moi d'interrompre nos bonnes relations! J'espère que nous ne nous oublierons pas. Pour moi, je garderai un excellent souvenir de vous, madame, et de monsieur,—fit-elle en saluant.—Je compte partir demain soir.

Et se levant, Mme Ouflon salua cérémonieusement, ouvrit la porte elle-même et, au lieu de disparaître, alla droit à la cuisine, où, ôtant cachemire, chapeau et manchon, elle se mit à éplucher des navets et à plumer un canard.

Quelque fierté que lui eût causée sa visite, elle daigna servir à table, et, pour couronner son temps d'épreuves et sceller son affranchissement, calme, avec un bon sourire d'indifférence, elle cassa en deux le grand saladier.

VII

Ce déménagement, et aussi la santé de Toinette, modifièrent fâcheusement son caractère. Déjà sa première maternité, développant la femme, lui avait fait perdre ce qu'elle gardait encore d'enfantin. Ses habitudes, ses instincts, ses défauts, refrénés les deux premières années, se manifestèrent, sous le coup de l'irritation sourde où la jetaient l'exiguïté de leurs ressources, et le rapetissement progressif de leur vie. Alors elle montra de la sécheresse, devint impatiente et volontaire, comme si le sacrifice lui pesait, et qu'il lui fallût le temps de s'habituer au devoir et à l'abnégation.

C'était par un matin d'octobre. Ils s'éveillèrent.

Peu faits encore à leur nouveau logis, ils eurent ensemble le même dépaysement, et ce malaise qui accompagne le réveil dans les auberges inconnues. Ils se sentirent à l'étroit dans ce logis très petit. Toinette en souffrait, ce qui se traduisit sur-le-champ en mauvaise humeur et en paroles pointues; à propos de quoi? elle-même n'en savait rien.

Taciturne, André d'abord ne répondit pas, puis, haussant les épaules, il l'invita à supporter la situation, puisqu'il le fallait. Après tout, ils étaient comme des milliers de gens, et, même ainsi, plus heureux et plus riches que tant d'employés et de petits bourgeois. Raisonnements dont la justesse agaçait Toinette, qui sentait, et ne raisonnait point.

—Et pas de bonne!—fit-elle avec exaspération. (On venait d'en congédier une, au bout de huit jours.)—Oh! je n'irai pas au marché toute seule, la nourrice m'accompagnera, je ne porterai pas le panier!

—Peuh!—dit André, qui n'avait pas ces scrupules,—dans le quartier tout le monde fait ses affaires, on ne te regardera seulement pas. Nous ne sommes pas à Châteaulus!

Ce léger sarcasme manqua son but, et suggéra à Toinette d'âpres regrets. À Châteaulus, elle n'avait jamais été au marché. C'était bon pour la cuisinière. Elle ne se promenait que sur le cours, et en toilette de dimanche. Elle regretta sa province.

—Eh bien! emmène la nourrice,—dit André qui cédait toujours pour les petites choses,—mais l'enfant?

—Vous le garderez bien?—dit-elle avec intrépidité.

Et elle le laissa seul. D'abord, il marcha dans la pièce, le front soucieux, puis se rapprochant du berceau, il regarda la petite Marthe dormir.

Les premiers jours, déconcerté par ses sensations nouvelles, il n'avait su aimer l'enfant. Maintenant, elle l'attirait, par ses vagues sourires, ses regards sérieux, et ses remuantes petites mains qui semblaient dévider un perpétuel écheveau de fil.

Un rayon de soleil taquinant le visage blanc et paisible, il alla tirer le rideau et se rassit, ému. L'enfant dans le sommeil se contournait, les doigts perdus dans les plis de la couverture. Sa respiration s'entendait à peine, entre les lèvres rouges, ouvertes comme une petite fleur. André se sentit triste, sans savoir pourquoi. Dans la solitude momentanée, naissent ces impressions brèves, tant l'homme est habitué à voir et à entendre vivre autour de lui…

«Pauvre petite Marthe! venue au monde pour on ne sait quelle destinée singulière. Serait-elle heureuse? Qui épouserait-elle?» Ces pensées vieillirent soudain André, et le transportèrent dans l'avenir. Sa mélancolie s'accrut. Il entrevit son existence probe, étroite, laborieuse. Serait-il sous-chef de bureau à telle époque? Il songea aux maigres appointements, à la vie sans aises. Sa femme, ingénument coquette, n'aurait pas souvent, des robes neuves.

Il pensa aux jupes que porterait Marthe, ces jupes qui, après deux ou trois ans, trop courtes, attestent la pauvreté. Et il chercha, pour la baiser, la petite main de l'enfant.

L'idée du prochain bébé le harcela, lancinante. C'était trop! Et toutefois que faire? N'aimait-il pas sa femme; elle et lui étaient jeunes, pourtant.

Il tourna court, parce que ces pensées, l'attristaient et l'inquiétaient toujours.

À qui ressembleraient les petits? De qui tiendraient-ils?

Il cherchait sur le visage de Marthe une ressemblance impossible encore. Jamais la conscience des différences existant entre sa femme et lui, n'avait surgi si nette.

«Si les enfants tiennent d'elle, pensa-t-il, ils seront vifs, légers, colères, sanguins.

«S'ils tiennent de moi, ils seront froids, mélancoliques, rêveurs, patients.»

Puis il sentit qu'il s'arrêtait aux qualités et aux défauts superficiels, et que, pour lui comme pour sa femme, il n'osait pousser jusqu'au fond de sa pensée.

Sa tristesse grandit: c'était un malaise gros de choses qu'il ne voulait pas s'avouer, clair d'une évidence contre laquelle il se débattait. Il n'était pas heureux. Mais elle-même, Toinette n'était pas heureuse, certainement!

Mais la cause? Il n'osa reconnaître qu'elle était en eux-mêmes, car ce n'est que tard qu'on fait cette constatation cruelle; il se dit seulement:

«Notre pauvreté est seule coupable. Tout nous la rappelle. Elle nous condamne à une promiscuité de petits actes. Je ne puis prendre trois sous dans la bourse, sans que Toinette ne le remarque, et moi de même pour elle…

Cependant on pourrait être heureux étant pauvres. Les Crescent sont l'un et l'autre.»

Marthe s'éveilla, il eut peur qu'elle ne pleurât, et que sa femme ne s'en prît à lui, mais la petite fille sourit, s'agita; se penchant sur le berceau, il lui fit des risettes et, pendant deux ou trois minutes, il fut joyeux, oublia.

Une clef grinça dans la serrure, Toinette parut les joues en feu, suivie de la nourrice rechignée.

—Regarde Marthe, comme elle me rit gentiment,—dit André.

Toinette passa sans regarder, mécontente, éprouvant, si peu que ce fût, de la jalousie.

—Qu'as-tu donc?—demanda-t-il, passant dans la chambre voisine.

Elle ne répondit pas.

—Voyons, Toinon, dis-moi ce que tu as?

—J'ai que je ne sortirai plus sans bonne, que la nourrice ne veut pas porter le panier, et que j'ai l'air de je ne sais quoi…

Il n'essaya même pas de combattre l'amour-propre de sa femme.

—Une bonne,—dit-il,—justement je voulais t'en parler. Cela nous coûterait trop cher à nourrir; où la coucherions-nous d'ailleurs? Ne penses-tu pas…

Elle lui coupa la parole, le dévisageant:

—Vous croyez que je vais faire la cuisine? Ah non! par exemple!

—Qui te parle de cela? tu pourrais avoir une femme de ménage qui viendrait à l'heure des repas?

—Il est trop tard, dit Toinette, le boucher m'a recommandé une bonne, elle viendra cet après-midi.

—Sans me consulter?—dit-il doucement.

—Je regrette,—fit-elle d'un ton sec.

—Eh bien! tu la remercieras,—dit André d'un ton calme et décidé;—je n'ai pas de quoi la payer, nous prendrons une femme de ménage.

Toinette faillit se révolter, mais le regard de son mari lui fit baisser les yeux; elle se vengea en bousculant la nourrice, qui se plaignit amèrement.

«Voilà, pensa André, le front aux vitres, elle est égoïste…» Et après un temps d'arrêt: «Elle est jeune, on l'a gâtée, elle se corrigera.»

Mais de toute la journée, il resta sérieux, le coeur triste.

* * * * *

Entrée à la maison, si maigre et avec si peu de lait, que la soeur Ursule avait failli la congédier, la nourrice, autrefois assise continuellement avec une pose raide et un profil maladif, devenait rapidement, à force de nourriture dont elle se crevait, une rougeaude commère remuante, poussant partout sa courte et grosse personne. Polie et timide naguère, elle acquérait de l'aplomb, répliquait. Et la femme de ménage la gâta complètement.

Élisa, une maigre et sèche femelle d'ouvrier usée par le labeur, avait une figure plate, le nez pointu, et des lèvres fendues au couteau.

D'abord obséquieuse et prolixe, elle devint muette, fit son service avec une précipitation, une rage froide, toute déçue de ne pouvoir glaner dans le petit ménage, un reste de pain ou d'os, car la nourrice, bouleversée par des fringales imaginaires, dévorait tout. À elles deux, elles emplissaient la cuisine. S'étant déplues d'abord, bientôt elles s'associèrent.

Ce furent des causeries interminables, où elles s'excitaient à demander des gages plus forts.

Quand les maîtres s'absentaient, elles passaient la revue des buffets, des armoires. Marthe, quelquefois, criait dans le berceau, Élisa en blêmissait de colère.

Elle avait trois enfants, dont un boiteux, et un mari qui la battait. Elle était bilieuse, méchante et fausse. La nourrice la craignit; Élisa la méprisa. Mais leurs rancunes communes contre le servage, les liaient.

André ne s'occupait point des domestiques; il partait tôt pour son bureau, rentrait tard.

Mais Toinette ne dédaignait pas d'entendre causer les femmes; à travers les murs, les cancans de la maison lui arrivaient; et elle s'y intéressait, comme en province.

Elle annonça à André que le petit ménage d'en face était juif; un petit garçon leur était né, le rabbin était venu, on avait circoncis l'enfant, tellement, paraît-il, qu'il avait failli mourir.

André souriait, indifférent.

La cour de la maison était pleine de musiciens ambulants; tous les dimanches un groupe d'Italiens revenait, jouant les mêmes airs. Une fenêtre s'ouvrait, une pâle figure de femme se penchait, écoutant la musique:

—C'est l'Italienne,—disait vivement Toinette,—elle est séparée de son mari, tu sais qu'elle leur jette chaque fois une pièce d'or.

—Pas possible!

—Il n'y a rien de plus vrai, elle est poitrinaire, elle regrette son pays, vois comme elle leur sourit.

Et quelques semaines après:

—Tu sais, la dame est morte, elle a laissé par testament sa fortune aux musiciens qui venaient chanter, eh bien! le mari, crois-tu, le mari a défendu au concierge de dire aux Italiens qu'elle était morte, parce qu'ils réclameraient la fortune, tu comprends?

—Quelles bourdes!

—Ah! toi, tu ne crois à rien!—et de dépit elle haussait les épaules. Ces puérilités l'occupaient.

Élisa prenait de l'influence. Quand elle était maussade, elle ne desserrait pas les dents, servait d'un air grognon. Alors Toinette la désarmait par un petit cadeau, qui faisait ouvrir des yeux de boeuf à la nourrice.

André, forcé de reconnaître la puérilité de sa femme, compta sur le sevrage prochain, le soin de deux enfants, la nécessité de les élever. D'ailleurs si Toinette, médiocre ménagère, préférait faire une jolie tapisserie que de ravauder des bas, elle flattait, par certains côtés, son amour-propre. Elle était gracieuse, coquette. Ses rapports avec Mme de Mercy étaient bons; bons, parce que celle-ci n'apportait plus dans le ménage ses observations inquiètes, ses suggestions craintives, mêlées de remarques vexées. Mais ce silence gardé pesait à Mme de Mercy; ses yeux, malgré elle, prenaient une expression de sévérité ou de blâme, ses mains fines et maigres, sa bouche avaient d'imperceptibles tressaillements nerveux. Son air affecté d'indifférence décelait l'agitation de son esprit. Toinette voyait cela, et intérieurement en ressentait des petites joies mauvaises. André, par une lâcheté qui était de la lassitude, fermait les yeux, et se dérobait en termes vagues, quand sa mère, s'ils étaient seuls, se plaignait des dépenses. «N'étaient-elles pas inévitables? On ne mangeait cependant qu'à sa faim.»

Et sourdement irrité contre les deux femmes, il leur donnait dans sa pensée successivement tort. Il exécrait leur politesse menteuse qui recouvrait tant de sentiments amers ou injustes, qu'il présageait grandir avec l'âge, et contre lesquels nul raisonnement n'aurait prise.

Cependant, par cela même qu'il fuyait les explications, évitait d'accepter à déjeuner seul, chez sa mère, force lui fut de s'avouer l'accaparement de plus en plus grand qu'il subissait. D'autres petits faits lui revinrent. Rentrait-il tard du bureau, invariablement Toinette s'en étonnait, le questionnait sur l'emploi du temps, l'usage de cinq sous, les gens vus par lui et ce qu'ils lui avaient dit. Ce besoin jaloux, qu'elle avait de savoir et de dominer, l'inquiéta, et il voulut y échapper.

La première année, il s'était montré doux, patient, poli, craignant toujours de blesser sa femme. Néanmoins il avait eu alors le verbe franc et clair, n'avait pas craint d'exposer sa façon de voir, d'imposer sa façon de faire.

Maintenant, il en convint, il avait changé, s'était amoindri; ses réserves, ses concessions ne partaient plus du même motif: elles avaient pour cause, moins une délicatesse exagérée, qu'une fatigue, une soif de repos. C'était une abdication: céder pour avoir la paix.

Mais n'avait-il pas tort? ne manquait-il pas à son devoir? N'avait-il pas charge d'âmes? Ayant épousé une femme, n'en avait-il pas la responsabilité?

Si; mais comment agir? Est-on le maître des petits événements? comment modifier des caractères vieillis comme celui de sa mère, déjà formés par vingt ans d'éducation, comme celui de Toinette?

Au bout de ces réflexions, il trouva le mot qui le condamnait: «sa faiblesse».

Bon et tendre, comment n'eût-il pas été faible? Par pudeur, par dignité même, il souffrait en silence. Son grand malheur était de voir dans sa femme son égale, de la traiter et de lui parler en conséquence; mais tout jeune mari n'y est-il pas porté? D'ailleurs, le mal accepté, Toinette envisagée avec ses qualités et ses défauts, comment faire?—Accepter la situation. Pour romanesque ou inconsidéré qu'il avait pu être, ce mariage, consommé maintenant, scellé par la naissance d'un enfant, et bientôt d'un second, lui créait des devoirs inévitables. Il se résigna donc, et compta sur l'avenir, c'est-à-dire sur l'inconnu.

Mais rien n'advint. On se raidit ainsi bien souvent en pure perte. Et tandis qu'André se préparait à des situations extrêmes, sa femme, ennuyée, maussade ou tendre, selon la couleur du temps et le jour de la semaine, allait et venait d'un air pensif, ou assise, les traits fatigués, bâillait joliment, en agaçant du pied, sur le tapis, Marthe, roulée en boule comme une chatte.

VIII

—Il me semble,—dit une fois son mari,—qu'il y a longtemps que tu n'as vu Mme Crescent?

—C'est possible.

—Est-ce que tu n'iras pas un de ces jours?

—Je ne sais pas.

—Vas-y, je t'en prie. Ce sont d'excellents coeurs, je ne voudrais pour rien au monde qu'ils te crussent un peu… fière; songe,—ajouta-t-il vivement,—que c'est à eux que je dois mon mariage, et tu admets, n'est-ce pas, que je leur en aie un peu de gratitude?—fit-il en souriant.

—Mon mariage! mais c'est Sylvestre qui l'a fait, sa femme n'y est pour rien.

—Sans doute!—et il admira comme les femmes répondent toujours à côté de la question,—ce n'est pas une raison pour ne pas la voir, elle est très bien élevée, très bonne, très maternelle.

Toinette objecta:

—Elle est beaucoup plus vieille que moi.

—Raison de plus, elle ne peut te dire que des choses bonnes et utiles.

—Oh! je n'ai besoin de personne!—Et le petit ton sec reparut.

«Mais encore une fois, pensa-t-il, est-ce une raison pour délaisser une femme excellente? Que diable! on a un peu plus de chaleur au coeur!…» Et mécontent, il prit son journal.

Le lendemain Toinette alla chez Mme Crescent et resta deux heures. Vite regagnée par la bienveillante causerie de celle-ci, elle rit, causa, passa une excellente journée, joua avec Thomas qu'elle emmena acheter un superbe polichinelle; puis le soir, à André:

—J'ai fait votre volonté, j'ai été voir Mme Crescent—et écartant la tête du baiser affectueux qu'il lui donnait:

—Ah! tenez, il y a là une lettre de faire-part. Monsieur Damours a perdu quelqu'un,—et méchamment:—Est-ce sa fille ou sa femme?

—Ah!…

André déplia avec angoisse le papier mortuaire.

—C'est sa femme, n'est-ce pas?—dit Toinette qui le savait bien.

—Oui.—Et il resta frappé, pensant au chagrin de son vieil ami:

—Pauvres gens! je m'étais habitué à penser qu'elle vivrait encore longtemps! c'est un rude coup!

Après un moment de silence:

—Nous irons à l'enterrement, c'est à onze heures.

Et il se tut. La mort venue chez des amis inquiète davantage, il semble qu'elle ait passé plus près de nous. André songeait à l'avocat si paternel, si délicat, si réservé. De la morte, entrevue rarement, il n'avait qu'un souvenir vague, douteux.

Il regretta d'avoir peu vu Damours les derniers temps et que Toinette même eût négligé des visites. Peut-être ce simple faire-part au lieu d'une lettre était-il un reproche? Toinette ne pensait pas à cela, mais:

—Je ne pourrai pas aller avec toi demain,—déclara-t-elle.

—Pourquoi donc?

—Je n'ai pas de chapeau de crêpe…

—Mais…—Et André se tut, étonné qu'elle pensât à cela.

—Qu'importe, fit-il. Nous leur devons une marque d'affection; tu as un chapeau de velours foncé.

—Oh! ce ne serait pas convenable! dit-elle.

Le lendemain elle eut la migraine. André partit seul.

Au seuil, tendu de noir, reposait la bière entre des lueurs pâles de cierges, qu'un peu de vent agitait; les passants se découvraient; des femmes, sortant de la maison, aspergèrent le cercueil d'eau bénite. Dans l'escalier stationnaient des gens en deuil. André se fraya difficilement un passage et, en levant la tête, il aperçut Damours, défait, les yeux rouges et la face bouleversée.

Damours aussi le vit et tous deux se regardèrent d'une façon pénétrante et pénible. En se serrant les mains, ils ne trouvèrent pas une parole, comme si leurs yeux avaient tout dit. Damours tira André par le bras, et de ses robustes épaules que le chagrin voûtait, il fendit la foule des invités qui s'écartèrent, et passa dans une chambre pleine de femmes. Au fond, sur une chaise, Germaine sanglotait, la tête dans la poitrine d'une parente.

À la vue d'André, elle eut une petite inclination de tête, un sanglot plus douloureux, et elle reprit sa pose d'abandon aux bras de la cousine, une grande femme, à l'air plus maussade qu'affligé.

André se retira; mêlé à la foule des invités, il passait en revue les visages qu'il ne connaissait pas, et lisait sur tous l'ennui et l'indifférence.

Il avait échangé un salut avec une ou deux personnes, quand Damours revint et d'une voix étouffée:

—Seul! J'espère que…

—Ma femme est un peu souffrante,—dit-il, honteux de ce petit mensonge.

—Ah!—fit Damours distraitement; et sans transition:

—En deux jours, mon ami, en deux jours… et ma pauvre fille est orpheline maintenant.

Aussitôt André revit Germaine et sa pauvre figure de petite poupée en deuil; il s'en voulut de cette idée, de ce mot qui dépréciait la jeune fille, et cependant il n'en pouvait trouver un autre.

Le maître des cérémonies, en bas de soie et chapeau à claque, un manteau sur l'épaule, salua gravement.

—Messieurs, quand il vous fera plaisir!

À ce moment, André se sentit donner une tape sur l'épaule; une voix très forte lui disait:

—Bonjour, Mercy!

Il se retourna; un grand garçon aux yeux insolents et au sourire singulier, lui dit:

—Comment vas-tu?

André hésita un moment devant la main tendue, puis s'écria:

—Tiens!

Et vivement il pressa la main de son cousin, Hyacinthe de Brulle, perdu de vue depuis des années et dont il ne conservait qu'un médiocre souvenir.

Ralentissant le pas, ils laissèrent passer du monde devant eux.

—Tu n'as pas changé,—dit de Brulle,—j'arrive de New-York, et toi?

André, en quelques mots, le mit au courant.

—Ah! tu es marié? J'espère que j'aurai l'honneur de présenter mes hommages à Mme de Mercy?

André, à qui la question déplut, affirma que ce serait pour lui un grand plaisir.

—Te souviens-tu, quand nous étions au collège ensemble?

André s'en souvint désagréablement. Aux récréations, son cousin le bousculait, le bafouait. Aux sorties, chez les de Mercy qui lui servaient de correspondants, il brisait tout, taquinait Lucy. On l'avait expulsé du collège pour avoir jeté un encrier à la tête d'un pion. Depuis, trop gâté par son père, un veuf, vieux viveur, de Brulle, tôt ruiné, s'était jeté aux passions et aux aventures. Son père mort, des héritages de temps à autre le remontaient. Puis il disparaissait, voyageait. Cette vie excessive et cette morale relâchée en avaient fait un aventurier sans fiel, mais sans bonté, aussi capable d'une bonne que d'une mauvaise action.

Tout cela, André le démêla peu à peu, en combinant ses souvenirs et en écoutant parler de Brulle:

—Maintenant, je suis fatigué, je veux mener une vie calme, je vieillis, regarde!

André le toisa, étonné qu'à trente-cinq ans Hyacinthe eût les yeux si perçants, les cheveux si noirs, un tel air de jeunesse virile, tandis que lui-même, à vingt-six ans, se sentait las, avait quelques cheveux blancs. L'orgie, les passions, conservaient-elles donc mieux que le repos et la vie chaste?

À l'église, ils se turent. Puis l'on se dirigea vers le cimetière. Bien qu'il ne voulût pas se montrer expansif, et gardât une instinctive défiance envers son cousin, questionné par lui avec une curiosité chaude, mensongère au fond, André dit sa vie et, par fierté, la dépeignit telle qu'elle était, étroite, précaire, résignée.

De Brulle, plein d'étonnement, le regardait en dessous d'un air narquois et protecteur, en pinçant les lèvres sous sa longue moustache.

—Et tu as une femme?—dit-il d'un ton dont l'inconscient cynisme blessa André.

… Et une fille? Allons, tous mes compliments!

André ne se sentait aucun plaisir à lui annoncer son prochain enfant; il se tut.

Le silence tomba entre les deux hommes, comme lorsqu'on a trop parlé et qu'on le regrette.

Cependant, sur la fin de la cérémonie, ils reparlèrent, puisqu'il le fallait, de choses quelconques; leurs voix avaient repris une tonalité indifférente.

André, gêné par le tutoiement, demanda avec un sérieux poli, et de l'air qu'il aurait dit «Vous»:

—Restes-tu longtemps à Paris?

L'autre haussa les épaules, ignorant:

—J'irai voir ta mère, répondit-il, adieu!

—Bonjour!

Et ils se séparèrent.

Rentré chez lui, André fit à sa femme, qui l'exigea, le récit détaillé de sa matinée, sans omettre la rencontre de de Brulle, qu'il dépeignit en quelques mots sévères. S'apercevant que Toinette s'y intéressait, il se tut.

—André,—disait le surlendemain Mme de Mercy,—sais-tu que j'ai trouvé Hyacinthe bien changé et tout à son avantage. Je l'ai vu quelques instants chez les d'Aiguebère; il a été charmant. Je l'ai invité à dîner mardi; sais-tu ce que tu devrais faire? venir, avec ta femme?

—Mais je ne sais,—et il chercha, irrésolu, le regard de Toinette qui sourit, disant:

—Moi, je ne demande pas mieux.

Cela fit grand plaisir, à sa belle-mère; elle se répandit en louanges sur de Brulle, et parla de ses folies passées avec cette indulgence singulière qu'ont pour les libertins les femmes les plus vertueuses. Pour la première fois peut-être, Toinette l'écouta attentivement, au lieu d'aller et de venir dans l'appartement. Mme de Mercy y vit une marque de déférence pour elle, et s'en réjouit.

Quoi qu'André lui eût pu dire, Toinette s'était, pour le dîner, mise en grande toilette; le corsage étroit la gênait, la jupe à tablier plat soulignait sa grossesse avancée. Devant un magasin, elle entra résolument, disant: «J'en ai besoin!» et paya une paire de gants à cinq boutons, beaucoup plus cher qu'au *Bon Marché*.

Ils arrivèrent de bonne heure chez leur mère. Dans la salle à manger toute claire, la vieille Odile tournait autour de la table. À sept heures précises, de Brulle arriva, baisa la main de Mme de Mercy, et salua Toinette cérémonieusement. Du premier coup d'oeil il vit sa taille déformée. Son sourire n'en resta pas moins, mais son oeil prit une expression indifférente.

Au dîner, il fut aimable, spirituel, mais un involontaire changement s'était fait en lui. D'un coup d'oeil, il fit l'inventaire de la salle à manger, inspecta sa tante, sévèrement, simplement vêtue, prêta à Toinette une attention polie, et parla avec bienveillance à André. Il semblait se réserver pour une soirée meilleure, et n'être aimable que par le sentiment de sa supériorité. Il parla de son dernier voyage en Amérique, avec une insouciance affectée. En eux-mêmes, André et sa mère sentaient une petite gêne inexplicable. Toinette plus jeune, attribuait les façons d'être de de Brulle, à l'effet qu'elle devait avoir produit sur lui. Troublée par ce qu'il disait, elle le regardait à la dérobée, admirant son teint fauve et ses yeux un peu durs.

Puis, comme André, jaloux, l'observait, elle baissa les yeux, feignit de l'indifférence.

De Brulle consentit à chanter, au piano, quelques airs singuliers qu'il avait retenus d'un voyage en Asie.

C'étaient des sons tristes et pénétrants, soutenant des paroles inconnues. L'imagination de Toinette s'envola, elle eût voulu voir des pays lointains; ce jeune homme n'eût-il pas été un compagnon doux et terrible? Il avait dû avoir des passions, courir des dangers.

Elle était encore sous le charme, quand il se leva, ravi d'avoir fini sa corvée, et se retira, avec empressement.

Toinette, en le saluant, reçut un regard si froid qu'elle en ressentit l'impression glacée; son enthousiasme tomba soudain, et elle se rappela que de Brulle, dès son entrée, l'avait, du premier regard, presque déshabillée. Comprit-elle qu'il n'avait vu en elle qu'une bourgeoise en position intéressante? En tout cas, son rêve mourut. De Brulle partit huit jours après pour Londres, et elle ne le revit jamais. Si quelquefois elle pensait à lui, c'était avec un malaise et une pudeur physique, qui lui rendaient cruel ce souvenir.

André avait un peu souffert, il oublia.

IX

Sa grande préoccupation était pour le mois de janvier. Serait-il augmenté au ministère? Dans les bureaux, chacun pensait à cela et discutait les chances, les droits, avec une mélancolie inquiète. Le manque de fonds au budget retardait, depuis longtemps déjà, l'avancement réglementaire, situation fausse, à laquelle les ministres, à tour de rôle, ne remédiaient point, et dont les employés, anxieux, souffraient sans se plaindre.

«Et comment se fussent-ils plaints?—pensait André,—quiconque eût murmuré se fût vu révoqué le lendemain: célibataires pauvres, pères de famille prolifiques, les employés ne pouvaient pas même se mettre en grève, comme les ouvriers. Et cependant il fallait vivre; était-ce possible avec des traitements dérisoires, sur lesquels on retenait encore quelque menue monnaie pour la retraite?»

C'étaient thèmes à longues causeries, dans le petit bureau de Crescent.

—Convenez-en,—disait André,—la position des employés est fausse et injuste.

—Injuste, non; pourquoi prennent-ils ce métier?

—Soit, mais enfin, ils l'ont, ils le font!

—Vous savez ce qu'on répond; leur travail est maigre et le temps qu'ils dépensent minime.

—Ah! voilà ce que j'attendais, dit André; les employés sont des paresseux, ils sont assez payés pour ce qu'ils font; je vous dirai comme dans Molière: «Et pour ne rien faire, monsieur, est-ce qu'il ne faut pas manger?» D'abord je vous ferai observer que dans certains bureaux, le mien, par exemple, la besogne n'a jamais manqué. Ensuite, croyez-vous que les employés, tous sans exception, n'aimeraient pas mieux double besogne et double salaire? N'est-il pas indécent de recevoir cent soixante-deux francs par mois, quand on a une femme et des enfants à nourrir?

—Ne vous mariez pas.

—Tant pis pour les pauvres, n'est-ce pas? Eh bien! non, c'est bête, je le dis. Un employé jeune, intelligent, bachelier ou licencié, à quoi l'emploie-t-on? À compulser des registres comme vous, ou à copier des paperasses comme moi! ce qu'un garçon de bureau pourrait faire!

—Peut-être avez-vous raison de penser cela, mon ami, mais vous avez tort de le dire, les murs ont des oreilles.

—Mais enfin,—dit André en baissant la voix,—est-ce juste, est-ce moral? Le règlement veut que je sois augmenté tous les trois ans; si je ne le suis pas en janvier, comme j'ai cinq ans de service, c'est deux ans qu'on me vole; si je suis augmenté, c'est deux ans de perdus. Sortez de là!

Crescent se mit à rire, ses contradictions n'étaient pas sérieuses, mais il était devenu sceptique:

—Il y a dix ans, je parlais comme vous. Aujourd'hui je suis résigné. Si pénible que soit votre situation, estimez-vous encore heureux qu'il ne vous arrive rien de pire. C'est ma devise, vous savez!

André pensif, regagna son bureau. Et pendant toute la semaine, il se dit:

«Serai-je ou non augmenté! Ce souci est grotesque? Non: vingt-cinq francs de plus par mois sont une somme énorme dans un petit ménage.» Puis il haussait les épaules, trouvant la vie trop mesquine.

Janvier arrivé, André n'eut pas d'avancement. Peu d'autres en eurent, mais cela lui semblait plus amer à lui, qui avait de lourdes charges. Crescent non plus n'eut rien. Peut-être malgré ses objections d'une bonhomie sceptique, s'était-il attendu à une augmentation méritée; car ce jour-là, il semblait, assis dans un fauteuil, plus fatigué, malgré son bon sourire, avec sa respiration courte, annonçant l'asthme.

Plusieurs mois passèrent.

Un dimanche les Damours déjeunaient chez les de Mercy.

Le père et la fille étaient arrivés en noir, contrastant tellement entre eux, qu'on ne leur trouvait aucun air de famille. D'abord régnait un silence pénible, tandis que Toinette empressée aidait Germaine à ôter son chapeau. Damours se dégantait lentement, avec pesanteur, comme s'il faisait un effort extraordinaire. Ses gants tirés, il parut soulagé, regarda autour de lui les murs du petit cabinet de travail d'André:

—Ah! voilà votre père, dit-il, il est bien ressemblant!—Et pour mieux voir la photographie, il se leva. Son dos voûté inspirait de la tristesse. Cependant Toinette pressait le déjeuner, qu'on servit.

—Des huîtres!—fit Damours avec un sourire vague.—Ah! vous nous avez gâtés!

Ils s'attablèrent. Damours mangea de grand appétit.

—Je n'ai pas grand'faim,—disait-il.

Germaine mangeait comme un oiseau; elle avait pâli et semblait plus petite, plus mignonne.

«Quoi! pensait André, si je m'étais obstiné, elle serait ma femme, aujourd'hui, tout ce qui m'entoure lui appartiendrait, je l'aurais là, assise, en deuil, toute triste; mais alors Toinette?…» Et il lui vint au coeur un malaise indéfinissable. Certes, Germaine n'était pas la femme qui lui eût convenu, mais Toinette l'était-elle plus?

«Peut-être elle et lui… s'étaient-ils mépris? Triste idée!…»

—Oui, mon cher, disait Damours, nous partirons à la fin du mois; Germaine a besoin de distraction: nous ferons un voyage à Alger; de tout temps j'ai voulu le faire, et même si j'avais cru les médecins, j'y aurais mené plus tôt (il étouffa sa voix) ma pauvre femme. Oui, j'aurais dû, peut-être cela aurait-il (il toussa, comme étranglé) prolongé sa vie!…—Mais les affaires, le travail, l'argent, tout cela m'a retenu; nous sommes de misérables égoïstes.

Il s'arrêta indécis, vit son verre et le vida.

—C'est un voyage nécessaire, nous en avons tous deux besoin.—Il regarda Germaine, à qui les larmes montaient aux yeux.

—Ma mère a une propriété dans la plaine du Chélif,—dit André vivement;—la visiterez-vous?

—Certainement.

—C'est un coin de terre, mais je ne crois pas que cela rapporte ce que cela devrait donner; les fermiers, vous savez… et puis nous n'avons pas un contrôle bien sûr, là-bas. Vous qui vous y connaissez, voulez-vous vous rendre compte de ces choses? cela m'obligera, et ma mère surtout.

—De grand coeur,—dit l'avocat. Et il y eut un silence.

À cet instant une musique se fit entendre dans la cour.

—Oh! ce sont les Italiens,—cria Toinette,—venez-vous voir? ils ont un singe.

Germaine la suivit, bien quelle n'en eut guère envie. Tout le temps du repas, à la dérobée, elle avait examiné Toinette, sa façon de se tenir, de parler; elle-même était restée distraite, parlant peu.

Seuls, André offrit à Damours de fumer.

—Je ne fume plus, dit celui-ci.

—Comment, vous qui fumiez toute la journée!

—Oui,—et il fut embarrassé,—Germaine est beaucoup plus seule, vit davantage avec moi et elle… Bref, je ne fume plus; c'est une mauvaise habitude de perdue.

André regarda son vieil ami et fut touché; cet homme, à quarante-six ans, se privait d'une habitude invétérée, par tendresse pour sa fille.

—Vous ne fumez pas, d'ailleurs,—dit Damours; et d'un air vague:—Les jeunes gens fument moins que de mon temps. Affaire de mode, sans doute?

Le silence retomba. Derrière la porte on entendait les femmes. L'avocat leva les yeux sur André comme pour une confidence; mais gêné il se tut:

—Madame de Mercy est charmante,—dit-il enfin,—vous êtes heureux!

André sourit, sans conviction, acquiesçant, comme par politesse.

—Votre petit appartement est très bien arrangé,—et Damours se remua sur sa chaise, regardant autour de lui.

André souriait toujours, muet.

Damours devint rouge.

—Je pense que vous êtes parfaitement satisfait? sans soucis d'aucune sorte, n'est-ce pas? Ma vieille amitié, et bref,—dit-il en rougissant encore,—si jamais… vous aviez besoin d'argent, un jour… (il perdait pied), j'en ai, moi…—dit-il brutalement.

—Mon ami!… Et André fit un geste confus.

—Ne m'en veuillez pas. J'ai été l'ami de votre père, je suis le vôtre; et si vous m'estimez un peu et qu'un jour… Eh bien! ne vous adressez qu'à moi!

—Merci de coeur, mon bon cher ami, mais je vous proteste…

—Oh! je sais!…—s'écria l'avocat, se défendant de paraître avoir deviné l'état précaire du jeune ménage.—Mais enfin, avec la politique du jour, les changements de ministère…

—Qu'ai-je à craindre?

—Sans doute, sans doute; enfin, ne m'oubliez pas! Voilà ce que je voulais vous dire, je m'y suis mal pris, je n'ai pas de délicatesses. Votre main, voulez-vous?

Leur étreinte fut silencieuse et forte.

Peu de jours après, les Damours partaient pour l'Algérie.

—Les voilà embarqués, dit André; à l'heure qu'il est, ils sont en pleine mer, demain matin, ils verront la côte d'Algérie. Quel beau pays ce doit être! Mon père en parlait avec admiration. La mer y est bleue; mais le soir on respire dans les jardins; les bananes, les goyaves, les ananas y poussent. Les Arabes aussi sont beaux.

S'apercevant qu'il avait parlé avec emphase, il s'arrêta court. Étaient-ce seulement des réminiscences qui flottaient en lui? Non, mais l'attrait du merveilleux, des pays inconnus.

Toinette semblait distraite. Il reprit:

—Sais-tu ce que disait mon père, quand j'étais encore au collège?

«Quand nous serons ruinés (il était déjà accablé de procès), nous nous en irons tous à Alger, nous habiterons la ferme et nous cultiverons la terre; nous serons des gentilshommes paysans!»—Cette idée, m'est souvent revenue! Ah! si je savais seulement distinguer le blé de l'avoine, si nous pouvions nous résigner à vivre là-bas, ce ne serait pas si sot!

—Je ne vous vois pas en paysan,—dit Toinette;—et moi je ne me vois pas en paysanne.

Étonné de cette voix sèche qui coupait toujours son rêve:

—Peut-être,—dit André. Et il parla d'autre chose.

X

Forcé d'apporter beaucoup de circonspection aux amitiés de sa femme, il s'étonnait qu'elle ne se liât pas davantage avec les Crescent. Quant à s'épancher avec Mme de Mercy, à tâcher, au moins par devoir, d'égayer un peu la solitude de la vieille femme, Toinette, là-dessus, ne donnait aucun espoir.

Ses relations se bornaient à deux ou trois jeunes femmes, dont André, au cours de la vie, avait rencontré les maris. De loin en loin les de Mercy offraient une tasse de thé, ou, sans cérémonie, perdaient la soirée chez les uns ou chez les autres. Parmi les femmes, pas plus que parmi les hommes, aucune figure saillante, aucun esprit qui dépassât la moyenne. C'étaient de ces personnages qui donnent la réplique, jouent dans l'existence un rôle de comparses. Là non plus, Toinette ne se fit pas d'amie.

Pour André, il vivait dans une solitude d'esprit douloureuse. La lecture, qu'il aimait passionnément, emplissait pour lui des heures, et longtemps dans la nuit. Il regrettait de n'être ni peintre, ni musicien; il eût voulu savoir écrire, mais n'avait point là d'ambitions vulgaires; un instinctif respect des choses de la pensée et des arts l'empêchait de s'y essayer.

Son coeur, bien que mal rempli, avait au moins de l'affection pour sa femme et sa mère. Mais son esprit restait solitaire; il remuait des pensées pour lesquelles un confident manquait, et que n'eût compris personne de son entourage.

Il lisait le matin le journal avec détachement, s'intéressant peu aux articles de première page, où s'épuise la chronique quotidienne; il parcourait rapidement la gazette des théâtres, dans lesquels il n'allait plus du tout,—grande privation pour Toinette!—il s'arrêtait aux articles de biographie, rares, courts, faits à la diable. Ce qui l'attirait de préférence était la gazette des tribunaux, souvent intéressante comme un roman.

Une fois, il dit négligemment:

—Tiens! nous avons un nouveau ministre.

—Pourvu qu'on t'augmente!

—C'est peu probable, ma chère; les employés n'existent guère pour un ministre; il ne nous connaît pas, n'a pas affaire à nous.

—Comment est-il, ce nouveau?

André fit un geste de parfaite ignorance.

—Je ne sais pas, je ne l'ai jamais vu; ce que je pourrais te dire, c'est comment est son cocher!

—Pourquoi?

—Parce que la voiture de Son Excellence attend dans la cour près du perron; si je ne connais pas le ministre, je connais le cocher; or tu sais qu'on dit: «Tel maître, tel valet!» Eh bien! mon avant-dernier cocher était un petit homme gros, rouge, éclatant dans sa culotte, tandis que le dernier était grand comme un cierge et glabre comme un prêtre.

Toinette sourit et elle fit, en lui montrant ses dents blanches:

—Tu es drôle!—du même ton qu'elle aurait dit: «Tu es bête.»

D'abord on ne s'aperçut guère, dans les bureaux, du changement ministériel; tout allait comme devant, les paperasses ne s'augmentaient ni ne diminuaient. Quant au nouveau cocher, il était sec, sombre, tout pareil à son cheval, un grand trotteur noir à l'oeil méchant.

Le ministre était installé depuis huit jours quand un effroi bouleversa l'administration; on parlait d'épurations de personnel, de renvois, de mises à la retraite; un grand vent de terreur courbait les têtes. Les employés, tremblants et pâles, apportaient plus d'application à leur besogne; leur écriture devenait meilleure, leur exactitude exagérée.

Et, coup sur coup, l'orage éclata. De vieux commis, sous-chefs et chefs, qui s'éternisaient sur leurs ronds de cuir, furent mis à la retraite, de jeunes employés auxiliaires congédiés comme inutiles, des employés anciens révoqués à la suite de dénonciations viles, qui amenèrent des pugilats. André figurait sur la liste de renvoi, un des premiers.

Ce n'était pas qu'on eût à se plaindre de lui, mais son nom avait attiré l'attention:

—«Bon! un noble, un réactionnaire!»

Et sans en savoir plus, le ministre l'avait biffé.

André, dans son bureau, causait avec Malurus tout blême, tout remué par ces exécutions sans cause, quand le chef de bureau entra annonçant la mauvaise nouvelle.

C'était un homme grand et fort; il bredouillait en jetant autour de lui des regards de lièvre. Il expédia les regrets, les condoléances, puis se sauva.

Malurus et André, seuls, se regardèrent.

Le vieil employé avait un tremblement nerveux, l'oeil atone.

—Heuh! heuh!—Et il fut pris d'un accès de toux sèche, péniblement, regardant André faire ses préparatifs de départ. À ce moment, Crescent entra rouge, indigné, la bouche ouverte; mais voyant Malurus, il se tut, par prudence.

André était pâle. Que faire? Il avait envie de se précipiter dans les couloirs, de forcer les portes, de parler de force au Ministre et de lui réclamer, avec colère, son gagne-pain perdu; une haine le soulevait contre ce politique riche qui, bien assis dans un fauteuil, rayait, d'un seul coup de plume, des existences entières. Si encore André s'était affiché d'une façon quelconque; mais, depuis son mariage surtout, il travaillait avec patience, enfermé dans sa besogne.

Il serra ses affaires, endossa son paletot, tandis que sans parler, dans le grand silence du ministère terrifié, Crescent et Malurus le regardaient.

Ce qui étreignait André à la gorge était la nécessité de rentrer chez lui, d'annoncer sa révocation à sa femme, de lui dire: «Je n'ai plus d'emploi.» Et demain il faudrait vivre. Comment?

Il se couvrit, jeta un regard à la salle triste, où moisissaient les cartons, à la cheminée où rôtissaient d'énormes bûches, à son bureau d'une propreté neutre et triste, aux plumes dont il s'était servi comme un manoeuvre, et au grand mur de moellons qui, maintenant, semblait le narguer encore.

Il serra la main de Malurus, accompagna Crescent dans un couloir. Là, ils se séparèrent, encore stupides de ce coup imprévu; puis André, sans dire adieu à personne, descendit par un obscur petit escalier de service, et blême comme quelqu'un qu'on chasse, s'en fut. Comme il passait le porche, il recula; un coupé traîné par un cheval noir, conduit par un cocher qu'il reconnut, entrait: le Ministre, dans sa voiture, et l'employé à pied se regardèrent sans se connaître, d'un oeil vide.

André n'osait pas rentrer chez lui. L'humiliation était trop forte: quoi! il avait diminué, ravalé son existence afin de ne devoir rien à personne; il vivait modeste et laborieux, et on lui enlevait sans raison, par arbitraire, son strict gagne-pain! Il erra par les rues; le temps lui semblait ne vouloir passer.

Alors, par faiblesse, ou par cette confiance qui fait qu'on aime mieux chagriner le coeur éprouvé d'une mère que celui, incertain encore, d'une jeune femme, André monta chez Mme de Mercy et lui dit tout.

Elle ne pleura pas.

Il l'avait souvent vue gémir ou récriminer pour des faits sans importance; mais là, elle se leva stoïque, et se raidissant contre la douleur:

—Va, André, va retrouver ta femme, nous arrangerons cela, mon enfant!

Et sa voix, décisive le raffermissait, sans qu'il sût pourtant vers quel espoir se tourner.

—N'y pense pas trop, dit-elle, il viendra un temps meilleur.

Et elle se tut, ayant besoin de toute sa force.

Ils s'embrassèrent. Alors, un peu soulagé, mais fiévreux, André alla à pied vers la Bastille. Qu'allait dire sa femme? Et un doute cuisant lui tenait au coeur. Serait-elle à la hauteur de l'épreuve? Allait-elle se répandre en doléances inutiles? Hélas! c'est à cette heure qu'il sentait, quoique innocent, la responsabilité terrible de ses devoirs de mari et de père. Cet entourage qui ne vivait que parce que sa propre volonté l'avait créé, cette femme aux qualités et aux défauts d'enfant, cette petite fille frêle, ces deux servantes mercenaires, cet appartement plein de meubles familiers, tous les êtres et les choses qui entouraient André, qu'allaient-ils devenir?

Et dans le brouillard de la fin d'hiver, trébuchant sur le pavé gras, il remuait mille doutes, souffrait mille angoisses.

Il monta résolument l'escalier, puis s'arrêta, n'osant sonner, devant la porte.

Elle s'ouvrit. Toinette, derrière, avait deviné sa présence. Elle le regarda aux yeux, le vit furieux, navré, et se jetant dans ses bras:

—Qu'y a-t-il? Un malheur?

—Oui! on m'a révoqué de ma place, sans cause, par bêtise, parce que je porte un nom noble.

—Oh!—fit-elle atterrée.

Il se dégagea, jetant avec violence son chapeau. Quoi! ne le comprenait-elle pas? Allait-elle pleurer maintenant? Elle ne le lâchait point, tout contre lui, elle le préservait de ses bras contre un malheur pire.

—André,—cria-t-elle et de tout son coeur,—ne te fais pas de chagrin, ça n'est rien!

Et comme il se taisait, elle l'embrassa doucement, le mena à un fauteuil. Une maternité nouvelle, une pitié douce; se révélaient en elle. Elle courut chercher l'enfant, l'apporta sur les genoux d'André, et murmura:

—Petit père, ne vous faites pas de chagrin; ayez courage, petit père; embrassez-nous, petit père.

Il regarda sa femme et son enfant, puis il les embrassa gauchement et laissant tomber sa tête sur l'épaule de Toinette, il pleura, doucement.

Quand il fut plus calme, et plus tard quand des scènes pénibles, comme dans tous les ménages, éclatèrent, André se souvint de cet instant de tendresse. Et parce qu'elle n'avait pas douté de lui à ce moment cruel, et qu'elle avait mis ses lèvres, avec pitié, sur ses yeux pleins de larmes, il lui pardonna beaucoup et ne cessa point de l'aimer.

Ce soir-là, ils n'osèrent ou ne purent prendre de résolutions. Ils se sentaient seuls, abandonnés, et pour la première fois, avaient conscience du peu que tient la vie d'une famille dans la grande mêlée des hommes.

Des roulements de voitures leur mouraient aux oreilles. Tout se taisait dans la maison, le feu s'éteignait dans la cheminée, la lampe baissait, les choses elles-mêmes étaient tristes. Et eux restaient assis, les mains ouvertes, trompant leur angoisse par de vaines paroles.

Pour éviter le supplice de se sentir vivre ainsi, à vide, ils se couchèrent, se pressant dans leur faiblesse, l'un contre l'autre.

—André,—disait Toinette,—tâchons de dormir.

Et ils feignirent le sommeil, avec la respiration pénible des gens éveillés. Tous deux ressassaient l'intolérable question:

—Que devenir?

XI

André, le lendemain, se mit en quête d'une place. De huit jours il ne trouva rien. Un homme intelligent pouvait donc mourir sur le pavé de Paris, sans avoir su gagner un morceau de pain!

Toinette d'elle-même dit:—La nourrice coûte trop cher, Marthe va bien, sevrons-la.

Cela fut fait, malgré les gémissements de l'énorme femme, à qui la colère faillit donner un transport au cerveau. Bien que, par Mme Rollin, une autre place lui fût trouvée dans la journée, elle ne décoléra pas, et partit en jetant des injures, entre les portes qui claquaient.

Toinette passa les nuits, se réveillant toutes les heures, épiant le souffle de l'enfant, pour lui présenter, à son premier cri, du lait tiède. Le sevrage réussit. La petite fille s'accoutuma; aussitôt les dents commencèrent à la faire souffrir. Après un souci, l'autre.

Quinze jours après:—À quoi sert Élisa, disait Toinette, ne pouvons-nous faire le ménage nous-mêmes?—Ainsi fut fait.

Le soir, un peu tard, on sonna à la porte; fatigués, ils faillirent ne pas ouvrir.

Crescent parut, disant à André, sans préambule et d'un air gêné:

—Voulez-vous me rendre un service?

—Certes! fit l'autre étonné.

—Je suis souffrant, accablé par mes leçons,—Crescent en donnait beaucoup,—je n'ose les perdre et cependant je ne puis les mener toutes de front.

Il s'arrêta, visiblement déconcerté.

—J'ai pensé,… ne voudriez-vous pas m'aider… en vous chargeant d'une partie, moi de l'autre? ce serait un véritable service que…

—Je ne suis pas dupe,—dit André en se levant, et il serra la main de Crescent:

—J'accepte, et merci!

Il s'étonna de ne ressentir nulle honte, comme si entre braves gens, la reconnaissance était légère, agréable.

Par un camarade, André obtint aussi quelques travaux de librairie, une soixantaine de francs par mois.

Déjà Mme de Mercy avait apporté sa part de dévouement, et pris une résolution grave pour elle, qui n'aimait que Paris. Elle donna congé de son appartement, quoi que son fils lui pût dire, et fut s'installer en Seine-et-Marne, à la campagne, dans une petite maison de paysans.

—Vois-tu, disait-elle, là je dépenserai moins, car je suis à bout de ressources. Quand l'enfant naîtra, vous me le confierez, je le mettrai en nourrice au village, je le verrai plusieurs fois par jour, et vous n'aurez pas à vous en occuper.

—Mais, mère, vous ne pensez pas rester toute votre vie là?

—Mon enfant, quand vous n'aurez plus besoin de moi, je pense qu'avec mes faibles revenus, je prendrai pension dans un couvent; ce sera mon dernier morceau de pain, et je sais que vous ne me l'enlèverez pas.

Ce n'était pas un reproche; et que sa mère sauvegardât un jour la dignité de ses dernières années, André l'entendait bien ainsi; toutefois il souffrit, se reconnaissant la cause, bien qu'involontaire, de ces privations.

Donc il avait eu tort de se marier? Les gens pauvres ne se marient point! Que ne s'était-il éteint, dans une pauvreté fière, ne léguant à personne le poids de son nom?

Ces pensées l'eussent assombri; l'activité forcée à laquelle il était condamné le sauva; certes, à cette heure douloureuse, chacun fit son devoir, mais fébrilement, comme lorsqu'on traverse une période de transition: si cela avait duré, tous le sentaient, la persévérance eût été impossible.

Toinette se levait à six heures du matin. Aidée, d'André, elle faisait la chambre, habillait l'enfant, sortait faire son marché, servait le déjeuner, passait sa journée à coudre ou à frotter les meubles, entretenait, par orgueil provincial, une propreté exagérée, puis on dînait, et André et elle, sitôt Marthe couchée, lavaient la vaisselle.

Ils avaient beau s'aimer, l'amour fut parti au bout de quelques mois.

Quoique leur orgueil les raidît, ils ressentaient une humiliation, se sentaient déchus, devant leur passé commun de douceur relative, leur passé de maîtres. À présent, ils étaient domestiques.

Cette humiliation sourde, André l'éprouvait aussi en courant Paris pour donner des leçons; il se trouvait cuistre, s'amoindrissait, à ce métier, car il n'avait pas la bonne humeur philosophique de Crescent. Pourtant, à la pensée que ces leçons, Crescent les avait prélevées sur les siennes, André oubliait sa peine, ému de reconnaissance. Le soir, il corrigeait des épreuves d'imprimerie ou rédigeait des compilations.

Les silences qui duraient alors entre sa femme et lui, avaient quelque chose d'orgueilleux et d'amer. Ils se taisaient, contre l'injustice du sort. À la dérobée, ils se considéraient. Lui, souffrait de voir les mains de Toinette rougir: elle, plaignait les yeux cernés, la fatigue de son mari.

Mme Crescent avait dit des prières pour eux, planté deux cierges à Sainte-Antoinette et à Saint-André. Car elle était d'une piété naïve, trouvait des joies d'enfant aux petites pratiques du culte, et ne pouvait s'expliquer la froideur religieuse de la jeune femme.

Toinette en effet, pratiquant comme jeune fille, avait, au courant de son mariage, délaissé peu à peu ses habitudes pieuses. Elle avait fait, d'elle-même, à son mari, le sacrifice de la confession; peut-être avait-elle des pudeurs délicates, elle aussi, ou le souvenir pénible d'un prêtre indiscret. Elle suivit d'abord la messe, peut-être, pour se prouver qu'elle était ferme dans sa foi. André, avec son respect des croyances, la laissait libre, et quelquefois l'accompagnait.

Peu à peu les besoins du ménage absorbant Toinette, elle manquait la messe. Quand elle sortait au bras de son mari, devant le portail d'une église il lui disait:

—Veux-tu entrer?

Elle acceptait, et tandis qu'il regardait les grands vitraux, vite agenouillée sur un prie-Dieu, devant quelque petite chapelle illuminée, elle récitait une prière, et l'on sortait.

Mais il ne voyait point dans ses yeux cette flamme dont il avait vu, autrefois, le visage de sa mère ou de sa soeur s'éclairer.

Toinette, dont la foi était toute de superstition, de pratiques, et sans racines, entra moins dans les églises, cessa d'y aller.

Cette crise qu'ils traversaient, la ramènerait-elle à la religion des femmes: simulacres dévots, petites prières, bonnes résolutions, qu'on oublie par légèreté, une fois dehors?—Il n'en fut rien.

Il s'en étonna, sans s'en réjouir; sur quoi s'appuierait Toinette? Pourrait-elle, sans idées fortes et profondes, marcher cependant droit? Il y repensait souvent, s'étonnait de l'incurie d'âme, de l'indifférence de la jeune femme sur ces questions éternelles qui règlent et déterminent notre vie.

Mme de Mercy s'était décidée pour Chartrettes, un joli village, sur un coteau, dominant la Seine et la plaine de Bois-le-Roi. Elle ne serait pas trop loin de Paris.

La solitude lui semblait cruelle à son âge, mais elle, qui n'eût su modifier les petits défauts de son caractère, était capable des plus grands sacrifices. Aussi bien les chagrins ne lui avaient pas manqué. L'abbé Lurel était parti. Sa vieille amie Mme d'Ayral, perdue au fond d'un château de Bretagne, y vivait, paralysée, attendant sa fin.

Ses chères affections se détachaient d'elle.

La meilleure, André, ne lui appartenait plus. Il était à une autre, et cette autre, hélas! n'aimait point la mère de son mari.

Mme de Mercy avait éprouvé un grand trouble en embrassant Marthe pour la première fois. Un moment, elle avait espéré rattacher sa vie déracinée à la frêle existence de l'enfant. Elle eût voulu que celle-ci grandît vite et l'aimât. Elle cherchait sur le petit visage la ressemblance d'André, sa ressemblance à elle-même. Mais comment assouvir sa soif de tendresse? le bébé était encore dans les limbes, de pâles sourires erraient sur son petit visage, ses mains s'agitaient à vide, dans une vie inconsciente et heureuse. Alors elle s'attendrissait:

«Pauvre petite, que de peines elle aura; sans fortune, trouvera-t-elle un mari? sera-t-elle heureuse?»

Quand Marthe eut six mois, et qu'elle commença à rire et à reconnaître les figures, c'eût été pour Mme de Mercy une joie douce de la prendre, de la faire sauter, de la couvrir de baisers; mais Toinette l'abandonnait rarement à sa grand'mère; d'un air méfiant elle regardait celle-ci porter l'enfant, et s'il pleurait, elle le reprenait vite, accusant tout bas la vieille femme de maladresse, injuste elle-même, cruelle, sans s'en douter. Et sous les yeux ternes de sa belle-mère, Toinette secouait alors follement sa fille, la roulait par terre, relevait en l'air, avec des cris de tendresse, l'exaltation d'un amour égoïste, tandis que Mme de Mercy, le coeur gros, souffrait d'être si peu comprise.

Aussi était-elle bien changée, pâlie. Les craintes de l'avenir, le chagrin de voir le ménage de son fils si pauvre, l'avaient rapidement vieillie et comme usée. Malgré son effroi devant les lourdes dépenses d'un accouchement, elle attendait que l'enfant, un garçon, espérait-elle, fût né.

Un garçon! Il saurait agir, se débrouiller plus tard, servirait d'aide et de protection à sa soeur. Et d'abord ce petit serait à sa grand'mère, à elle seule, au moins pendant une année. Elle l'aurait sous la main, dans le village, elle lui tricoterait des bas et des guimpes, elle seule aurait ses sourires, ses pleurs, elle le consolerait, le ferait rire.

Le neuvième mois étant venu, les couches de Toinette furent heureuses.

André n'avait eu que le temps de courir chercher et de ramener la jeune sage-femme. Elle et lui préparèrent le lit; à peine était-on prêt à le recevoir que l'enfant naquit. Mme Rollin, selon son habitude, dissimulant le sexe, ces retards alarmèrent l'accouchée, André et surtout la grand-mère. Ils eurent un pressentiment.

«C'est une fille», pensaient-ils, et l'idée d'en élever une seconde les effrayait.

Mais la sage-femme dit:

—C'est un garçon!

Alors un beau sourire fier éclaira le visage de Toinette, André se frotta nerveusement les doigts, Mme de Mercy soupira, et ses traits s'animèrent d'une tardive espérance.

Jacques-Jean de Mercy, héritier du nom, s'agitait, démesurément petit, dans des langes trop larges, et criait avec une vivacité colère. La petite Marthe réveillée dans son berceau se mit à pleurer aussi. La vue de son frère l'indigna. Elle se refusa à l'embrasser, et elle se reculait avec peur aux bras de son père. On la recoucha. Le nouveau-né s'endormit aux bras de sa grand'mère. Et le calme et le repos descendirent encore une fois dans la famille augmentée. Le surlendemain, arrivèrent la nourrice de la campagne, et pour garde une soeur novice.

Toutes deux, prenant possession de leurs fonctions se tenaient au pied du lit de Toinette, la dévisageant.

La nourrice grande, jeune, belle, avait des joues rouges et d'admirables seins. Mme de Mercy, à qui les propriétaires de sa petite maison et le curé de Chartrettes l'avaient fait trouver, en était toute fière.

La novice était pâle, chétive, avec la poitrine rentrée, l'oeil pâle et le regard indéfinissable des phtisiques.

—Ma soeur, voulez-vous donner l'enfant à la nourrice, que je le voie téter?—demanda la jeune femme.

La novice, rigide dans sa robe noire, prit gauchement l'enfant, et le tendit à la nourrice, dont apparut la gorge blanche et le sein au mamelon pointu. Et les deux femmes se regardèrent. La nourrice souriait avec un orgueil naïf, pleine de vie. La soeur semblait ravaler le dégoût, l'horreur physique que lui inspirait la vie grouillante de l'enfant, et la mamelle gonflée de la femme.

Deux jours après, la nourrice et Mme de Mercy partirent; ce fut un déchirement, mais on devait se revoir.

Dans le cabinet de travail:

—Tiens, André, dit sa mère, voici pour Mme Rollin, voici pour le pharmacien, et rien pour toi, mon pauvre garçon. Courage!—Et elle disparut. André referma la porte. La vie lui semblait étrange.

Par sa faute, sa mère, réduite à des rentes dérisoires, allait végéter dans un trou de campagne; un nouvel enfant venait ajouter aux soucis d'hier des dépenses et des chagrins.

Cependant l'orgueil d'avoir un fils lui releva la tête: Jacques serait grand, puissant et riche. Il relèverait le nom, ferait des coups d'éclat.

Voeux ridicules! André, ex-copiste, scribe dans un bureau, baissa le front: que léguerait-il à son fils, en vérité?

À cet instant, par une fenêtre mal fermée, s'engouffra une bouffée d'air, et André eut une aspiration suprême, violente comme l'effort d'un prisonnier pour desceller les barreaux de sa prison.

«Ah! s'en aller, murmura-t-il, en tendant les bras dans un geste de fatigue écoeurée, chercher une vie nouvelle, être paysan, plutôt qu'un monsieur ridicule comme moi, habillé d'une redingote râpée, et méprisé par son concierge!...»

Et sans qu'il sût d'où lui venait cette association d'idées, il pensa à Damours qui était en Algérie et à la terre que Mme de Mercy y possédait. Mais avant d'avoir suivi le fil de son rêve, André s'arrêta: «Il ferait un triste fermier, vraiment!»

—Mais il y a un courant d'air ici!—cria une voix, et la soeur parut, fermant la fenêtre.

André frissonna avec malaise et crut sentir retomber sur lui le couvercle de sa vie fermée.

Bien différente, la soeur novice, de la gaillarde soeur Ursule, qui avait régenté toute la maison, soeur Louise, asservie à la règle, faisait son service strictement, mais elle ne parlait ni ne mangeait, et se mouvait sans gaîté. Quand le médecin était là, incapable de lui faire un rapport, elle baissait les yeux, répondant par monosyllabes.

Les regards la gênaient. Elle n'avait point de sympathie pour la petite Marthe, devenue cependant gentille. Plus que la règle religieuse, quelque chose d'invisible la séparait de la vie et des vivants; et c'était le mal qui ne pardonne point, dont elle se mourait.

Quand elle égrenait son chapelet et que les prières couraient sans bruit sur ses lèvres, André, glacé par ce détachement froid, impassible, des êtres et des choses, devinait lointaine, ailleurs, la pensée de la soeur; ses yeux semblaient dire: «Que m'importe tout cela? puisque je vais mourir.»

Il eut un soulagement quand elle partit. Elle aussi parut allégée. Elle souffrait dans les intérieurs bourgeois, elle soignait de préférence les misères populaires dans des chambres froides et infectes.

Quelques mois après, la supérieure, qui pendant son séjour venait l'inspecter, apprit à Toinette, rencontrée dans la rue, la mort de soeur Louise.

Une femme de ménage provisoire, engagée pour le temps des relevailles, fut congédiée. Alors Toinette et son mari reprirent leur vie impossible. Elle leur parut beaucoup plus lourde. L'idée qu'ils faisaient leur devoir les consolait bien un peu mais l'avenir restait effrayant, sans sécurité, sans issue. André, bachelier, ne pouvait aller bien loin en donnant des leçons; et ses travaux de librairie, peu payés, étaient aléatoires.

XII

Depuis quelques jours, Crescent évitait, par délicatesse, André, dont la scrupuleuse amitié voulait rendre des comptes et n'accepter que moitié du prix des leçons.

On le vit pour le baptême, car il fut parrain: attention qui le toucha plus que toute autre. Ensuite il disparut jusqu'à un certain premier mars dont Toinette se souvint toute sa vie.

Crescent la trouva seule; il avait un air mystérieux qui intrigua et émut la jeune femme.

—Vous apportez une bonne nouvelle?

—Bonne, c'est selon, ça dépend d'André.

—Comment?

—Auriez-vous du plaisir à le voir rentrer dans l'Administration?

—Mais…—Toinette devint rouge, sans qu'on sût si c'était de plaisir ou d'humiliation.—Expliquez-vous.

—Eh bien, les mesures prises par le Ministre ont soulevé des protestations; l'influence de plusieurs sénateurs et députés a fait déjà réintégrer quelques employés. Le ministère a fait soigneusement reviser le dossier des révoqués, bref, celui d'André est bon, sans grief à sa charge, et à l'heure qu'il est, André est rétabli dans ses fonctions, appointements, etc..—Voici le papier, je m'en suis procuré copie.

—Ah!—dit Toinette songeuse: cette réparation tardive lui faisait sentir plus vivement l'injustice récente.—Le coup a été dur pour lui, on ne s'est pas soucié de savoir s'il aurait du pain; les puissants agissent sans réfléchir assez.

Elle se tut:

—Conseillez-moi?

—Tout dépend d'André. Son orgueil et son coeur ont souffert, veut-il continuer à ne demander de ressources qu'à lui-même, qu'à son énergie, je ne pourrais l'en blâmer, d'autre part, c'est chanceux. Préfère-t-il rentrer dans la maison d'où il est sorti, c'est humiliant peut-être, mais il gagnera moins péniblement sa vie, il aura moins d'imprévu.

—Mais, dit Toinette, si un autre ministre?…

—Je ne le crois pas, ces mesures radicales épouvantent les nouveaux venus. Le nôtre est une exception, heureusement. André peut rentrer sans crainte…

Ah! je sais bien,—fit-il avec une pause, que l'avenir politique est incertain, mais quoi...—Et brusquement:—Je me sauve!

—Attendez André.

—Peut-être vaut-il mieux que vous lui expliquiez vous-même!...—Toinette comprit la délicatesse de leur ami.

—Si j'osais vous donner un conseil, dit-il, n'influencez pas trop votre mari, qu'il prenne librement son parti et surtout qu'il ne songe qu'à lui, qu'à vous...—Et honteux d'en avoir dit tant Crescent se sauva, laissant sur la table l'arrêté ministériel.

Toinette le relut, le palpa.

C'était une belle feuille double, frappée d'un timbre incrustant le papier; une belle écriture de scribe la paraphait, indifférente.

«On ne doute de rien, pensait-elle. Si André refusait pourtant!»

Quand il rentra, elle dit:

—Quelqu'un est venu te voir. Devine?

—Ah! Qui donc?

—Devine?... Crescent!

—Qu'est-ce qu'il voulait?

—Te montrer quelque chose.

Et Toinette, en hésitant, présenta le papier, qu'André lut attentivement, plia et mit dans sa poche. Il parut honteux et sifflota pour dissimuler ses impressions.

Il était las de ses leçons et crotté de boue. Son visage trahissait la fatigue et l'écoeurement; Toinette n'osa l'interroger. D'ailleurs le dîner l'occupa. André, ayant changé de vêtements, jouait dans le cabinet de travail, avec la petite Marthe. L'enfant, qu'on n'avait jamais emprisonnée dans un maillot, avait, dans la liberté de la layette anglaise, développé ses petits membres remuants. De jolis rires lui partaient des lèvres, tandis que devant le feu, son père, agenouillé, la chatouillait.

Toinette ouvrit la porte et regarda son enfant et son mari; se demandant quelles pensées il roulait dans sa tête, elle attendit qu'il levât les yeux.

Il enleva Marthe et l'installa dans sa chaise. Le dîner fut silencieux. Toinette comprit qu'il ne fallait pas forcer André à peser tout haut ses doutes et ses résolutions. Il souffrait; elle le voyait à de soudains assombrissements passant sur sa figure. Pourtant, sans savoir ce qu'il ferait, elle espérait un avenir meilleur.

Le sommeil d'André fut agité; au matin il s'habilla, se brossa soigneusement, et demanda que le déjeuner fût avancé.

—Où vas-tu donc?—fit Toinette avec vivacité.

—Au bureau,—répondit-il.

Cette placidité apparente émut et déconcerta la jeune femme. Il y avait beaucoup de résignation dans ce ton simple. André apprenait quelque chose aux épreuves de la vie.

Il rentra par la grande porte et, froidement, alla saluer ses chefs, serra la main de Malurus, suspendit son chapeau, épousseta son pupitre et demanda de la besogne.

Malurus ne put se décider tout de suite à lui en donner. Il le regardait avec étonnement et malaise comme s'il n'eût jamais cru le revoir. Alors aussi André fut frappé de la mauvaise mine du commis: il s'était voûté, cassé, son oeil se brouillait davantage, ses vêtements noirs étaient aussi plus piteux, comme si, frappé par le désarroi soudain de l'Administration, il avait crû sa dernière heure arrivée. Sa toux sonna plus fêlée encore.

—Heuh! heuh! monsieur de Mercy, de la besogne? Grâce à Dieu, il n'en manque pas, j'ai été très accablé, monsieur, pendant votre absence. Et son regard semblait lancer un reproche, comme si André se fût prélassé en congé.—Voici donc du travail!

On eût cru qu'il allait soulever une montagne de paperasses, mais il apporta quelques expéditions.

«Allons, pensait André, rien n'a changé.»

Et il se remit à son insipide besogne, heureux de pouvoir restituer à Crescent les leçons si généreusement prêtées.

* * * * *

La vie reprit, monotone, réglée. Du moins André ne s'excédait plus de fatigue; il conserva ses travaux de librairie, c'était un surplus pour le ménage. Puis au bout de trois mois, comme compensation minime et que cependant l'on fit sonner bien haut, on lui accorda une augmentation de trois cents francs.

Ils continuèrent à se passer de bonne. Une vieille femme de ménage seulement venait pendant deux heures le matin.

Si pauvres qu'ils fussent, Toinette voulut fêter le troisième anniversaire de leur mariage. Ce fut un dîner d'amis. Le lendemain, ils en regrettèrent la dépense. Dans les fausses pauvretés, les plaisirs du coeur ne sont jamais francs, la question d'argent les diminue, les salit.

Ils ne parlèrent bientôt plus du ministère; c'était la sécurité, faute de mieux ils s'y résignaient.

André n'avait même plus ses anciennes mélancolies devant le mur, l'horizon fermé. Au bout de six mois, complètement remis à la tâche journalière, il avait pris ses aises; son travail fini, il lisait des livres d'histoires ou de philosophie, tâchait de s'instruire, de s'intéresser à autre chose qu'à lui-même et qu'à sa vie manquée.

Il eût voulu faire le moins attention possible aux misères quotidiennes, élargir son esprit et hausser son âme au delà des questions terre à terre. Il demanda aux livres de pensée de l'affranchir de ses tristes préoccupations. Par la force de la volonté, il y arriva presque, se développa, se mûrit. Il s'assimila beaucoup de choses, sans se faire des idées personnelles et originales.

Quand il ne lisait pas, il jouait avec sa fille. La voyant peu à peu, gracieuse, balbutier des mots, il pensait au temps où elle serait jeune fille, à la nécessité de la marier. Et cette époque lointaine parfois lui semblait proche; il avait une peur comique de la rapidité de la vie.

Envisagée ainsi, sa position lui coûta moins; il se résigna aux tristes heures du bureau; son voisin de chaîne n'était pas gênant.

Hors les minutes où il remuait de vieux cartons, Malurus restait des heures assis devant son pupitre, immobile, le nez sur le papier, la plume au bout du dernier mot écrit. Dans ces mutismes, parfois l'appel d'un timbre électrique le faisait tressaillir. C'étaient des sursauts profonds, maladifs, un réveil effaré de la conscience perdue; et pendant un instant, ses lèvres battaient l'une contre l'autre, peureusement.

À quoi pensait-il dans ces moments de stupeur? Le long passé d'une pauvreté prudhommesque et navrante s'affichait dans ses tristes loques, et sa laideur falote d'homme sans âge.

Un après-midi, André à demi retourné vers Malurus, se faisait toutes ces questions. Avoir dit de l'employé: «Bah! un fou!» ou bien: «Un crétin!» n'était pas expliquer grand'chose. Il devait y avoir eu sous ce crâne déprimé des douleurs muettes, l'angoisse d'une vie ratée, des tendresses peut-être stériles, la honte de se sentir chaque jour ratatiner le corps et l'âme.

Et André se disait: «À quoi et à qui peut donc servir une existence pareille?».

À ce moment le timbre du chef de bureau eut un appel sec et pressant.

André s'attendit à voir frissonner Malurus qui ne bougea point.

La sonnette électrique vibrait impérieusement.

—Malurus, on sonne!

Le vieux restait immobile, André cria:

—Malurus!

Pas de réponse.

—Est-ce qu'il dort? ce serait la première fois.

Et s'approchant du commis qui s'appuyait sur le coude, il le toucha.

Le bras s'abattit roide, la tête choqua la table, avec un bruit sourd.

André devint pâle, crut à un évanouissement, releva Malurus par les épaules, mais le corps se renversa, les bras pendirent, la tête se rabattit en arrière, montrant un cou saillant, une bouche grande ouverte, des narines noires et, dans la lividité du visage, l'épouvantable regard mort des prunelles.

André cria, appela au secours.

On enterra Malurus le surlendemain. Aucun membre de la famille ne parut, malgré le fait divers des journaux. On ne trouva rien dans ses papiers.

La pièce où habitait André lui sembla insupportable; qu'on lui mit un compagnon, cela lui paraissait également pénible.

Par bonheur, il obtint d'être placé seul, dans un sombre petit réduit, donnant sur une cour étroite et vitrée. Le relent des cabinets voisins rendait l'endroit plus malsain encore.

Du moins André y était seul. Et il ne voyait plus le grand mur.

Après six ans d'Administration, ce lui fut une grande joie. Il ne présageait pas que cette solitude lui deviendrait, plus tard, un supplice.

On ne le dérangeait guère. Il avait à l'ancienneté acquis le droit d'être tranquille. Il était exact aux heures et au travail. On l'oublia.

L'hiver, il avait trop chaud, étouffait, se préservait mal du feu par un grand paravent verdâtre; l'été, il suffoquait. Par la porte et la fenêtre passait l'odeur des plombs. Son bureau, sa chaise tenaient presque toute la place. Sur la cheminée, il y avait une cuvette, dans la cuvette une carafe. Des cartons vides occupaient les murs. Dans un des cartons moisissait un vieux pot de confitures. C'est tout ce que trouva André, dans l'inventaire qu'il fit de son nouveau bureau.

Il tâcha de s'y accommoder comme un homme qui sait qu'il doit vivre là des années.

TROISIÈME PARTIE

I

Une fois par mois, les de Mercy allaient à Chartrettes voir le petit Jacques. D'un de ces voyages, André garda un pénétrant souvenir, plein de douceur et de mélancolie.

Le printemps était revenu.

Descendu à la gare, seul, le matin, André suivait la grand'route ensoleillée. Il avait plu pendant la nuit, et la terre exhalait un arôme étrange. Les arbres, sous la feuillée neuve, d'un vert pâle, dressaient leurs troncs noirs. Les feuilles, menues comme celles du cresson, découpaient, palpitantes sur l'azur clair, leur délicieuse verdure d'or. Et ce feuillage enfant avait l'humidité d'une couleur fraîche, prête à rester aux doigts.

Dans les fossés, l'eau bruissait, rapide et sourde. Arrivé au pont, André s'arrêta, regardant la Seine paisible couler, sous un flot de soleil. À un endroit transparent, le fond d'herbes et de sable apparaissait; des poissons fendaient cette zone, lumineux, puis se fondaient dans l'eau sombre. Un vent frais la ridait, la brisait en écailles qui miroitaient. Un peu de vapeur bleue, presque invisible, s'évaporait sur la cime des bois, et à la mélancolie d'une heure sonnée, égrenée par un cadran d'église, répondait, très faible, un écho de sonnailles, agitées par des bêtes que l'on ne voyait pas.

André remonta la Seine en côtoyant la berge haute. De grandes herbes embarrassaient ses pieds; un oiseau s'envolait, ou un poisson, jailli de l'eau, étincelait dans un éclair. Les champs, pleins de rosée, s'étendaient à perte de vue, bruns ou verts. La terre était pleine de promesses; des carrés de blé, à tige courte, montaient.

Le coeur d'André se dilata. Il se grisait d'air et de lumière. Par un égoïsme involontaire, il se réjouissait d'être seul. Il oubliait bien des soucis, des petites douleurs, un terre à terre mesquin et trivial. Il ne pensait à rien, sentait l'odeur des herbes, respirait à pleins poumons.

Bientôt les maisons sur la hauteur parurent, plus blanches, plus grandes. Il retomba sur la route, gravit un raidillon, se trouva à l'entrée du village et s'arrêta à une petite maison de peu d'apparence.

Un voile de dentelle sur la tête, une femme en vieille robe de chambre, courbée sur les fleurs d'un étroit jardin, arrachait, avec un sarcloir, les mauvaises herbes. André reconnut sa mère.

Il voyait ses cheveux gris, une partie de sa figure blême. Elle semblait si calme, si résignée, qu'il se sentit honteux et triste. Comme elle avait vieilli! Il n'osait bouger. Et pourtant elle allait le voir, elle aurait une grosse émotion et cette surprise lui ferait mal. Tout à coup des suggestions folles lui traversèrent l'esprit; pour la première fois des idées de mort lui vinrent, dans le gai matin. Elle mourrait, la pauvre femme, un jour il la verrait mourir! Une angoisse indicible lui tordit le coeur; il poussa un cri:

—Maman!

Elle se retourna, comme si on l'eût frappée:

—Toi!…—Et elle courut à lui, bouleversée de joie, de surprise.—Tu vas bien? Et Marthe? Et… ta femme? Mais entre donc, mon pauvre ami!

Dans la cuisine, la vieille bonne sourit à André.

—Mon Dieu! y aura-t-il de quoi déjeuner? dit Mme de Mercy.

—Eh oui! eh oui!—bougonna Odile enchantée.

La fenêtre de la chambre, au premier, regardait les champs, par delà la rivière, les bois. André fut frappé, plus qu'à l'ordinaire, de la nudité de la pièce. Un paravent peint masquait le foyer; sur la cheminée reposaient deux grosses coquilles de mer; une vieille pendule, sous verre, dormait, arrêtée. Un petit lit très simple occupait un des côtés de la pièce, un fauteuil était près d'une table portant une écritoire et quelques livres familiers. Le papier de tenture, à fleurs bleues, se déchirait par places, sur le plâtre du mur.

Le parquet de bois blanc était propre, mais de tous les meubles paysans et de l'armoire s'exhalait une odeur un peu sure. André rechercha des objets délicats dont sa mère se servait à Paris; elle les y avait laissés. C'était une privation pour elle, mais son mobilier si ancien, si ruiné, serait plus en sûreté au Garde-meuble, que heurté en des déménagements provisoires.

Ce déjeuner fut intime et cordial, parce que André et sa mère évitèrent de parler de choses qui les attristaient toujours; Mme de Mercy était heureuse; il lui semblait qu'André lui revenait, était garçon, lui appartenait. Mais aussitôt on parlait du petit Jacques, et reprise du bonheur d'être grand'mère, elle s'écriait:

—Tu vas le voir, on l'apportera après le déjeuner, il est si gentil, si tu savais, il rit, m'appelle «gand'mèe», crois tu? à son âge?…

Et André souriait, ravi de parler de son fils. Un fils! Ce mot résonnait à son oreille plus grave que le mot de fille; son fils, qui réaliserait les ambitions paternelles, qui… Pauvre être encore, petite chair débile!

—Et il est fort! colère! il faut faire tout ce qu'il veut!

Le père souriait, fier que son fils eût déjà une volonté.

—Allons le voir!—dit-elle impatiente, et lisant le même désir dans les yeux d'André.

Dans la rue une douce paix régnait. Des chiens dormaient au soleil. Les portes de bois étaient closes, le village semblait désert. Quelquefois un rideau se soulevait; on distinguait un visage indécis, deux yeux curieux. Sur un banc, à l'ombre, un vieux tout cassé, regardait sans voir le clocher de l'église, marquant une heure.

Mme de Mercy poussa une porte à claire-voie, entra dans une cour. Près d'un tas de fumier, des canards barbotaient dans une mare noire, des poules picoraient, des poussins se pressaient autour d'elles et deux coqs, la tête en l'air, se promenaient, provocateurs. L'un d'eux avait le cou et le corps à demi plumés par son rival. Dans l'encadrement d'une porte, une vieille femme parut, mettant une main sur ses yeux.

C'était la mère de la nourrice; on la salua. Placide, elle les introduisit dans une salle basse, carrelée; une grande horloge à poids et à balancier faisait entendre de lents et gros tic-tac. Le grand-père, un vieil homme déjeté comme un cep de vigne, se leva, souriant dans sa barbe frisée, couleur de mousse roussie.

La nourrice arriva, tenant l'enfant. Il venait de s'éveiller, il riait. André, doucement, délicatement le prit, sans que Jacques pleurât. Les paysans s'extasièrent sur la ressemblance. Était-ce vrai? Il chercha sur la figure, dans les yeux troubles, quelque chose de lui-même. Et ce qu'il éprouvait était amer et doux.

On leur proposa de passer au jardin. Des rosiers y poussaient pêle-mêle avec les choux et toutes sortes de légumes. Les roses n'avaient pas encore fleuri. Mais les pêchers et les abricotiers étaient en fleur, roses et blancs. Au vent frais qui les secouait, les pétales, comme une neige parfumée, tombaient sur André et l'enfant. Mme de Mercy se taisait. La nourrice récoltait sur la haie des pièces de lessive qui avaient séché; au bout d'une heure, Jacques ayant pleuré, elle lui donna à téter.

L'enfant avait un mouvement de cou joyeux, on sentait le lait descendre en lui, gonfler sa petite poitrine.

—Il boit bien!—dit Mme de Mercy avec admiration.

—Oh! il boit!—reprit la nourrice avec énergie, comme si on eût pu en douter.

-Il boit!—faisait André en hochant la tête d'un air béat.

Le temps passa trop vite. André embrassa l'enfant et prit congé. Les vieux parents firent un mouvement.

—Va devant!—dit Mme de Mercy.

Il l'attendit dehors, un instant.

—Eh bien?

—Rien! rien!—dit-elle. Mais pendant le trajet elle parla peu; elle pensait aux exigences des paysans qui, n'osant grossir le prix convenu, réclamaient des compléments en nature.

De nouveau, ils se retrouvèrent dans la petite chambre de Mme de Mercy; l'heure de partir était venue.

Déjà!

Le ciel était aussi bleu, le soleil aussi beau, et André se sentait triste, profondément triste.

Une angoisse poignante le suffoquait maintenant, dans ce dépaysement de la campagne, de la maison pauvre, des meubles laids. La grandeur, la simplicité du sacrifice de Mme de Mercy, lui apparurent entières. Et du passé se levaient tous les dévoûments, tous les héroïsmes maternels; ils pesaient sur lui, l'accablaient. Il sentit que sa mère morte, il ne serait jamais quitte envers elle, ne lui aurait jamais rendu le quart de ce qu'elle avait fait pour lui.

Il craignit qu'elle ne le devinât; aussi se détournait-il vers la fenêtre. Il pensa:

«Non, je ne m'acquitterai pas envers elle, mais envers mes enfants. Le dévoûment ne se paye pas à qui en fait preuve, mais à ceux qui en ont besoin à leur tour. La loi du devoir se transmet de père en fils, et c'est ainsi que je paierai ma dette.»

Alors il se sentit plus calme et son chagrin n'eût plus rien d'amer. Sa mère n'était-elle pas résignée? Lui de même devait l'être, et les enfants, en grandissant, bénéficieraient de leur mutuel amour.

—Adieu, mère, il est temps.

—Je vais t'accompagner un peu.

Ils descendirent, suivant la grand'route. Des nuages blancs moutonnaient dans le ciel. Bien qu'ils marchassent lentement, on arriva au tournant, et Mme de Mercy fatiguée s'arrêta.

Ils se dirent adieu.

Longtemps, en se retournant, André l'aperçut, immobile dans la poussière, et qui lui faisait signe de la main. Quand il franchit le pont, il ne la vit plus. Alors, il hâta le pas, sans regarder autour de lui.

II

Quelques mois plus tard, il retrouva des joies dans ce pays. Il jouissait de son congé; tous trois logeaient chez leur mère. Toinette sevra le petit Jacques qui, âgé de seize mois, se portait à merveille.

Marthe courait toute seule, chancelant parfois sur ses petites jambes. Elle daignait s'humaniser pour son frère, voulait le porter, comme une poupée aussi grande qu'elle, et trop lourde. Elle s'était fait tout un vocabulaire enfantin, estropiait les mots, avec de jolies intonations. Une grâce de petite femme fleurissait en elle, ses gestes avaient une coquetterie ingénue, dont les parents s'extasiaient.

Le mois de vacances se passa là, et malgré le repos qu'ils goûtèrent tous, et leur liberté, grâce à la réservée et délicate hospitalité de Mme de Mercy,— Toinette et son mari restaient pourtant soucieux. L'impossibilité de vivre sans dettes à Paris leur était bien démontrée, ou alors c'était une vie étroite, misérable, d'ouvriers. Tout les inquiétait, jusqu'à l'exiguïté de leur appartement. Les enfants y vivraient serrés, sans air. Pendant l'hiver, Marthe rarement sortie, avait gardé un teint d'anémie, une pâleur mate.

Si heureusement qu'il se laissât sevrer, Jacques subirait vite l'influence de l'appartement. Et que de difficultés à Paris, où le lait coûtait si cher, les oeufs frais aussi. Autant de préoccupations. Toinette surtout y songeait, et cela la rendait grave, mais non plus nerveuse. Elle était moins agressive, moins boudeuse qu'autrefois; elle aussi la vie la modifiait. André le constatait avec plaisir.

Ils envisagèrent dès lors la nécessité d'un parti décisif. Plusieurs se présentaient.

Vivre en province, ils ne pouvaient s'y résoudre. Ils aimaient Paris. Bien qu'ils ne vécussent pas de sa vie bruyante et affairée, ils respiraient son air, marchaient dans ses rues, coudoyaient sa population. Ils y possédaient une indépendance relative; leur pauvreté y était moins pénible qu'ailleurs; perdue entre tant d'autres, on ne la remarquait pas. En province, ils rentraient dans la hiérarchie, selon l'emploi qu'André y tiendrait; puis quelle existence pénible! Cependant ne serait-ce pas plus sage?

Que Mme de Mercy continuât ses sacrifices, impossible! elle était à bout de ressources. Réduite strictement à trois mille francs de rente, elle ne pouvait plus que prendre pension dans quelque couvent, à moins qu'ils ne vécussent tous ensemble, unissant leurs efforts et leur médiocrité? Le fils et la mère eurent le courage d'y renoncer. André expia ainsi, tardivement, son désir d'autrefois, son besoin de s'évader de la maison maternelle. Aujourd'hui,

Toinette n'ayant su comprendre ni aimer sa belle-mère, il était trop tard pour tenter la vie commune.

Mais alors n'était-il pas juste, Mme de Mercy s'étant sacrifiée sans réserve, que les parents de Toinette à leur tour aidassent le jeune ménage? C'étaient des négociations à renouer. Depuis quatre ans et demi que leur fille était mariée, les Rosin avaient de moins en moins donné signe de vie. C'est par Crescent, qui tous les ans, allait voir les siens, à Châteaulus, qu'on avait des nouvelles. Ce fut lui qu'on chargea de rappeler nettement aux Rosin, leur devoir.

Au retour de son voyage, il vint passer une journée à Chartrettes. Il était gêné et soucieux; cependant sa franchise l'emporta, et comme il était en ce moment seul avec André:

—Loin des yeux, loin du coeur! dit-il. J'ai trouvé Rosin très affaibli, il baisse beaucoup. D'ailleurs, dominé par sa femme, il n'a jamais eu voix au chapitre; elle, est très affectée, à cause de son fils. Il va bien, Alphonse! il dépense de l'argent, où le prend-il? il fait des scandales! La mère est furieuse, mais son amour jaloux s'en accroît. Elle vendra sa dernière chemise pour ce chenapan. N'espérez rien!

—Ah!—fit André avec calme, quoiqu'il sentît bien le coup—et pourtant vous avez parlé?

—Parlé, crié, prié, mais, mon ami, je vais dire le mot terrible: ils ne comprennent pas. Leurs sentiments sont atrophiés. La mère n'a jamais aimé ses filles, elle se soucie bien qu'elles soient malheureuses. En ce moment, inconsciente, elle pousse au mariage de Berthe, et Dieu sait…

—Comment, elle se remarierait?

—Ah! dans de tristes conditions. Depuis son veuvage, elle a toujours été à charge à ses parents; au figuré, car le grand-père payait son entretien. Elle est recherchée depuis quelques semaines par un vieillard riche, très connu dans Châteaulus. Sa famille est peu honorable. C'est un homme usé, flétri par la débauche. Berthe est encore une belle femme. Comment en est-il devenu amoureux? Sans doute par le dégoûtant calcul d'acheter pour rien des plaisirs qui lui reviennent fort cher.

—Et Berthe accepte… cela?

—Eh! mon cher!—dit Crescent avec amertume—le prestige de l'or! Elle sera riche, dominera le vieillard, l'enterrera, n'est-ce pas?

—Et les parents?

—Ravis. Tous, le frère en tête, célèbrent les louanges du vieux, c'est Alphonse d'ailleurs qui a négocié ce mariage.

—Joli! fit André. Pouah! Et le grand'père Rosin?

—Il attend sa troisième attaque de paralysie, il ne peut remuer le visage ni les mains. Comprend-il? Peut-être, alors il doit bien souffrir.

Il se tut, et il y eut un long silence, comme pour laisser à ces idées pénibles, agitées dans leur cerveau, le temps de se tasser.

—Mais enfin,—dit André,—j'ai donc affaire à une famille exceptionnelle?

—Eh non! La province…

Et Crescent raconta à son ami des histoires effrayantes et grotesques, la légende invraisemblable d'une petite ville mise à nu, de ses habitants dévoilés dans leur bêtise, leur méchanceté, leurs vices.

—Bref, il n'y a rien à espérer d'eux?—dit André.

L'autre haussa les épaules, et soupira.

André mit Toinette au courant, en lui déguisant ce que la vérité avait de trop cruel. La jeune femme pleura. Elle aimait ses parents, après tout. Elle ne les avait pas revus depuis longtemps. Dans l'absence et l'éloignement, un prestige les revêtait. Elle oubliait leurs défauts, parlait avidement de les revoir, enseignait à Marthe leurs noms, et celui de son frère, heureuse quand l'enfant répétait bien: Gui-gui.

Elle se résigna.

Ils s'arrêtèrent alors à l'idée d'habiter la campagne. Toinette s'y était toujours refusée, ce fut elle qui le proposa.

Mélancolique, elle évoquait de laides banlieues, des avenues vides, des terrains vagues ou bien des rues populaires, grouillantes et empestées. Ils pensèrent à l'inévitable Levallois, à Saint-Mandé, aux tramways où l'on s'entasse, et devant lesquels, les jours de fête, on se bouscule un numéro en main, pendant des heures.

Puis la raison, une raison de pauvre, sans fierté et comme amoindrie, faisait valoir l'absence des octrois, le meilleur marché du vin et des denrées.

André avait peine à se résoudre; il demanda:

—Pourquoi ne pas aller loin? là où l'air est plus pur? Avec les chemins de fer et les bateaux, pour un prix fixe, on peut tout aussi facilement aller à Paris. Au lieu d'un appartement, nous pourrions avoir une maison?

Et brusquement décidés, laissant les enfants à la grand'mère, mari et femme se mirent en quête. La ligne de Saint-Lazare était bien fréquentée, desservant beaucoup de petits coins charmants, trop chers peut-être. La gare Montparnasse fut préférée. Clamart parut trop près, Meudon leur plut, mais les belles maisons qu'ils y virent, ainsi qu'à Bellevue, les effrayèrent. Il descendait du train un public de femmes en toilette, de fonctionnaires en redingote.

Ils poussèrent plus loin, vers Sèvres, et là toute la journée cherchèrent. D'abord ils ne virent que des villas trop riches. Puis tout à coup, ils débouchèrent sur une plaine en triangle, où des chevaux paissaient. Plus loin, des enfants se roulaient dans l'herbe. Une avenue descendait obliquement vers le parc de Saint-Cloud.

Cette plaine libre avait quelque chose de naïf, d'invitant.

—Les petits seraient bien là?—dit Toinette.

—J'y pensais.

Sur un coteau plein d'arbres, des maisons s'étageaient. D'abord aucune ne convint. Puis André en vit une, toute petite, à volets fermés et à écriteau.

—Tiens, vois donc!

Et Toinette montra, sur la porte du jardin, un papier déchiré, où était écrit: S'adresser au n° 10.

—Allons demander!

Ils allèrent au 10. Une grosse dame leur dit:

—Nous pouvons visiter. Les propriétaires sont mes amis (elle cita leur nom), vous les connaissez?

—Non!—dit André.

Cela l'étonna beaucoup; comment ne connaissait-on pas ses amis? Elle précisa: de gros commerçants? rue du Sentier? leur fille avait été malade? et l'ignorance persistante d'André lui inspirait de la défiance.

Elle ouvrit la porte. Quelques marches donnaient sur une petite terrasse, en hauteur sur la rue. On monta par un escalier caché par la verdure.

—Le jardin d'abord, n'est-ce pas?

Il n'était pas grand, mais on avait une tonnelle, deux ou trois grands arbres, tout un joli coin frais de feuillage.

Derrière, était un potager, avec des pommes de terre. Le long des allées, mûrissaient des poires et des pommes. La dame désigna un cerisier, un abricotier et deux pruniers. Le long du mur grimpait une vigne.

En haut du jardin, une haie et une petite porte donnaient sur une ruelle.

—La sente des Lilas, en trois minutes, vous êtes au chemin de fer!

Près de la maison, Toinette, en femme pratique, s'écria:

—Tiens! une pompe!

—On a de très bonne eau de citerne.

On visita la cuisine, la salle à manger. Un escalier de bois mena à deux chambres. Le second étage contenait, sous le toit plat, deux petites pièces, dont on ouvrit les fenêtres.

—Ah!… firent à la fois André et Toinette, et ils eurent peine à cacher leur surprise joyeuse.

Une vue immense s'ouvrait devant eux.

En bas, la plaine; et encadrant à droite et à gauche le décor, deux collines boisées: l'une, ancien domaine de maîtresse royale, l'autre, le parc de Saint-Cloud. Entre ces deux portants d'une immense scène de théâtre, se déroulait l'horizon, maisons et arbres, banlieues d'où montaient des fumées d'usine, panorama confus, arrêté par une grande toile de fond, le ciel, sur lequel se détachaient nettement l'Arc de Triomphe et le Trocadéro, tout petits.

Ils se nommaient tout cela, aidés par la dame qui réformait leurs erreurs. Les fournisseurs, assurait-elle, étaient proches. Le parc attendait les enfants, à défaut la plaine ou le jardin. Ils devinaient, à voir passer les gens, une vie simple et libre. L'espace leur emplissait les yeux, l'air les frappait au visage. «Il ferait bon vivre, respirer ici.»

Cependant leur guide les inspectait en dessous, sceptique, ennuyée d'avance de son dérangement inutile. Leur silence paraissait de mauvais augure.

—Nous disons que le loyer?…—demanda André.

—Six cents francs!—dit la grosse dame, en faisant une petite bouche, comme pour diminuer la valeur du chiffre.

—Six cents francs!—s'écria-t-il, ravi du bon marché.

—Mon Dieu!—balbutia-t-elle confuse,—je vous assure, voyez! tout est propre, les papiers sont presque neufs; peut-être obtiendrez-vous une diminution!…

—En ce cas, nous pourrions consentir à un bail,—dit majestueusement Toinette.

—Peuh!—dit André,—en conscience, la maison ne vaut que cinq cents francs, et encore!…

Huit jours après, le bail était signé à ce prix, pour trois ans.

III

Une année passa.

Au bureau, Crescent semblait singulier. Depuis quelques jours, il jetait de-ci de-là des regards préoccupés, distraits, il entendait mal les questions, haussait les épaules avec un petit rire étouffé. Et soudain il redevenait grave, comme un écolier pris en faute.

Très intrigué, André lui demanda:

—Qu'avez-vous donc, Crescent?

Le petit homme le regarda d'un oeil vague, se recueillit et dit:

—Je me moque de moi!

—De vous?

—De moi! en qui je découvre des sentiments bien singuliers. Figurez-vous, le père de ma femme est à la mort, n'est-ce pas! le chagrin de sa fille une fois épuisé, car moi j'en aurai peu, je suis franc, la question sera de savoir si nous hériterons en partie ou si sa seconde femme aura tout détourné. Croyez-vous qu'il y a en moi un tas de mauvais sentiments qui bataillent? l'espoir, puis la peur, la colère d'être évincé, le regret de n'avoir pas été plus politique. Ah! non, le coeur de l'homme est bien curieux!

Et Crescent ricana encore:

—Car enfin je gagne ma vie, mon fils est officier d'artillerie. Marie a deux mille francs d'appointements comme directrice d'école maternelle, mes autres filles travaillent bien, Thomas a eu tous les seconds prix au lycée. Donc je n'ai besoin de rien, et voilà que bêtement je m'émeus, à propos de cette fortune.

—Mais,—dit André,—cela n'a rien que de naturel, puisque cet argent devrait revenir à votre femme; une spoliation n'est jamais agréable.

—Dites ce que vous voudrez,—fit Crescent avec une sévérité comique,—ce que je pense n'est pas bien, non, ce n'est pas bien!

Trois jours après il se précipita dans le bureau d'André. Il semblait partagé entre des sentiments contraires qui donnaient à son visage une expression extraordinaire.

—*Il* est mort!—dit-il.

—Ah!

Et il y eut un silence.

—Oui, *il* a peu souffert.

—Ah!

Et le silence recommença.

—Nous héritons!—dit Crescent avec un soupir.

—Ah!—fit André.

—Le croiriez-vous? mon beau-père a tout laissé à sa fille et rien à sa femme. Elle a eu des torts: Dieu lui pardonne! La voilà sur le pavé! Pensez que nous ne l'y laisserons pas! C'est vingt-cinq bonnes mille livres de rente qui nous tombent du ciel. Ma femme est navrée, elle aimait son père quand même. Pour moi, je suis honteux de ce que j'éprouve, car enfin j'ai vécu sans désirs, laborieusement, et croiriez-vous que cet or me donne une joie grossière, immense. Tenez, c'est trop bête!

Il but à même à la carafe et s'essuya le front. Peu à peu la rougeur de son visage, la fièvre de son regard disparurent et sur les traits agités par une émotion trop forte, André, peu à peu, vit revenir la bonne expression paisible, un peu fatiguée, du Crescent qu'il connaissait.

—Vous ne deviez rien comprendre à mon agitation, tous ces jours-ci? Je n'aurais jamais cru que la fortune pût troubler le cerveau à ce point. Sans doute, je peux m'en réjouir pour mes enfants, pour ma femme; mais non, je sens bien que j'en ai une joie égoïste pour moi-même, pour le plaisir d'être riche.

André raisonna Crescent, le rassura. N'était-il pas piquant que ce fût le pauvre qui consolât le riche.

—Mais,—continuait Crescent,—croyez-vous que cela me rende plus heureux? Que me manquait-il?

André se consulta, et envisageant quelle vie plus intelligente, plus libérale, plus utile, la fortune permet, il le fit valoir.

—Oui, peut-être,—dit l'autre, et il se laissait convaincre.

—Tenez,—reprit-il,—je suis comme un homme qui aurait mis en été une pelisse de fourrure. Il est fier, mais il a trop chaud. Cette fortune me gêne! si je la refusais?

—Mais non,—s'écriait André. Et il le sommait en riant d'accepter.

«Que de façons! pensait-il. Ou bien par délicatesse vis-à-vis de moi, ou un peu d'orgueil vis-à-vis de lui-même, veut-il nous prouver qu'il est au-dessus de son bonheur?»

Crescent se résigna à sa fortune et André à sa pauvreté. Il n'avait pas d'envie, mais comment ne pas admirer la loterie du sort, qui distribue aux uns les gros lots, aux autres rien?

«Il le mérite du moins! pensait-il; seul, sans aide, il a su nourrir sa femme et ses enfants. Ce n'est que juste!»

Mais un sentiment amer lui faisait se demander malgré lui, pourquoi les oeuvres ne portaient pas en elles-mêmes leur rétribution, pourquoi la justice n'était pas de ce monde? Toute sa philosophie ne l'empêchait point de se répéter cette phrase concluante: «Cinq cent mille francs font vingt-cinq mille livres de rente. En province, aux environs de Châteaulus, dans le château qu'occupait le mort, c'est plus que l'aisance, c'est l'opulence.—Eh bien! tant mieux, à quoi vais-je penser?»

Mais pendant quelque temps, André imitant à son tour Crescent, s'en voulait furieusement du comique bouleversement de ses idées; plusieurs fois par jour il se prenait à répéter mentalement: «Cinq cent mille francs font vingt-cinq mille livres de rente!»

Cette obsession, il la chassa à la suite d'une sensation singulière. Il déjeunait chez Crescent. Déjà mieux disposé, leur appartement s'emplissait de tapis neufs, de jolis meubles. Comme ils prenaient le café, on présenta une facture, Crescent dut ouvrir son secrétaire. Instinctivement, les yeux d'André s'y portèrent.

Il le connaissait, ce vieux secrétaire. Autrefois le tiroir en était vide ou contenait des papiers d'affaire. André y vit des titres de rente et des rouleaux d'or. Crescent tira d'un portefeuille des billets de banque et en remit un à sa femme. En attendant la monnaie, il laissa le tiroir ouvert et surprit le regard d'André attaché à l'argent.

Aussitôt Crescent devint rouge; sa délicatesse le traita tout bas de parvenu et de butor; il n'osait refermer le tiroir, craignant de blesser André, ni le laisser ouvert, de peur d'étaler sa richesse. Dans ce conflit, il regarda André qui, avec une indifférence voulue, tapotait sur la table légèrement.

André lut, sur la face tourmentée de Crescent et sur ses lèvres, ces mots du coeur: «Ah! si vous vouliez accepter une partie de cette fortune, si je pouvais vous le proposer sans injure! Dites, voulez-vous! cela me ferait tant de plaisir!»

André sourit et le brave homme sourit aussi: son embarras avait disparu.

—Eh bien! et ma monnaie!—cria-t-il gaîment, et il la jeta dans le tiroir qu'il referma en haussant les épaules.

Oui, c'était impossible, tous deux le savaient, l'un ne pouvait offrir ni l'autre accepter. Dans un temps plus reculé, c'eût été tout simple, mais la société avait créé l'amour-propre et faussé l'amitié. Tant pis.

Depuis ce jour, André ne pensa plus qu'avec une joie sincère à l'héritage de ses amis.

IV

Le couvent où Mme de Mercy se retira et prit pension, quelques mois après l'installation de ses enfants à la campagne, était une maison triste, aux murs blafards, proche l'Observatoire. La grand'porte en fer, surmontée d'un linteau de pierre orné d'une croix, était toujours close.

Une soeur tourière introduisait les visiteurs dans le parloir, puis d'escaliers en corridors, les conduisait au petit logement de Mme de Mercy: une grande chambre à coucher et un petit salon. Les fenêtres se fermaient sur la rue silencieuse. Une chambre assez éloignée servait à la vieille Odile.

Des soeurs converses apportaient les plats de la cuisine.

Rien ne troublait le recueillement de la maison, que la cloche sonnant les offices ou tintant des appels pour les soeurs. L'aumônier plut à Mme de Mercy; ancien officier noble, il avait, dans des circonstances cruelles, perdu sa femme et ses enfants. Plus rien ne le rattachant au monde, il s'était donné à Dieu.

Les premiers temps, la tristesse du couvent pesa sur elle. Plus que jamais, elle se sentait seule. Quelques entretiens avec les soeurs, la conversation de l'aumônier, la lecture de quelques livres pieux bornèrent sa vie. Peu à peu la religion prit et absorba son âme délaissée, son coeur meurtri. Elle pensa à son salut. De ce jour elle souffrit moins, s'humilia et, par amour et sacrifice, s'offrit au Seigneur comme elle s'était donnée à son fils, comme elle se serait donnée, mieux comprise, à sa belle-fille aussi.

Elle devint plus calme et regretta moins un passé sur lequel elle ne pouvait rien. Ce qui la tirait de son demi-repos religieux, c'étaient les visites d'André, surtout quand il amenait la petite Marthe.

Alors l'amour maternel la ressaisissait tout entière, et elle avait des heures dont elle gardait des souvenirs de joie ineffables, puérils et attendrissants.

Toinette et André s'accoutumaient à leur nouvelle vie.

L'hiver leur parut dur.

La campagne, si remplie l'été, se dépeuplait l'automne. Le parc, solennel et vide, n'avait plus d'amoureux errant à l'écart, de familles mangeant sur l'herbe. Les maisons, avec leurs volets clos, leurs tonnelles de lattes vertes, inspiraient la tristesse. Vinrent les brouillards, la pluie, enfin la neige.

Calfeutrés dans leur petite maison, les de Mercy essuyaient aux vitres la buée, et regardaient au loin la plaine détrempée d'eau ou toute gelée. La neige épaisse stationnait longtemps sans fondre; à peine y avait-il des sentiers frayés.

C'était une solitude absolue, inconnue encore pour Toinette, qui la subissait en souffrant. Toutefois, elle se plaignait moins. Sa petite maison, les soins du ménage, ses enfants l'occupaient, et André constata qu'elle y prenait goût. Une petite bonne, nommée Félicie, les aidait, secondée le samedi par sa mère; c'étaient alors de grands nettoyages. Toinette se mêlait de cuisine, surveillait tous les apprêts, et le soir, les enfants endormis, elle cousait sous la lampe, enfilant l'aiguille au bout de ses doigts fins.

À quoi pensait-elle, durant ces longs silences? André cherchait à les interpréter et à lire dans l'esprit de sa femme.

Maintenant qu'ils étaient plus seuls encore, livrés à eux-mêmes, il espérait qu'une révolution se ferait en Toinette. Faible et tendre, moins tiraillé dans ses sentiments depuis l'absence de sa mère, aimant et ayant besoin d'être aimé, il cherchait à sa femme des qualités. Il voulait s'expliquer pourquoi elle n'avait su comprendre ni aimer Mme de Mercy. Il y cherchait sinon des excuses, du moins une explication satisfaisante.

Lui ayant offert de l'épouser, elle, ignorante de la vie, avait accepté, se fiant à lui. Comment eût-elle pu supposer qu'il se mariait imprudemment, avec des ressources insuffisantes? Sans doute, elle avait vite souffert dans son amour-propre, son orgueil provincial. Les sacrifices de Mme de Mercy pour le ménage ne lui avaient point inspiré de reconnaissance, mais de l'humiliation: ils étaient pour André, non pour elle, en somme. Et peu à peu, les légers torts de sa belle-mère l'avaient indisposée.

C'était cela, il le devinait.

Mais alors quelle dureté, quelle sécheresse chez une si jeune femme. Quoi! ne savoir accepter ce qui était donné de si grand coeur! ne pouvoir supporter de légers conseils, d'amicales observations, toute une bienveillance insidieuse, mais au fond si maternelle!

«Ah! par égard pour lui, n'eût-elle pas dû être meilleure, plus patiente? Car enfin ne devinait-elle pas combien il en souffrait?…»

Il la regardait; les enfants, Marthe dans son petit lit, Jacques dans son berceau, faisaient entendre leur respiration égale, et la mère, parfois, levant les yeux, pensive, les écoutait.

«Enfin Toinette était sa femme, et la mère de ces petits-là!» À cette pensée, le coeur du pauvre homme s'amollissait. Il les aimait, eux trois, d'une affection glissée peu à peu en lui, invétérée maintenant, comme une habitude qu'on ne peut arracher, sans en mourir. Il s'accusait:

«C'est moi qui ai eu tous les torts. C'était à moi à connaître la vie, à apporter à Toinette l'aisance et le luxe qu'elle aimait. J'étais un fou, un enfant alors, maintenant j'ai vieilli. Me voici plus raisonnable.

«Mais elle? sera-t-elle sage, comprendra-t-elle les nécessités de la vie, renoncera-t-elle au bonheur impossible qu'elle rêve peut-être, se résignera-t-elle à tirer de l'existence tout le bien qu'elle contient. N'aurons-nous plus de batailles?»

Et il se penchait pour la mieux voir.

La tête baissée elle tirait patiemment l'aiguille, d'un mouvement sec et long; par moment sa respiration plus forte soulevait son corsage. Elle avait les lèvres fermées, obstinément, et un pli au front se dessinait, comme une barre d'entêtement et d'orgueil. Sa figure ovale était un peu triste.

«Pauvre enfant, pensait-il, elle ne me demandait pas, elle m'ignorait, c'est moi qui ai été la chercher, l'épouser. Puisse-t-elle être heureuse!»

Heureuse, Toinette eût pu l'être; son mari l'aimait, après tout.

Mais, fidèle à André, elle ne lui savait pas autrement gré de sa fidélité à lui. D'ailleurs raisonnait-elle comme lui? Non, elle était d'instinct et sentait. Elle ne s'expliquait pas en vertu de quoi elle agissait. Souvent, lui ayant fait de la peine, elle en souffrait, mais, pour rien au monde elle ne lui eût demandé pardon, ou ne se fût privée de recommencer. Le raisonnement même, ni le sentiment n'avaient de prise sur elle. André lui criait-il: «Je souffre, tu as tort de me faire du mal», cela la troublait, mais sa conscience ne lui reprochait rien. Elle se sentait instable, rêveuse, passionnée. Des entraînements subits, des révoltes sans cause soulevaient son coeur. Le soleil, la pluie, les accidents, jusqu'aux plus petits faits l'énervaient ou l'exaltaient: c'étaient en elle comme de grands mouvements, stériles.

Cependant elle avait des qualités: un sens pratique, une franchise qui la rendait brutale plutôt qu'hypocrite; sa réserve même, ses silences étaient souvent comme une pudeur. Elle aimait André, certainement, comme elle aimait ses enfants. C'étaient des êtres, des choses lui appartenant, qui gravitaient autour d'elle.

Elle n'éprouvait pas le besoin de se donner toute, de s'assimiler à un homme, de vivre en lui, pour lui.

Certains côtés d'esprit d'André la déroutaient. Elle ne s'expliquait pas plus son mari, que lui-même ne la comprenait.

Souvent Toinette parlait, et dans le sourire d'André, ou l'ironie amicale de son regard, elle devinait qu'il ne pensait pas comme elle, et cela l'agaçait, la rendait injuste.

Et que de fois, parlant à sa femme de l'avenir, ou lui exposant une façon de voir, lui indiquant tendrement sa volonté, André se disait, en la voyant distraite: «Elle ne comprend pas, cela n'entre pas, ne peut pas entrer dans sa tête.»

Tous deux avaient raison, mais leurs griefs ne tenaient point, car la promiscuité de la vie de tous les jours, de tous les instants, les rapprochait quand même; vivant ainsi mêlés, ils ne pouvaient que se haïr ou s'aimer bien. Ils ne se haïssaient pas.

L'hiver ne finissait point. Tous les matins, André sorti vers neuf heures et demie de la maison, après un déjeuner rapide, descendait le jardin, et traversait la plaine tantôt gelée ou couverte de neige, trop souvent défoncée par les pluies, transformée en bourbier.

Il relevait le bas de son pantalon, marchant avec des précautions risibles. Parfois une petite voiture de maître, attelée d'un petit cheval, emportait au trot un grand domestique au marché; la boue rejaillissait, et le drôle avait l'air heureux.

André descendait la grand'rue, jusqu'à la Seine, toute froide, à reflets jaunâtres. Sur le ponton, où soufflait une bise aigre, il regardait une île où frissonnaient en été des bouleaux et des saules; toute nue, elle dressait ses squelettes d'arbres; au loin, dans le décor rétréci de Saint-Cloud, le bateau venait, tout petit et peu à peu grossissant.

Dedans régnait une chaleur pesante, plus pénible les jours de pluie. C'était toujours le même public, un soldat ou un prêtre, une bonne femme avec de gros paniers, des employés, quelques femmes seules, des mères avec des enfants remuants qui aplatissaient leur petit nez aux vitres.

Puis il descendait et gagnait vite son bureau au ministère.

La petite pièce sombre, entre ses casiers de cartons poudreux, exhalait une tristesse indéfinissable. À deux heures, André demandait la lampe. Et avec un rétrécissement d'idées, un besoin lâche de se blottir, son travail fini, il s'asseyait devant les braises, à tisonner et à rêvasser comme un vieux.

Presque personne ne venait le déranger, comme si, à la longue, il avait conquis le droit de vivre dans son coin, délaissé.

Bien des souvenirs lui revenaient, à ces heures crépusculaires, silencieuses: toute sa vie d'employé repassait devant ses yeux. Son entrée à vingt ans, et depuis huit ans les jours innombrables qui s'étaient écoulés, la besogne de copiste toujours la même. Si indécise, si peu caractéristique cette existence, qu'André ne parvenait pas à fixer les traits même des gens qu'il voyait ordinairement. Aucune parole n'en sortait que des phrases verbeuses, tristes comme la pluie. Depuis huit ans rien n'était advenu, sinon le déménagement d'une pièce dans l'autre, l'enlèvement, chaque jour, d'une feuille du calendrier, et la mort de Malurus, dont la face se détachait énigmatique dans le passé.

L'avenir? Il serait pareil, écoulé aux mêmes jours, aux mêmes heures. Et l'âge venu, l'intelligence s'atrophierait. Après les malheurs inévitables de la vie, les grandes déceptions, il marierait ses filles à quelque rédacteur laborieux, ou elles vieilliraient dans un froid célibat. Lui-même peu à peu deviendrait un employé ventru, ou trop maigre, une silhouette falote et ridicule.

Était-ce possible?

Il ne pouvait répondre. De quel autre côté se retourner? Quel emploi trouver? Comment quitter, même pour un jour, son bureau, son salaire?

Sa vie était manquée; il était trop tard pour la refaire.

À cela près, mon Dieu! les enfants ne donnaient-ils pas des joies? Sa femme ne lui était-elle pas fidèle? Tous les soirs, en rentrant, après avoir pataugé dans la boue, le coeur navré de mélancolie, ne trouvait-il pas sa petite maison, dont les vitres au loin brillaient, éclatantes? La cheminée était pleine de braises et le dîner apparaissait, cuit à point sur la table, au tumulte joyeux des enfants?

Presque toujours on peut choisir son bonheur. André avait choisi. Pourquoi se plaindre? Aux autres l'ambition, l'intrigue, la débauche, les aventures. Jeune homme, il avait repoussé cela, et voulu autre chose. Il l'avait, cet «autre chose». Tant pis pour lui, si cela ne comblait pas son coeur.

V

Le printemps vint, qui lui apporta les bourdonnements de tête, la nostalgie des voyages, et aussi les délicieuses promenades, à travers les taillis jeunes éclaboussés de soleil, et les sous-bois humides exhalant l'odeur des champignons. Il fut plus gai. Depuis qu'il habitait la campagne, ses soucis d'argent étaient moindres; on liait presque les deux bouts. Mais on se privait, lui, de camaraderies, de dîners en ville; Toinette, de robes neuves, de chapeaux. Il en avait pris son parti, mais elle, souffrait vraiment, et faisait un sacrifice méritoire. Quand ils allaient au parc, par les allées solitaires sous les arbres rajeunis, elle se retournait parfois, entendant un pas, craignant qu'on ne regardât sa robe fatiguée.

Les enfants étaient encore petits; si petits et si charmants. Marthe avait deux ans et demi. Vêtue de rouge avec un grand chapeau de paille, sous ses cheveux d'un blond foncé, elle montrait une figure d'un blanc de lait, des yeux bleu-pensée, une petite bouche ouverte sur des dents pointues. Une vie précoce couvait en elle. Aux vivacités passionnées de la mère, elle joignait des silences rêveurs et pensifs du père. Câline et colère, avec un grand front développé et des mains mignonnes, elle frôlait tour à tour les mains caressantes, ou frappait les choses hostiles. Des mots estropiés, gentiment dits, lui faisaient un répertoire enfantin, et à chaque impression nouvelle, un mot, un rire, on voyait dans l'iris des grands yeux sombres, la prunelle tressaillir, changer de couleur, et la nerveuse enfant frémir toute, comme une sensitive effleurée.

André l'adorait; elle était si femme, avait de si beaux petits regards, tressaillait si joliment au moindre reproche. Il évitait de la regarder trop: ce regard d'enfant parfois le gênait, comme si elle eût pu lire en lui des pensées au-dessus de son âge. Sa paternité était délicate, tendre et inquiète, comme la petite fille elle-même.

Pour son fils, un moutard trapu, au nez impérieux et aux cris sauvages, il l'aimait autrement, ne craignait point de le faire taire, se promettait de le mater, de le diriger. Son orgueil était satisfait; il en ferait un homme.

Puis André souriait, retombait de ses rêves et, regardant jouer les pauvres petits, il accusait le temps, qui ne les faisait pas grandir plus vite.

Toinette les gardait de préférence, assise sur la terrasse en bas du jardin. Tandis qu'ils s'amusaient avec du gravier ou, juchés sur une chaise, regardaient dans la plaine courir un cheval ou un chien, leur mère, habillée comme pour sortir, des gants de Suède aux mains, un ruban dans les cheveux, examinait les passants, s'intéressait à eux.

Parfois elle amusait les enfants, les élevait dans ses bras avec une tendresse extraordinaire; plus souvent, elle les grondait, excédée de leurs cris ou de leurs mouvements. Elle bâillait, regardait au loin Paris, ou, longtemps rêveuse, elle suivait de l'oeil un officier à cheval, regagnant au petit trot une caserne d'où partaient des appels de trompette.

Elle lisait des romans: des hommes distingués, beaux comme des ténors d'opéra-comique, y enlevaient des femmes du monde, sphinx incompris, et étaient tués par des maris vulgaires. André, en revenant le soir pensait: «C'est pour moi qu'elle est là.»

De loin, la robe de Marthe lui semblait un coquelicot, celle de Jacques un point blanc. Toinette n'allait point à sa rencontre. Elle l'interrogeait, curieuse, le forçait à détailler sa journée. Et comme rien ne s'y passait, l'imagination de la jeune femme tournait à vide, comme une meule sans grains.

Des vols commis dans le voisinage décidèrent André à accepter un chien offert par un jardinier. Tob était fils d'une épagneule et d'un chien de garde. Tout petit, il jappait en remuant la queue, il suivait les enfants et les léchait. Il grandit vite, devint larron et aboya de toutes ses forces. Pour les enfants, il restait bon, se laissait tirer les oreilles, fermer les yeux. Il grattait dans le jardin; Toinette ne se plaignait pas trop.

Plus tard, une chatte perdue, toute noire avec des yeux verts lumineux, venant quotidiennement errer dans le jardin, André l'adopta, et comme elle avait de longs poils d'essuie-plume, on la nomma: Plume.

Au bout de quelques jours, Tob et Plume s'entendirent.

Une fois, Toinette à son poste d'observation, rappelait le chien, évadé dans la plaine, où il gambadait follement, quand le bruit d'une petite voiture lui fit tourner la tête. Un gentleman tenant les rênes, pincé dans une redingote et coiffé d'un chapeau gris, levait les yeux sur elle, la regardait fixement. Toinette se rassit, troublée. Ce regard, qui tenait à la fois du maquignon et du viveur, était amical et insolent. Toinette se promit de ne pas se tenir là, le lendemain. Elle y vint; mais la petite voiture ne passa plus.

Un jour, des propos tenus par une couturière à la journée, détachaient subitement la pensée de Toinette du gentleman correct.

Pendant quelque temps elle alla au bateau le soir avec les enfants, attendre André. Il prenait le petit Jacques dans ses bras; on s'en revenait doucement. Toinette se faisait tendre, plus câline, comme si, par une compensation bien féminine, elle s'accusait d'avoir pensé, si peu que ce fût, à un autre.

André, touché de cette affection, y répondit avec le besoin d'aimer et d'être aimé qui dormait en lui.

Bientôt Toinette craignit de devenir mère. Alors tandis qu'ils doutaient, n'osant, quel que fût le résultat prochain, se réjouir ou s'affliger, André éprouva un haut-le-coeur, une indignation.

«Quoi, leur vie précaire les réduisait à considérer comme un accident, un malheur, cette probabilité douce, ce bonheur, l'espoir d'un enfant? Ah! qu'il naquît seulement, bienvenu serait-il, ce pauvre fruit d'un amour de pauvres!»

Puis lui revenaient en mémoire la naissance de sa petite fille, sa maladie et celle de la mère, les brèches d'argent, les mémoires de médecin, de garde et de pharmacien; puis la seconde naissance, non moins ruineuse; et tout ce que coûtaient les enfants, de plus en plus, en grandissant.

Mais quand la froide raison avait dit cela à André, une révolte lui faisait souhaiter que Toinette, coûte que coûte, fût mère. Elle ne devait pas l'être; alors, tel est le coeur humain, il s'en réjouit avec elle, tristement.

Les Crescent avaient quitté Paris depuis six mois, réglé toutes leurs affaires, accordé une pension honorable à la marâtre, malgré ses torts. Séduits par la grande maison du mort, la Meulière, et le bois et les terres environnants, ils s'y installèrent, satisfaisant là le rêve de repos de toute leur vie. Lui, à cinquante ans passés, était las de se lever le matin à cinq heures, de partager sa vie entre le ministère et les leçons. Ils se reposèrent. Crescent écrivait souvent; c'est par lui qu'André était tenu au courant des faits et gestes de la famille Rosin.

Le mariage de Berthe était presque conclu: il se fit. Crescent fut témoin, il écrivit les détails, mais avec une réserve qui forçait André de lire entre les lignes. Berthe engraissée était devenue très provinciale. Le triste vieillard, son mari, était au comble du bonheur, mais maladif, soufflé de graisse. Un jour ou l'autre elle serait riche. *Amen*!

«Je vois de temps à autre le grand'père Rosin, écrivait Crescent dans une dernière lettre, et je lui parle de Toinette, de vous. Il paraît comprendre. Ses yeux, dans sa figure paralysée, ont gardé une expression lucide. On ne me laisse jamais seul avec lui. J'ai à ce sujet des choses bien singulières à vous dire de vive voix.

Nous allons bien, cependant depuis que je me repose, il me semble que je suis plus fatigué et que, le croiriez-vous, je m'ennuie même un peu? Je vais m'occuper de gérer nos biens, afin d'occuper utilement mon esprit. Quand donc viendrez-vous nous voir? Ma femme serait si heureuse. La fortune ne l'a pas changée: elle ne s'habille pas de la journée, et en simple robe de chambre, elle soigne son jardin, qui est une bien petite partie du jardin, et fait elle-même ses confitures. Nous en envoyons sept à huit pots à Marthe et à Jacques.»

VI

André, sur la fin de l'été, se sentait de plus en plus fatigué. Les soucis, gros ou petits, l'énervaient, l'irritaient davantage. Résigné et patient à l'ordinaire, il manquait de courage, souffrait des variations du temps, passait des nuits mauvaises. Et Toinette semblait traverser, moralement, une crise analogue. Si elle ne rêvait plus sur la terrasse, et si elle lisait moins de romans, elle avait l'humeur plus inégale, et elle en fit souffrir ses enfants et son mari. Elle se plaignait plus fort de leur vie close et s'insurgeait contre les privations.

Elle eût voulu des robes, des plaisirs de coquetterie, d'amour-propre. Une lassitude des petites corvées quotidiennes la rendait plaintive ou agressive. Et comme une protestation sourde, des regrets de jeune fille lui venaient aux lèvres, injustes, inutiles. Elle tendait les bras désespérément, disant:

«Oh! je m'ennuie! je m'ennuie!…»

… Tandis que Marthe, déjà maligne, l'entendait et semblait comprendre.

Cela irritait André. De ce côté, les préoccupations ne finiraient-elles donc jamais? Il s'était bien résigné, lui; pourquoi sa femme n'en ferait-elle pas de même? Quel meilleur sort eût-elle eu, vieille fille en province? Au lieu de lui, porteur d'un nom et d'une pauvreté sans reproche, quel cuistre eût-elle épousée? Mais, il se l'avouait, les provinciales se détachent difficilement de la crotte des rues natales. À quoi servait-il à Toinette de s'appeler Mme de Mercy? qui le savait? que lui en valait-il? tandis qu'à Châteaulus, elle était quelqu'un; passait-elle le dimanche sur le Cours, on disait: «Ah! voilà mademoiselle Rosin. Elle a mis sa robe bleue, etc.»— «À cela, pensait-il, je ne peux rien.

Mais pourquoi ne pas accepter notre vie, puisqu'elle est fatale, inévitable?»

Oui, lui, l'homme, qui avait du jugement et quelque expérience, pouvait raisonner ainsi, mais elle, encore presque enfant, ignorante de tout, loin de trouver les choses à son gré, les jugeait au contraire par trop différentes du vague idéal qu'elle s'en était fait.

Des souvenirs de couvent lui revenaient, et elle les disait à André, avec excès. À la longue cela l'agaçait. Il n'osait répondre:

«Oui, mais pendant ce temps-là, vous n'aviez rien à faire qu'a savoir vos petites leçons, pianoter, et caqueter avec vos amies, sans devoir ni responsabilité. Vous en avez aujourd'hui.»

Ou bien elle disait:

—Ah! quelle fatigue, il m'a fallu changer deux fois de pantalon à Jacques; j'ai recousu trois paires de bas, j'en ai mal à la tête.

«Parbleu! pensait-il, moi aussi j'ai mal à la tête!»

Dans ces dispositions mutuelles, Toinette et André s'aigrirent, un mauvais vent souffla sur eux. Elle surtout était agressive, méchante. Dans les discussions elle répondait à côté, blessante souvent. Jamais elle ne revenait la première. André, las, cessa d'être faible, commanda. Elle dut se taire, céder; mais lui, épiant les regards hargneux et sournois de sa femme, se disait:

«Je suis peut-être trop dur? Et non! il faut être le maître.»

Et en même temps il trouvait cette idée prudhommesque, ridicule.

Le maître! Et il pensa à tous les compromis, à toutes les lâchetés de l'homme, aux surprises du coeur et des sens, aux raccommodements sur l'oreiller…

Un jour, au bureau, il se sentit la tête lourde; un peu de fièvre le prit. Il se disait, portant la main à son front:

«Pourquoi donc ai-je si mal?»

Et par moments, il s'arrêtait dans son travail, plein de stupeur, hébété.

Le lendemain, il dormait encore, d'un sommeil lourd de cauchemar, que les rideaux étaient tirés, Toinette debout, et les enfants habillés.

—Eh bien André!—cria-t-elle, et elle le secoua légèrement.

Il ouvrit des yeux effarés, dont l'expression vague était douloureuse et suppliante.

—Qu'est-ce que tu as?

—Mais rien, rien.—Et il fit effort pour se lever.

—Tu es malade?—Toinette lui prit les mains.

—Mais non, un peu fatigué, tout au plus.

La nuit, il eut une fièvre ardente, dont Toinette, presque hors du lit, sentait la chaleur, comme près d'un brasier. Au matin elle ne voulut pas le laisser se lever, et envoya chercher un médecin.

André avait la fièvre typhoïde.

Toinette le soigna, négligeant par accaparement jaloux, de prévenir sa belle-mère, «pour ne pas l'inquiéter inutilement.» Elle avait relégué les enfants dans une chambre, au second. Et redevenue calme, après le bouleversement causé par la déclaration du médecin, elle s'installa au chevet d'André et ne le quitta plus. Leur bonne, Félicie, la secondait. Sa mère gardait les petits.

Les deux ou trois premières nuits laissèrent peu de repos à Toinette. Elle sommeillait sur un fauteuil, par instants.

Ses griefs contre son mari n'étaient plus si nets; elle se disait encore:

«Comme il était devenu grondeur.» Mais elle ajoutait: «C'est que la maladie couvait en lui.» Puis elle reconnaissait presque ses propres torts.

André eut le délire. Une nuit que Toinette relayait la bonne, elle eut horriblement peur; il jetait des mots sans suite; elle entendit son nom et des reproches incohérents, l'appel de ses enfants jetés d'une voix brève et sans timbre, qui l'épouvantait, dans le silence de la petite maison. Elle n'osait s'approcher de lui, craignant qu'il ne la frappât.

—Toinette!… répétait-il dans le délire.

Elle crut qu'il l'appelait; alors avec la même intonation que certains jours:

—Tu me fais mal!—disait-il,—tu as tort!… Tu as bien tort!

Elle le regarda encore et, vaincue par la pitié, honteuse jusqu'au fond d'elle-même, elle s'approcha, et de son mouchoir essuya la sueur qui coulait sur cette figure décomposée.

Il se tut, devint plus calme.

«Quoi, même dans le délire, il criait ces mots qu'il avait dits déjà, autrefois, quand elle était dure ou injuste pour lui. Il fallait donc qu'il souffrît bien! Oh oui! elle avait tort, elle le sentait violemment. Il était si bon, si dévoué, si laborieux. Elle, était injuste, demandait trop.»—Et soudain ces mots d'André: «Tu as tort!… tu me fais mal!…» tintèrent à son oreille, lui parurent avoir un sens terrible. Mon Dieu! si André était très malade? le médecin avait l'air bien grave; se faisait-elle illusion? s'il allait mourir!…

—André! André! cria-t-elle.

Il ne répondit pas, immobile et rigide.

—André! réponds-moi! mon André!

Il y eut un silence.

Alors l'idée terrible lui entra dans le coeur. André pouvait mourir! Et ce serait de sa faute à elle, peut-être! mais seule au monde, que deviendrait-elle, avec ses deux enfants? Ce n'est pas ses parents qui la nourriraient; mendierait-elle aux Crescent l'aumône? À cette idée Toinette souffrit mille morts, elle se précipita sur le lit de son mari, mit la tête sur sa poitrine, épia son souffle; des larmes jaillissaient de ses yeux, coulaient sur son visage, l'aveuglaient.

—Mon Dieu! mon Dieu!—répétait-elle et elle ne savait dire que cela. Soudain elle se jeta à genoux, balbutiant à voix basse des prières rapides, avec de grands soupirs. Reprise aux superstitions de son enfance, elle invoquait Jésus,

Marie et les Saints, leur promettait des cierges. Elle se releva soulagée, sans oser croire à l'efficacité de ses prières.

Ce ne fut que trois jours après que le médecin répondit d'André. Ensuite vint la convalescence, longue. La première fois que son mari, après le temps d'un régime sévère, put sucer une côtelette, Toinette pleura de joie. Les enfants étaient sur le lit, à côté de leur père, étonnés. Car il lui était poussé une barbe brune et drue, et ses yeux, cerclés de bleu dans une figure jaune, avaient le regard d'un homme qui revient d'un long voyage, en des pays mortels.

Toinette, malgré ses bons sentiments, ne lui demanda point pardon. Son dévoûment avait parlé pour elle. À son tour, elle tomba malade, de fatigue. Des soins la remirent.

La vie reprit son cours; en apparence rien n'était changé. Mais leurs âmes avaient supporté une épreuve salutaire. Toinette pensait: «Dire qu'il aurait pu mourir, pauvre André; que serions-nous devenus!» Et comme le médecin et le pharmacien purent être payés sans trop de peine, elle eut une petite joie d'orgueil, comme ménagère, et ne trouva plus la vie si rude.

André se disait:

«Si pourtant j'étais mort, que seraient-ils devenus?» Et la vie, le travail, à cette idée, lui semblèrent doux.

Un des derniers beaux jours d'octobre, il se promenait avec Toinette, dans le parc. Les feuilles séchées criaient sous leurs pas, l'automne épandait autour d'eux une froide mélancolie.

—Te souviens-tu, demanda André, de notre première promenade, ensemble, aux portes de Châteaulus, à la campagne des Crescent?—Nous étions gais et heureux alors.

—Nous étions jeunes,—dit Toinette; et elle crut avoir dit une niaiserie, mais le sentiment qu'elle exprimait était juste.

—Oui, dit André, et maintenant nous sommes plus sérieux, n'est-ce pas?

—Oui,—fit elle, rêveuse.

De nouveau ils se regardèrent: ils avaient changé.

Sa barbe vieillissait André, mais lui donnait l'air plus mâle, plus fort; il avait un regard bon, comme autrefois, mais plus grave.

Elle plus faite, plus forte, avait un charme de jeune femme, de jeune mère.

Ils se sourirent, car ils étaient jeunes encore, après sept ans de mariage, et ils éprouvaient un obscur désir, un besoin irréfléchi d'action, de lutte et d'énergie. En eux-mêmes, ils sentaient que leurs belles forces ne pouvaient être perdues, que quelque chose arriverait, ils ne savaient quoi, qu'une vie nouvelle occuperait leur volonté, leurs efforts. C'était en eux le mystérieux pressentiment d'un inconnu certain.

Et Toinette murmura:

—Nous nous souviendrons de cette promenade.

Ils n'eurent pas besoin d'en dire plus, car les rêves qu'ils eussent formulés en ce moment eussent été impossibles ou risibles, tandis que dans le silence, de vagues espérances les flattaient.

—Voici bientôt l'hiver,—dit Toinette en montrant de sombres nuages.

—Le printemps reviendra, dit André.

Et l'espoir qui les berçait, était presque aussi net que cette certitude, qu'après les jours de gel et de boue, apparaîtraient les jours de soleil.

Un soir, au retour du bureau, voyant sa femme ranger des papiers, il eut envie d'en faire autant; les tiroirs de son secrétaire étaient bourrés, et il n'attendait qu'une occasion.

Entre beaucoup de lettres qu'il brûla, certaines lui parurent intéressante, elles étaient de Damours.

Successivement, l'avocat y annonçait que son voyage à Alger s'était bien effectué, que les distractions, les excursions avaient fait grand bien à Germaine.

Puis venait une interruption, une ou deux lettres perdues.

Celle-ci, très longue, annonçait l'intention de se fixer à Alger, d'y vivre. La réputation de Damours lui garantissait une grande clientèle, très vite, une des premières places. André se rappelait même avoir dit à Toinette:

—C'est une bonne idée.

À quoi elle avait répondu:

—Vous ne regrettez pas de ne pas avoir épousé Germaine?

—Pourquoi donc?

Elle n'avait pas osé répondre: «Parce qu'elle est riche!» sentant bien que ce serait une méchanceté injuste.

Dans une autre lettre, venaient, selon la promesse donnée, des appréciations sur la propriété des de Mercy, sise dans la plaine du Chélif. L'avocat y constatait en substance, la beauté des terres, le bon état de la ferme, mais aussi la mauvaise foi du fermier, le peu de contrôle exercé par l'intendant d'une grande propriété, appartenant à une ancienne amie de Mme de Mercy.

Cet homme, ne dépendant pas d'elle, acceptait des pots-de-vin, sa surveillance était nulle. «Il est malheureux, écrivait Damours, que vous ne puissiez gérer votre terre vous même, elle rapporterait le double.»

Ces lignes, André s'en souvenait, l'avaient frappé alors, comme émeuvent certains rêves, avant que le réveil n'en montre l'inanité.

Et pourtant, ce mot d'Alger, et l'évocation de ce pays, le troublaient de loin en loin, mystérieusement.

André, resté songeur pendant quelques jours, écrivit confidentiellement à Damours, qui ne répondit pas directement, «mais pourquoi André, jeune encore, ne s'intéresserait-il pas à l'agronomie, ne s'assimilerait-il pas des connaissances dont il ne pourrait que profiter, cette petite propriété devant, par la force des choses, lui revenir un jour?»

André eut alors un intérêt dans sa vie, mais il n'osa s'en ouvrir à sa femme.

VII

Sur la fin de l'hiver, on apprit la mort du grand-père Rosin.

Toinette pleura beaucoup. Il avait toujours été bon pour elle.

Ses parents héritaient d'une quinzaine de mille francs. Toinette, elle, de quatre mille, comme legs particulier. Crescent, qui tint André au courant de tout, lui transmit des détails à la fois répugnants et grotesques. «Les Rosin avaient été plus désolés par les quatre mille francs de leur fille; que réjouis par leurs quinze mille. Berthe, horriblement vexée, s'était renfermée dans sa maison.» Et Crescent disait toute l'âpreté de ces provinciaux, leur joie cupide, leurs colères honteuses, tout ce qui s'agitait de sordide dans leur âme.

Quand ils touchèrent l'argent, les de Mercy eurent la sagesse de le placer. André avait offert à sa femme des robes, des chapeaux, des futilités tant convoitées jadis; elle le remercia.

Les mois de nouveau passèrent.

Toinette ne sortait point, s'occupait de Marthe et de Jacques, si absorbants déjà.

Le petit garçon s'était emparé à son tour du vocabulaire de sa soeur; mais elle, déjà n'estropiait plus les mots, les prononçait avec des inflexions mignardes qui ravissaient André. Puis elle faisait des questions auxquelles il devait répondre. Ses quatre ans étaient curieux, précoces et charmants. Câline déjà comme une femme, souvent boudeuse ou rebelle envers sa mère, elle réservait à son père des baisers mignons, des frôlements de tête contre son épaule.

Bien des fois, il rentrait du bureau exténué, et rien ne le ranimait mieux que de bercer Marthe sur ses genoux ou de faire sauter Jacques en l'air. Toinette, dans la journée, apprenait à sa fille à lire, et le soir, André écoutait avec bonheur l'enfant redisant les lettres d'une voix hésitante, et que le sommeil éteignait; puis la leçon finie, elle se renversait en arrière, les cheveux au vent, réveillée avec un petit éclat de rire triomphant.

Où elle était belle aussi, c'était le soir, déshabillée, tendant, hors de sa longue chemise flottante, ses bras nus aux baisers. Toute endormie, elle répétait une enfantine prière, aux rimes naïvement absurdes:

Petit Jésus, mon Sauveur,
Venez naître dans mon coeur,
Ne tardez pas tant
Parce que la petite Marthe vous attend.
Mon Dieu, donnez la santé à papa, à maman
Et à tous mes parents,

Faites-moi grande et sage,
Comme une image.
Au nom du Père et du fils et du Saint-Esprit,

Ainsi-soit-il.

André obtint qu'on y substitua *Notre Père qui êtes aux Cieux*. Peu à peu ses idées avaient perdu de leur absolu. Avait-il eu lieu de regretter que Toinette ne fût pas plus fervente? Peut-être. Souvent la religion, par sa règle rigide, l'espoir du Paradis, la crainte de l'Enfer, maintenait dans le bien ceux qui manquaient d'intelligence ou de courage pour marcher droit, seuls.

Et n'était-ce pas beaucoup aussi que tant d'âmes meurtries trouvassent là un dernier refuge, un baume à la souffrance de vivre, un grand courage pour mourir?

«Que deviendraient sans la foi, des âmes comme celle de sa mère? Trop mondaines jadis, et restées trop vaines pour se résigner à la vie telle qu'elle est et se contenter de la satisfaction austère du devoir accompli, incapables de renoncer à une sanction après leur mort, avides d'idéal et de justice, n'était-il pas heureux que la religion leur fît une existence tolérable, une agonie presque douce?

Ces impressions, la dernière visite qu'André avait faite à sa mère avec la petite Marthe, les avait renforcées.

Il l'avait trouvée très affaiblie; les rideaux à demi fermés au jour d'hiver, ne laissaient passer que peu de clarté. Elle se tenait assise, droite, comme elle s'était tenue toute sa vie, avec des regards perdus vers un coin de la chambre, où, sur le mur, un christ d'ivoire tordait ses bras.

—C'est toi, André,—dit-elle d'une voix sans timbre,—bonjour, mon enfant.

La petite Marthe, à qui, s'il était seul, son père parlait fréquemment de sa grand'mère, s'avança les bras tendus.

Mme de Mercy l'embrassa sur le front.

—Ta fille a grandi,—et elle tendit la main vers une vieille bonbonnière d'où elle tira quelques anis.

—Plume va bien?—demanda-t-elle, avec intérêt,—son fils est en bonne santé;—et elle appela son chat, donné jadis tout petit par André; il sortit de l'obscurité, miaula et sauta sur les genoux de la vieille dame qui le caressait.

—Et l'autre, le petit Jacques, on ne me l'a pas amené?

—Il est enrhumé!

Elle ne répondit pas, comme si elle n'eût pas entendu, et sans voir André ni Marthe, elle caressait le chat, une bête émasculée, soyeuse, aux yeux verts; elle lui passait la main sur le dos avec tendresse, sans se lasser, comme si le dernier besoin d'amour dont son coeur de mère et d'aïeule était plein, se reportait sur cet animal.

—L'aumônier est bien excellent, dit-elle, le connais-tu? il n'est pas encore veau me voir aujourd'hui. Il dirige ma conscience. Je m'en trouve bien. Reste-là, mon pauvre chéri,—dit-elle au chat qui voulait s'en aller.

Un malaise oppressait le coeur d'André, dans cette grande chambre sombre, près de sa mère si vieille, si jaunie, et dont les regards n'avaient plus d'expression pour lui, pour la petite fille; il en souffrait, et Marthe ouvrait de grands yeux étonnés. André sentit qu'on ne l'aimait plus; c'était le châtiment.

—Ma mère, dit-il, en lui prenant la main, je t'aime bien!

Elle abaissa sur lui ses yeux errants, et son visage, à cette voix chère, parut se souvenir.

—Je le sais, moi aussi, je vous aime, mon pauvre enfant!

André pâlit, ému par ce mot, où il y avait bien de la pitié; il était donc à plaindre; il serra plus fort la main de sa mère.

—Marthe lit à livre ouvert, crois-tu,—dit-il avec un sourire forcé.

—Ah!—Et comme si seulement elle rentrait en elle-même:—Mais je ne l'ai pas encore bien vue, tire donc les rideaux, André!

Il s'empressa d'obéir.

—Mais,—dit Mme de Mercy en croisant les mains—qu'elle est belle! m'aimes-tu donc aussi, toi, mon petit ange?

—Oui!—cria Marthe, avec un accent indéfinissable, comme si elle comprenait.

—Oh! la mignonne!—s'écria la grand'mère—viens donc m'embrasser?

Et laissant tomber le chat, ses amours, elle étreignit fiévreusement l'enfant, lui baisa coup sur coup les yeux. Elle redevenait elle-même; elle causa et sortit par une fièvre du noir spleen dévot qui l'enveloppait. Elle rajeunissait de dix ans. Elle exigea qu'André envoyât une dépêche à sa femme et acceptât à dîner. Elle bourra l'enfant de confitures, et Marthe, par compensation, bourra le chat de meringues.

Mais il fallait partir.

André, dans le train qui le ramenait à la campagne la nuit, tenant dans ses bras l'enfant endormie, roulait des pensées pénibles. Des visites pareilles tueraient peu à peu sa mère; le lendemain quelle prostration, quel ennui reprendraient la pauvre femme! Et à l'idée de cette solitude, qu'emplissaient les paroles d'un aumônier et l'amour d'une bête, il frémit de pitié. «Ah! pensa-t-il, pour ces âmes désolées et presque mortes, il n'y a plus que Dieu!»

Et regardant aux vitres les étoiles, il se sentit dévoré de tristesse sans pouvoir pleurer; il eût voulu lui aussi espérer et croire.

—Enfin,—s'écria Toinette en les entendant rentrer,—une autre fois tu auras l'obligeance de me prévenir; je le savais bien que tu dînerais à Paris. Ce n'était pas la peine de dépenser une dépêche.

Il haussa les épaules. «Eh quoi! toujours jalouse! de qui donc? mon Dieu! D'une morte bientôt.» Toute la nuit il eut des songes funèbres!

VIII

À mesure que l'année s'écoulait, le ministère semblait plus lourd à André. Ces longs trajets pour y aller, le temps bêtement perdu lui coûtaient. Il avait bien renoncé au bateau peu coûteux, mais trop long, et pris le chemin de fer. Mais c'était une autre monotonie.

Sorti par la porte du haut jardin, péniblement, par des sentes en pente raide, il atteignait la gare. Sur la voie il attendait à la minute fixée sur le cadran, le train. Il se reculait quand la locomotive arrivait sur lui, avec un sourd grondement, un déplacement d'air dont il sentait le souffle. Une fascination lui faisait craindre de tomber sous les roues. Ce serait un suicide si court, presque un accident; et chaque fois, il montait dans un wagon avec l'idée qu'on ne devait pas souffrir de cette mort. Mais un jour, un pauvre diable d'employé qu'il connaissait bien, ayant été surpris, écartelé, jeté en pièces à vingt pas par un express passant à toute vapeur, André n'eut plus qu'une horreur mêlée d'effroi pour les monstrueuses machines. Il s'éloignait des rails; un froid lui courait le long des vertèbres.

Le trajet, coupé d'arrêts fréquents, aux grincements stridents des freins qu'on serre, lui semblait interminable. Il l'occupait en lisant. Puis descendu, il allait à pas pressés vers son bureau.

Il connaissait son chemin, comme un prisonnier connaît tous les pavés de la cour de geôle. À tel endroit coulait une fontaine où les bonnes jacassaient; plus loin, des voitures en plein vent promenaient dans une rue populaire le va et vient, le brouhaha d'un marché. Dans une grande rue triste, il n'était d'autre boutique qu'une boulangerie devant laquelle chaque fois, il se mirait, dans la grande glace de devanture.

Et dès qu'il avait refermé fa porte de sa petite pièce, il sentait le spleen coutumier le reprendre. La solitude lui pesait alors, il éprouvait l'angoisse de la réclusion forcée, ne se souvenait plus des longs et oiseux tête-à-tête avec Malurus. Pendant des heures, nul bruit ne s'entendait, que la toux désespérée d'un vieil asthmatique, enfoui comme lui dans quelque trou perdu. Il pensait:

«Je pourrais mourir là, après avoir remis ma besogne et personne ne s'en apercevrait avant le lendemain. Je mourrais inutile. Un autre eût aussi bien griffonné les montagnes de paperasses que j'ai amoncelées depuis que je suis ici. Dans le temps j'avais Crescent, maintenant je n'ai plus personne.»

Alors il ressentait un triste et furieux besoin de vivre.

Il croupissait, agonisait: ah! de l'air, du mouvement, une vie autre, si l'on ne voulait pas qu'il devînt fou, enragé. Il pensait à sa jeunesse, à son essai de suicide, et regrettait qu'il eût manqué.

Puis au dehors, l'heure du départ sonnée, il rentrait dans le cruel bon sens qui fait se résigner, lâchement.

C'est qu'alors il pensait au pain quotidien, aux enfants, à la femme.

Cependant, pour anormale qu'elle parût, la suggestion de Damours n'avait pas été perdue. Bien souvent l'idée d'aller en Algérie, d'émigrer, revenait à André. Tout à coup, il se mit résolument à apprendre l'agronomie, à s'en assimiler les théories. Dans un cabinet de lecture spécial, il trouva les livres nécessaires. Puis il s'en allait dans les champs de grand matin, il s'intéressait à la valeur du sol, aux promesses du blé et aux époques où il pousse vert clair, puis tout d'or. Les semailles et la moisson, la fenaison, les labours, tous les grands travaux des saisons l'occupèrent. C'était bien sans application immédiate; peut-être cela ne lui servirait-il jamais? du moins était-ce une occupation, un intérêt. Il apprit ainsi peu à peu à distinguer les graines, les racines, les herbes, les arbres. Puis, il connut les méthodes d'irrigation, de boisement, etc., et il s'intéressait à ses progrès, il en avait un faible orgueil. À trente et un ans pouvait-il se laisser enterrer vivant? Non! Par la pensée et le travail, sinon par l'action, il combattrait la torpeur qui l'envahissait et qui l'eût enfin amoindri, éteint.

Il exerçait ses bras, trompant ainsi son désir d'agir. Il bêchait son jardin et il y récolta des pommes de terre, des haricots et des pois. Toinette, bonne ménagère, s'intéressa à la récolte. Elle s'agitait en peignoir ou en robe de maison, faisait la récolte des fruits, les comptait, les mettait dans le cellier. Elle avait un livre à cet effet; puis elle se mit résolument aux confitures. Elle resta trois mois sans aller à Paris, qui jadis à l'horizon l'attirait, la fascinait. Elle sortait tous les jours avec les enfants, aguerrissait leurs petites jambes. André faisait de grandes marches. C'était une vie saine; ils s'en trouvèrent bien, et leur santé devint forte.

Le parc de Saint-Cloud, solitaire, semblait leur appartenir, et aussi, à l'entour les grandes plaines de blé et d'orge, de sarrazin, de trèfle. Et André parfois, par l'illusion d'un esprit simple et imaginatif, se disait:

«Mais n'est-ce pas à moi tout cela, pourquoi désirer autre chose? qui m'empêche de croire que c'est pour moi que ces paysans labourent, que ces vaches paissent, que dans la forêt, les gardes-chasse battent les taillis?» Mais cette façon trop sommaire de raisonner, ne le contentait pas. Il rêvait quelque coin où il pût vivre, libre chez soi, travaillant sans devoir rien à personne.

Un peu de ses préoccupations à l'égard de Toinette cessait; elle lui donnait plus de joie, et même quelque fierté. En tout ce qui ne touchait pas ses sentiments froids pour sa belle-mère, la jeune femme peu à peu avait changé. Le séjour à la campagne lui faisait du bien. Elle semblait, avec ses caprices, son injustices, l'enfantillage de ses raisonnements, comme ces malades envers qui les remèdes semblent impuissants; puis un beau jour la campagne, la nature opèrent une guérison sourde, et c'est à vue d'oeil que leur santé refleurit.

De même, pour Toinette, la santé morale semblait lui venir.

Elle-même n'eût su dire ce qu'elle éprouvait. Sans doute, elle avait encore bien des accès d'impatience, bien des mouvements irréfléchis, mais elle les sentait plus rares. Son esprit, presque fermé à l'heure de son mariage, s'ouvrait un peu; elle voulait comprendre des livres et des choses, qui, il y a trois ans, restaient clos pour elle. Elle s'étonnait de ne plus voir son mari du même oeil, de ne plus le traiter avec une familiarité d'enfant tour à tour câline, gâtée, colère; sa tendresse pour lui prenait racine profondément. La maladie d'André l'avait éclairée; elle l'aimait davantage, et mieux, comme le père des enfants, le maître du foyer, son maître à elle.

Aussi la question de prédominance s'était enfin résolue, sans affirmations despotiques, sans récriminations insultantes, par la force et la raison des choses. S'intéressant davantage à son ménage et à ses enfants, Toinette comprenait quel vide ce lui serait, si tout cela lui manquait soudain. Son rôle d'honnête femme et de bonne mère commença à lui suffire, dès qu'elle l'eût reconnu assez beau par lui-même.

Elle n'avait plus ces aspirations vagues, ce rêve d'un bonheur infini et romanesque. Des livres d'amour et d'aventures qu'elle avait lus avec rage, il ne lui restait qu'une fatigue. Peu à peu sous l'influence des paroles d'André, de ses actes, l'esprit de Toinette, sorti du chaos, s'ordonnait. Déjà des pensées fortes mûrissaient en elle: la conscience du devoir et l'esprit de famille; sentiments neufs pour elle, et qui prendraient sans doute la vigueur des plantes vierges.

De gros soucis, des chagrins puérils, des choses qui l'énervaient autrefois, la laissaient froide; des partis pris dont elle avait souffert s'évanouissaient, comme des fantômes au soleil.

Elle pensait, raisonnait par elle-même davantage.

C'était une initiation mystérieuse, une vie d'âme nouvelle.

Déjà elle acceptait tacitement la vie, elle savait le prix de sa jeunesse, et vivait au jour le jour, sans déplorer le passé, indifférente à l'avenir.

Enfin dans ce cerveau d'enfant, débarrassé peu à peu des empreintes provinciales, se développait, comme en une terre sarclée et fécondée, assez d'intelligence pour subir la vie, assez de tendresse pour en jouir, assez d'esprit pour en faire, jouir les autres.

Toutes ces impressions, Toinette eût été incapable de les formuler, d'en analyser la millième partie, mais elles se traduisaient, significativement, dans sa façon d'être, plus courageuse et plus tendre, plus résignée, plus gaie, plus saine.

André la regardant, pensait:

—Ah! elle n'est plus la même; pourquoi donc? m'étais-je trompé sur elle? est-elle arrivée à un moment de crise, à une puberté de l'esprit? Je ne puis croire que ce soit moi qui aie eu quelque influence sur elle?

Il était devenu modeste, c'était beaucoup; et son esprit aussi avait donc mûri et gagné; mais il se trompait, car peu à peu, de concert avec les événements, il avait modifié sa femme, moins par ses paroles que par sa façon d'être et d'agir. Son calme, sa bonté, son travail avaient à la longue plus fait sur elle que les raisonnements et les supplications.

«Mais, pensait-il, ces bonnes dispositions continueront-elles?... Oui! car maintenant c'est à moi de les entretenir...»—Un triste sourire passa sur ses lèvres:

«Mieux vaut tard que jamais! mais c'est bien tard, non pour moi ni les enfants qui avons la vie devant nous, mais pour ma mère, elle avait le droit d'être heureuse, pourtant! Ah! j'ai été trop faible!»

Et André songea, avec amertume, que le bonheur des uns s'achète avec le malheur des autres, et qu'il avait fallu que Toinette fût susceptible, sotte et injuste, afin de l'être moins aujourd'hui, et de ne l'être plus demain.

IX

Les animaux donnaient à André, un jour, l'impression qu'il vieillissait.

Plume était grand'mère. Elle avait des airs posés, des mouvements alourdis; sa fourrure lustrée revêtait des formes grasses. De tous les chats et chattes qu'elle avait engendrés, il restait un petit-fils, un souple et comique animal, couleur de lait, charmant à voir batifoler, blanc, avec sa grand'mère noire.

Tob était un bon chien: ses yeux bruns avaient une expression humaine; vif et joueur avec ses maîtres, il se laissait tyranniser parles enfants et, sans se plaindre, léchait leurs petites mains.

Habitué aux chats, il jouait avec eux avec condescendance ou, fatigué, regardait avec fixité des canaris en cage, suspendus à la fenêtre de Toinette. Heureuse de jouir d'un plaisir sans en avoir la peine, elle laissait l'entretien des oiseaux à Félicie qui, ravie d'avoir bêtes et gens à soigner, disait:

—Ici, c'est la maison du bon Dieu.

Un soir d'été, une fraîcheur commençait à sortir du gazon; Toinette appela la bonne pour qu'elle passât aux enfants des vêtements plus chauds.

Félicie accourut. Elle les prit avec tendresse et les emporta comme s'ils ne pesaient rien; ils riaient dans ses bras, heureux d'être aimés.

—Brave fille! dit André.

Toinette en convint; depuis plus de deux ans qu'elle était à leur service, elle s'était attachée à eux de plus en plus. Pendant la maladie d'André, elle s'était multipliée. On n'avait jamais de reproches à lui faire.

Nature peuple, à la fois rude et bonne, de corps trapu, de figure forte et sans beauté, où une bonté de chien s'exprimait par les yeux, humides, elle se tuait de travail, afin de s'en porter mieux. Tendre pour les animaux, l'hiver, dans sa chambre, elle laissait dormir Plume sous l'édredon, et Tob sur une natte. Elle les épuçait dans ses moments de loisir, ou lisait un vieil almanach de Liège, qui composait toute sa bibliothèque.

Elle aimait les enfants, Jacques surtout, d'une passion sourde, qui dominait en elle toutes les autres; elle servait madame avec des soins touchants; pour monsieur, elle brossait délicatement ses vêtements, cirait frénétiquement ses souliers. Sans le savoir, elle aimait son maître.

André pressentait en elle un secret de jeunesse, une liaison avec un bourgeois aisé, qui l'avait ensuite honteusement abandonnée. Il estimait surtout sa probité.

Toinette avait été longue à se rendre, à convenir des rares qualités de Félicie; mais ce qui, à la fin, l'avait conquise, c'est que la servante, vivant de café au lait et d'un peu de légumes, ne touchait jamais à la viande ni au vin.

Sa seule gourmandise était des galettes en pâte levée, et toute la maison aimait tant ces gâteaux qu'il en restait à peine à Félicie; être ainsi privée faisait sa joie.

Ses gages étaient exigus, et elle ne demandait rien; avec cela, elle économisait.

Ses maîtres l'admiraient presque, souhaitaient qu'elle ne les quittât point, qu'elle fût et devînt pour eux une de ces servantes du vieux temps qui voyaient naître les enfants, les servaient devenus hommes, et morts leur fermaient les yeux.

Après le dîner, quand Marthe et Jacques furent couchés, Toinette et André ne purent se résigner à remonter si tôt. Il avait fait pendant le jour une chaleur étouffante; ils respiraient seulement à cette heure la fraîcheur nocturne. La lune, toute ronde, éclairait le jardin de ses rayons bleus, les allées luisaient, blanches.

Le silence planait sur le village et la campagne. L'horizon de Paris était piqué de points de feu, comme une illumination lointaine. Des vers luisants brillaient dans l'herbe, de grosses phalènes voletaient.

Depuis longtemps Toinette et André n'avaient eu une soirée pareille, ils en goûtaient le charme tendre et vivifiant.

Ils se taisaient; André avait passé son bras autour de la taille de Toinette. Un nuage, comme un crêpe noir, passa devant la lune; tout fut sombre. Il chercha la joue de la jeune femme, et celle-ci ne détourna point les lèvres. Ils sentaient dans le renouveau de cette belle nuit, parmi les roses en fleur, qu'ils s'aimaient encore et toujours, quand même, hélas! et malgré tout!

Les chagrins, les méprises inévitables qu'ils traînaient à leur suite, n'empêchaient pas leur tendresse, lui donnaient, au contraire, une saveur plus grande, un peu amère. Quand la lune reparut versant sa lumière, il leur sembla que ses rayons entraient dans leur coeur.

De la terre, ils avaient peu à peu levé leurs yeux vers le ciel d'un azur sombre, où la Voie lactée jetait un voile de gaze; tous les astres tremblotaient dans la clarté lunaire.

—Que d'étoiles, mon Dieu!—murmura la jeune femme,—alors ce sont des mondes?

—Oui, dit André, des mondes.

—Sont-elles habitées?

—On peut le croire pour certaines.

—Les a-t-on comptées?

—Elles sont innombrables.

—Mais le ciel finit bien quelque part?

—Non, c'est l'infini, il n'a ni commencement ni fin, ni haut, ni bas.

—Mais enfin, un Dieu a créé cela?

—Oui, une force inconnue a vivifié la matière, mais la matière peut aussi bien avoir existé de toute éternité.

—Qui donc a créé la religion?

—Ce sont les hommes, il y a autant de religions que d'époques, que de peuples.

—Crois-tu que Dieu nous entende, qu'il exauce nos prières, qu'il fasse des miracles?

—Non,—dit André,—les lois de la nature sont immuables.

—Mais alors, pourquoi vivons-nous?

—Nous vivons, c'est assez: le mot du mystère nous échappe, mais une intelligence moyenne, mise en présence de la nature et des hommes, peut comprendre que nous avons un devoir à remplir.

—Lequel André? celui de vivre?

—Tout simplement, de vivre selon les idées de bien et de justice qui sont innées en nous, et que l'éducation développe.

—Mais André, après la mort?…

—Eh bien?

—Tout sera donc fini?

—Pourquoi serait-ce fini? Rien ne meurt, tout se compose et se décompose.

—Mais notre âme, notre conscience, meurt-elle ou nous survit-elle?

—Je ne peux pas te répondre, chacun peut suivre l'espoir qui le flatte le plus.

—Et toi, que voudrais-tu, André?

—Me reposer, ce doit être si bon, après la vie.

—Et une récompense ou un châtiment?

—La conscience nous la donne de notre vivant.

—Mais les pauvres gens, André, ceux qui n'ont jamais eu de joie?

Il soupira et dit:

—Regarde une forêt, les grands arbres étouffent les petits; regarde les animaux, les gros mangent les petits. Le mal est nécessaire, il est la condition de la vie.

—André, est-ce que tu ne penses jamais à la mort?—Et Toinette eut un frisson léger.

—Souvent!—dit-il.

—Et elle ne t'effraye pas?

—Non, chère femme, je ne la souhaite pas, tant que les miens auront besoin de moi, ni même tant que je pourrai être utile à quelqu'un; mais vieux, la tâche finie, sans gros remords, ayant fait de ses enfants des êtres vigoureux et honnêtes, ne crois-tu pas que ce soit un grand soulagement que de s'éteindre?

—On doit bien souffrir?

—C'est un moment; il n'est terrible que pour notre imagination.

—Nous mourrons ensemble, André?

—Espérons-le, ma chère!…

La nuit devenait fraîche; ils rentrèrent, pensifs.

Les enfants dormaient, d'un gros sommeil, en souriant. Penchés aux chevets de Marthe et de Jacques, premiers-nés de leur tendresse, chair de leur chair, ils ne purent s'en éloigner.

—Comme ils nous ressemblent?—disait-elle.

—Ils sont nous!—répondait-il.

C'était vrai; tout le jour dans leurs jeux, leurs impatiences, leurs fougues, Marthe et Jacques, en plus des ressemblances physiques accusaient déjà l'hérédité du geste, de la voix, de l'âme.

X

Un matin André dormait encore, quand un employé du télégraphe apporta une dépêche. Félicie remit l'insolite papier bleu à Madame qui le prit, le retourna et le jeta sur la table.

Cependant la curiosité l'emportant, elle releva le rideau afin qu'un rayon de soleil tombât dans le visage d'André, dont les paupières troublées s'ouvrirent.

—Il y a là un télégramme.

—Ah! donne!

Et dans le court instant qui s'écoula, il sentit battre son coeur et eut l'intuition d'un malheur; toute dépêche arrivant brusquement l'étonnait ou l'inquiétait; mais jamais il n'avait éprouvé une telle crainte. Il ouvrit, et une expression de douleur, comme une grimace effarée, passa sur son visage; on l'appelait en hâte au couvent.

—Tiens, lis…

… Et précipitamment, il s'habilla.

Toinette restait muette, la mauvaise nouvelle dans les mains.

—Pauvre femme! répétait André, pauvre femme!

—André, veux-tu que j'aille avec toi?

—Non, merci! où est ma cravate? vite, mes bottines! Et il répétait:

Ah! pauvre femme!—d'une voix tremblante qui bouleversa Toinette.

—Ne t'effraye pas, la dépêche ne dit pas que ta mère…

—Sans doute! oui!…—Et fébrilement il se vêtait, tournant dans la chambre avec une angoisse indicible.

«Non, la dépêche ne disait rien, mais il devinait, elle était bien malade, elle allait mourir. Mon Dieu! pourvu qu'il arrivât à temps.»

—André, prends quelque chose, ne t'en va pas à jeun!

—Oui, oui!…—En même temps il descendait l'escalier quatre à quatre.

—Félicie, ayez bien soin de Madame, ma mère va peut-être mourir!

—Jésus!—murmura la pauvre créature. Et le coeur subitement retourné, elle regarda André fuir vers le chemin de fer.

Il courut comme un fou, sauta dans un wagon. Ses oreilles bourdonnaient. Il se répétait: «Elle va mourir!» et le bruit des roues sur les rails, comme un refrain obsédant et monotone, ronronnait:

«Elle va mourir, mourir, mourir!»

Et ce mot funèbre se répétait de plus en plus vite, torturant comme un cauchemar. André s'enfonça la tête dans les mains, se boucha les oreilles. Il était seul.

Quand il releva les yeux, une vallée creuse était pleine de soleil, des maisons blanches se détachaient entre les arbres, la Seine, au loin, brillait comme un ruban d'argent, les jardins étaient en fleur. Était-ce possible, la mort?

Et de répugnants détails préoccupaient, hantaient André: les déclarations officielles, le choix des tentures funèbres, l'enterrement; il se voyait tête nue, suivant le cercueil. Cette pensée l'étouffait.

Et tout à coup il se moqua de lui-même. Il relut la dépêche, elle n'était pas signée: «Votre mère très malade, venez vite.» Très malade? lui aussi avait été près de mourir! Elle vivrait. Pourquoi s'effrayait-il tant? Il n'avait qu'à rejeter ce poids écrasant qui lui pesait sur le coeur.

Il n'y parvint pas.

Hors du train, il sauta dans une voiture.

«Elle ne marche pas», pensait-il! Et il grinçait des dents. Puis il eut peur qu'elle n'arrivât trop tôt, car il se sentait lâche devant le spectacle qui l'attendait. Il écarta les visions mortuaires. «Tout ceci est un rêve», murmurait-il. La rapidité de l'événement le confondait. «Quel stupide cauchemar!»

Mais depuis huit jours il ne l'avait pas vue. Elle était bien pâlie alors, il s'en souvenait! Comment eût-il pu se douter, pourtant!…

La voiture s'arrêta devant la porte à linteau de pierre ornée d'une croix.

«C'est vrai! c'est vrai!» murmura André et, pour payer le cocher, sa main tremblait.

Il sonna. La soeur tourière, qui l'introduisit, avait une mine grave. Elle parla de la miséricorde de Dieu, puis d'un ton très simple:

—Oh! elle est tout à fait mal! dit-elle.

André s'élança dans l'escalier, la précédant. Au fond du corridor il vit la porte entrebâillée; une odeur d'éther traînait. Et devant cette porte presque ouverte, il n'osa entrer, se jeta dans le petit salon à côté, cherchant Odile.

Elle parut, les yeux rouges. À la vue d'André, elle faillit laisser tomber la tasse qu'elle portait et hocha la tête avec reproche:

—Ah bien! il est grand temps! elle mourrait toute seule, comme un chien!

Ce mot injuste le bouleversa.

—Odile, je n'ai la dépêche que de tout à l'heure!

Et il s'accusait tout bas: «C'est vrai, depuis huit jours; ah! égoïste, mauvais coeur!»

—Peut-on la voir?

Elle eut pitié de son état et s'effaça devant lui. Il entra dans la grande pièce sombre, à l'air raréfié. Tout au fond, dans la blancheur des draps, Mme de Mercy reposait, livide.

Il s'avança; le sol manquait sous ses pieds. Il vit le docteur de la famille assis près d'elle.

Ils échangèrent un signe de tête. André, tout près du lit, vit que sa mère reposait. Son nez s'était pincé, ses yeux cavés, une sueur perlait sur son visage ossifié.

Il eut presque un soulagement de voir qu'elle, dormait.

Le docteur s'était levé, il s'approchait de la fenêtre.

—Eh bien!—dit André avec anxiété, mais n'espérant déjà plus.

—Elle meurt d'une maladie de coeur. Depuis un an qu'elle souffrait beaucoup, elle ne m'a pas fait demander une seule fois. Voilà trois jours qu'elle est au plus mal; on ne m'a fait prévenir qu'hier soir!

Sans parler, André le regardait avec angoisse.

Le médecin haussa les épaules tristement, et ajouta pour dire quelque chose:

—Quand la lampe est usée, que l'huile manque…

Il agita les lèvres, comme s'il soufflait une, lumière.

—Alors… quand?…—Et André n'osa préciser. Le médecin n'osa comprendre; il alla prendre son chapeau disant:

—Quand je reviendrai? Ce soir.

—Que faudra-t-il faire?

«Rien!» pensait le médecin. Il dit évasivement:

—Toutes les deux heures, une cuillerée de la potion alcoolique. La bonne est au courant.

Il hésitait comme s'il avait encore quelque chose à dire, mais il préféra se taire, et avec un geste d'impuissance, il serra correctement la main d'André et sortit.

André le remplaça au chevet du lit.

«Cinq jours, s'il était venu cinq jours plus tôt il l'aurait trouvée alitée, il eût immédiatement fait appeler le docteur, il... mais non, puisqu'elle était condamnée! Pauvre mère!... Il se la rappelait quand il était petit enfant, plus tard jeune homme. Qu'elle était faible! C'est elle qui avait consenti à ce mariage dont elle n'avait retiré que déboires!» Et sa douleur s'avivait par le remords de n'être pas venu la voir. «Maintenant perdue, parlerait-elle, retrouverait-elle quelque force, la lucidité nécessaire? Par sa faute, il avait perdu le meilleur d'elle, ses adieux de tendresse, ses recommandations suprêmes.» Et comme une litanie qu'il ne pouvait étouffer, revenait ce mot:

—Ah! pauvre femme!

Comme les défauts de son caractère paraissaient petits, nuls à cette heure dernière, à côté de ses qualités aimantes de son dévouement. Et André se sentit déchiré de remords. Aurait-il dû la quitter jamais? Elle, veuve, encore jeune, avait repoussé plusieurs partis, afin de se consacrer à ses seuls enfants. Sa fille Lucy, sa chère tendresse, était morte. Puis son fils l'avait quittée, pour une étrangère.

«Telle est la vie,» soufflait une voix à André. Mais il s'indignait de cette réponse bête, trop facile et pourtant vraie.

«Pour sortir de sa torpeur, pour échapper au suicide, André trop jeune avait dû se marier. C'était la vie! Sa femme, enfant elle-même, n'avait su comprendre, ni aimer sa belle-mère: c'était la vie! Et seule, après tant de sacrifices de tendresse et d'argent, la vieille femme devait mourir sans la consolation d'être aimée, sauf par son fils, de la famille nouvelle que son dévouement avait fait subsister: c'était la vie! l'étroite, l'inepte et inexorable vie!...

Cette pensée lui déchira le coeur; il pleura.

Mme de Mercy, au bout d'une heure, sortit de sa prostration; il se pencha sur elle:

—Mère, dit-il doucement, mère, c'est moi, ton fils.

Il rencontra un oeil sans pensée; la bouche livide resta muette. Odile fit prendre à sa maîtresse la potion ordonnée, écarta André du lit, donna quelques soins minutieux.

Quand ce fut fait, il revint et se rassit accablé.

À deux heures, il n'avait encore rien pris. La vieille bonne, qui s'en doutait, le tira par la manche et, dans le salon à côté, lui servit un bouillon.

—Merci, Odile,—dit André, et il ne put manger.

—Allons,—dit-elle bourrue,—dépêchez-vous, ce sera froid!

Il obéit comme un enfant, mais les premières cuillerées l'étouffèrent et il se mit à pleurer. Attendrie, elle le regardait, avec des lèvres balbutiant à vide:

—Ah c'est un grand malheur que Madame soit venue ici, c'était du mauvais air pour elle.

Et avec une cruauté inconsciente qui déchira le coeur d'André, elle racontait les jours de spleen de Mme de Mercy, ses dévotions, ses pénitences, ses longs entretiens avec l'aumônier, sa défense formelle qu'on prévînt son fils.

Maintenant, il comprenait; tant qu'un devoir continu, un service à rendre, un sacrifice à faire avaient raidi sa mère, elle avait vécu. Puis tout lui avait manqué, et depuis son entrée dans le couvent, elle s'était abandonnée au mal, laissée mourir, ne pensant plus qu'à son salut.

Il rentra dans la chambre. Le temps s'écoula. L'état de prostration de la moribonde la tenait blême, rigide et cadavérique; le drap dessinait sur elle des plis mortuaires, et dans les orbites caves étaient deux taches d'ombre, comme les trous d'une tête de mort. Des plaintes d'enfant montaient de cette bouche fermée, des râles sortaient de ce pauvre corps en détresse; et André jugeait son impuissance lamentable et grotesque. Parfois, les paupières s'ouvraient lentement, un oeil perdu, aux rayons vagues, apparaissait sans voir, puis les paupières s'abaissaient lourdement, et il semblait qu'à chaque fois, un peu d'elle s'en allât, pris par la mort.

Vers quatre heures, André entendit un bruit de voix étouffées dans la pièce voisine. Il y courut: sa femme était là avec les enfants; timides, ils levèrent sur lui leurs yeux inquiets; il les embrassa, le coeur bien gros.

—Eh bien!—fit Toinette d'un air d'angoisse.

Il ouvrit les bras et les laissa retomber.

—Pauvre André!—dit-elle, et des larmes faciles lui vinrent aux yeux.

Elle attendait, prête à entrer, s'il le demandait; il bredouilla.

—Elle n'a pas sa connaissance, elle est bien bas!… bien bas… Je vais passer la nuit, toi tu vas retourner avec…

Il s'interrompit, le médecin entrait; il salua.

—Rien de nouveau?

—Rien, docteur!

—Allons!

Et il passa dans la chambre; André le suivit, laissant Toinette et les enfants. La jeune femme était pâle; elle s'assit dépaysée, prêta l'oreille, n'entendit aucun bruit. Derrière elle parut Odile. Toutes deux se dévisagèrent, elles ne s'aimaient pas; mais la vieille servante baissa les yeux, toute remuée par la vue des petits.

Elle les embrassa, et de ses mains tremblantes chercha dans un placard des gâteaux secs. Le silence des enfants l'attendrissait.

—Pauvres petits! on dirait qu'ils comprennent.

Voyant le visage de Toinette tout changé, elle eut pitié et dit:

—Madame ne devrait pas quitter Monsieur cette nuit.

—Oh! oui, Odile, n'est-ce pas. Il est malade de chagrin. Comment faire?

—Je vais bâtir un lit pour les mignons, ils coucheront ici. Madame dormira bien sur le canapé? pour une fois?...

—Oh! je ne dormirai pas!—dit-elle avec vivacité. Et elle se sentait heureuse et soulagée.

André rentra seul; le docteur était sorti par l'autre porte. Il avait constaté un léger mieux, avant-coureur de la mort.

—Nous restons, dit Toinette, je ne te quitterai pas.

—Ah!...—dit André, qui d'un coup d'oeil vit les préparatifs. Cela le touchait et le gênait à la fois; il eût voulu être seul, et que sa famille ne l'envahît point au moment où sa mère allait mourir. Il ne répondit pas et s'assit près de la fenêtre, regardant sans voir les maisons voisines; son accablement était extrême.

Une heure après, Odile, qui venait de garder sa maîtresse, fit signe à André: il s'empressa.

—Elle reprend connaissance.

Il se précipita dans la chambre, vint au lit; une vie blême semblait remonter au visage de Mme de Mercy. Ses yeux éteints s'animèrent; ses bras s'agitèrent faiblement.

—André, c'est toi?

—Oui, mère, je suis là...

Elle se laissa baiser le front, inerte; une expression étrange passa sur ses traits, et d'une voix brisée, sourdement:

—Je ne croyais pas revenir... j'étais morte, André... Dieu allait me juger... Quelle angoisse!

Epuisée, elle soupira tout bas, comme en rêve;

—L'heure n'est pas encore venue...

Il y eut un silence. Puis d'une voix forte:

—Qu'on aille chercher M. l'Aumônier!

Odile y courut.

—Mère, souffrez-vous?

—Beaucoup… mais pas trop…—Et son oeil égaré ajoutait au mystère de sa parole.

—Mère, vos petits-enfants sont là!

Il n'osa nommer sa femme.

—Voulez-vous embrasser Marthe et Jacques?

—Ah! plus tard!—dit-elle; et tout d'un coup des larmes commencèrent de couler une à une, lentement, sur ses joues maigres.

—Mère, ne pleure pas! mère, ne pleure pas!—cria André en suffoquant.

Mais les larmes tombaient toujours, sans qu'elle parlât; et à chacune les sanglots d'André redoublaient. Elles lui semblaient, ces larmes d'agonie, protester contre toute une vie de souffrances, et aussi contre cette mort abandonnée. Elles étaient terribles, ainsi inexpliquées.

On toussa discrètement à la porte; le prêtre entra. C'était un vieil homme au visage dur et triste. Il s'approcha lentement; son regard, aussi expert que celui du médecin, jugeait l'état de l'agonisante:

—Ma soeur,—dit-il d'une voix affectueuse et étouffée,—je suis prêt à vous entendre…

Elle s'agita à cette voix, ses larmes tarirent, et d'une bouche articulant avec peine, elle dit le mot: «Confession».

Le prêtre regarda André, qui s'éloigna lentement. Il trouva les enfants assis autour de la table; Odile leur avait noué de grandes serviettes autour du cou; ils dînaient. Toinette ne prit presque rien, André ne put manger. Il se mit la tête dans les mains, et s'absorba dans la contemplation des petits. Dépaysés, condamnés au silence, pâlots, ils avaient, entre deux cuillerées, des tours de tête effarés, des espiègleries qui faisaient place à une gravité subite; et cette parodie inconsciente du chagrin sur ces petits visages était comiquement lugubre. Les yeux de Jacques étaient pleins de sommeil; il se laissa pencher en avant et s'endormit dans ses grands cheveux, la joue sur la table.

Marthe vint instinctivement rôder près de son père, guettant un sourire; dès qu'elle en vit un, elle sauta dans ses bras, s'installa sur ses genoux, et lui tout doucement lui fit faire à cheval, tandis que Toinette discrète, ajoutait des points à une broderie, qu'elle avait toujours dans sa poche.

André, parmi les siens, dans ce calme cercle de famille, étouffait, pensant à l'*autre*, qui, à côté, solitaire, agonisait. Impatient, il attendait que le prêtre se retirât. Celui-ci, introduit par Odile, s'inclina devant la jeune femme, sourit aux enfants et s'adressant à André:

—Du courage, monsieur. Dieu vous éprouve cruellement, mais votre mère est une sainte, et la miséricorde éternelle lui rend justice en l'appelant au ciel!—Il changea de ton et plus bas:

Je vais revenir administrer les derniers sacrements!

André le suivit dans le corridor, il aperçut des robes de religieuses attirées par la mort, il ne trouva rien à dire au prêtre, qui s'en alla à grands pas, comme si l'heure pressait.

Il rentra chez sa mère; elle avait un air de beauté calme, de repos et de méditation. Il n'osait la troubler; ce fut elle qui, sans bouger la tête, dirigeant seulement son regard vers lui, murmura:

—André!

Il s'agenouilla, elle sourit lentement.

—Courage, André! ce n'est qu'une séparation. Je dirai à Lucy que tu l'aimes toujours. Je sais que tu m'aimes moi, et je m'en vais tranquille. Tu es un bon mari, sois un bon père… allons, enfant, ne pleure pas… Qu'est-ce qu'un voyage? quelques années à peine?

Et calme, comme pour un départ ordinaire, elle ajouta d'une voix très simple:

—Tous mes papiers sont dans le portefeuille à ferrure. Pas d'invitations, aucune cérémonie…—et accentuant les mots:

—Ceci est ma dernière volonté!

—Après,—dit-elle, ses derniers sentiments mondains reprenant le dessus,—envoie des lettres de faire-part à tout le monde, la liste est faite.

Elle ferma les yeux, épuisée; après un long instant:

—Ta femme est là?

Il fit un signe affirmatif.

—Venez tous,—dit-elle.

Alors Toinette entra, tenant Jacques endormi; André portait Marthe éveillée.

À la vue de sa belle-mère, Toinette devint affreusement pâle; une pitié lui mordit le coeur, et peut-être connut-elle le remords d'avoir été légère, injuste et sans bonté, pour sa bienfaitrice.

Le regard de l'agonisante, son sourire, remuèrent plus cruellement la jeune femme que des paroles. Longtemps elle devait revoir, avec un malaise indicible, l'énigmatique regard et le sourire de la mourante.

Cependant elle s'approcha.

Mme de Mercy lui dit:

—Embrassons-nous!

Et les deux femmes se baisèrent sur les lèvres, comme pour un grand pardon.

—Marthe!—appela la grand'mère.

L'enfant pencha sa tête, ses grands yeux remplis de terreur; cramponnée au bras de son père, elle palpita tout entière, comme un oiseau effrayé, au contact des lèvres froides.

—Jacques!—soupira la grand'mère.

Toinette inclina l'enfant; il ouvrit deux yeux effarés, ivres de sommeil, sourit, et se rendormit.

—André!—dit sa mère.

C'était le dernier appel, il se pencha sur elle, convulsivement secoué et l'embrassa pour la dernière fois.

Alors retentirent des pas, une clochette tintait, la porte s'ouvrit, on vit deux enfants de choeur portant des cierges, une odeur d'encens se répandit, et le prêtre en habit d'officiant parut. Les enfants furent emportés par leur mère, dans la chambre à côté; la petite Marthe sanglotait tout bas comme une femme. Toinette revint près de son mari. Le prêtre se hâtait, la vie quittait rapidement le visage de la moribonde; elle parut revivre un quart de minute pour recevoir dans l'hostie, le corps divin de Jésus-Christ. Puis les enfants de choeur retirés, les cierges disparus, le prêtre dépouillé de ses vêtements sacerdotaux et récitant des prières tandis que la nuit entrait peu à peu dans la chambre, l'agonie se précipita, et Mme de Mercy mourut vers trois heures du matin.

XI

Ce dont André se souvint toujours avec reconnaissance, fut la façon discrète, à la fois grave et tendre, dont sa femme soigna le profond chagrin qui le dévorait.

Elle ne le plaignait pas, et n'eut point d'apitoiement, d'expansions familières, de rappels maladroits du passé, toutes ces évocations charitables, qui font momentanément revivre la mort. Mais, sérieuse, elle le forçait en quelque sorte à vivre, et n'appelant point l'attention sur elle-même, elle lui jetait dans les bras ses enfants, le prenant ainsi par sa plus intime tendresse; et lui, sans voir le piège, les caressait, prenait chaque jour plus d'intérêt à leurs jeux. Alors, il en vint à regarder sa femme, il la vit pâlie, et comme désormais plus grave, maîtresse d'elle-même, menant la maison avec ordre. Il sentit les soins délicats dont elle l'entourait; et il en fut touché.

C'était surtout seul, au bureau, qu'il souffrait. Souvent il était forcé de n'y point paraître. Car après l'épreuve des cérémonies mortuaires, il avait l'odieux tracas des affaires, de signatures à donner, une vente de meubles en perspective, le renvoi dans son pays de la vieille Odile, à qui Mme de Mercy léguait une petite rente.

Mais quand il était livré à lui-même, que personne près de lui ne distrayait sa douleur, il la ressentait, âpre et cuisante. À ces moments, le regret de la morte était si fort, qu'André ne trouvait de prix à rien, souhaitait de ne plus vivre, ou que quelque chose d'inconnu adoucît son amertume. De quoi lui servaient les trois mille francs de rente dont il héritait? Cette somme, dont il lui fallait toucher les semestres, l'indignait, comme un bien ayant appartenu à un autre et auquel il n'avait aucun droit.

Six mois s'écoulèrent, très lents, très sombres; puis un matin il s'étonna de se lever moins triste. Des oiseaux becquetaient le gazon. Le chat et le chien se poursuivaient dans les allées. Les enfants, assis près de Félicie, lui faisaient raconter une histoire; alors, cessant de regarder à la fenêtre, André se retourna, surprit sa femme qui, derrière lui, l'épiait, avec un visage inquiet et suppliant.

Ils s'embrassèrent. André, les jours suivants, se montra un peu plus gai.

De nouvelles lettres de Damours venaient de loin en loin, tomber dans la boîte fixée à la porte du jardin, où le facteur les annonçait par un double coup de sonnette. L'avocat avait été très affligé de la mort de Mme de Mercy. Crescent serait venu, sans une chute douloureuse où il s'était démis le pied et qui exigeait du repos.

«Pourquoi, insistait affectueusement Damours, André ne quitterait-il pas la France avec sa famille, ne viendrait-il pas s'installer en Algérie, habiter lui-même sa propriété? Qui l'empêcherait d'en tirer quatre ou cinq mille livres de rente, d'avoir de bons travailleurs sous la main, au besoin de garder un an encore le fermier, afin de s'instruire par la pratique?»

André resta songeur, puis au bout d'un mois, l'idée prit corps en lui; il sentit se réaliser ce trouble et confus désir d'une vie nouvelle, d'un pays plus heureux, d'un labeur différent. S'en aller!... Ce rêve lui souriait, comme une chose improbable, longtemps souhaitée.

Il fallut qu'il s'en entretînt avec sa femme, dont le sens pratique s'effraya de l'incertain. La contradiction affermit le désir d'André; il réfléchit, chercha, trouva de bonnes raisons d'agir:

—Que faire ici? n'es-tu pas lasse de la vie que nous menons. Veux-tu qu'à soixante ans, je sois un vieux scribe hébété? L'avenir nous attend là-bas. Au moins, nous vivrons chez nous, sous un beau ciel.

Toinette peu à peu se laissait convaincre. Mais André n'osait croire qu'il allait bientôt rompre ses chaînes. Quand la certitude l'en frappait, il était tout ému.

«Quoi! pensait-il, ce rêve que j'avais fait, il faut que ce soit elle, la pauvre morte, qui le réalise, encore, comme par un suprême sacrifice!»

Il songea qu'il allait la laisser. Reviendrait-il jamais avec Toinette au cimetière. Où était son père? Dans un cimetière de province. Où l'enterrerait-on, lui, sa femme et ses enfants?

«Qu'importe, se disait-il, il faut vivre.»

Et les années qu'il avait vécues, si abominablement lentes, il les trouva courtes, en se retournant vers le passé. Tant d'épreuves, de rares plaisirs, des semaines, des mois, des années, des siècles où il avait pensé, senti, souffert, tout cela lui paraissait tenir dans le creux de sa main.

«J'ai trente ans, se disait-il, nous voilà, ma femme et moi, arrivés au milieu de notre vie. Que ce passé nous serve et nous enseigne l'avenir. Nous avons, avant d'arriver à la vieillesse inactive, si la santé ne vous fait défaut, une trentaine d'années encore devant nous: marchons!»

Un an après la mort de sa mère, André, ayant longuement pesé le pour et le contre, était résolu à partir.

Il donna sa démission.

Quand il sortit pour la dernière fois du ministère, il éprouva peu de joie, et presque une involontaire mélancolie. Il avait pâli, étouffé dans sa cellule, mais au dehors, quand il se dit; «Je ne rentrerai jamais plus ici, jamais plus», il fut triste.

Au tournant de la rue, il se consola et en rentrant chez lui, il prit Toinette par la taille et l'embrassa. Aussitôt lui revint, comme une douleur perçante, le souvenir de sa mère. Il l'avait donc oubliée un instant. On pouvait donc ne plus penser aux morts qu'à travers une rêverie et un souvenir résignés? Cette épreuve lui fut utile. Sa douleur se transforma peu à peu en une tendresse pure, un culte grave.

Le départ fut fixé au 1er septembre.

Il fallut penser aux préparatifs. Alors, sur la réserve des quatre mille francs du grand-père Rosin, on prit quelques cents francs pour les achats.

Plusieurs fois de suite, Toinette alla dans les grands magasins où l'on vend pêle-mêle lingerie, mercerie, papeterie, vêtements, joyaux, chaussures, robes, etc. Jamais elle n'y terminait ses emplettes, elle revenait le lendemain. Plus d'une fois André l'accompagna.

Étouffant vite dans l'air chaud, poussé, pressé par une foule compacte et moutonnante, les yeux aveuglés par les couleurs, le pêle-mêle des objets, il suivait sa femme avec une curiosité effarée. Il avait remarqué l'effet produit sur elle par les tentations perpétuelles de ces bazars monstres. Il voyait lui monter aux yeux une lueur de désir fixe, comme il en vient au visage des femmes enceintes. Il l'appelait, elle ne se retournait pas; il lui parlait, les mots ne lui entraient pas dans l'oreille; et par de brusques écarts elle s'éloignait de lui, palpant une étoffe, remuant un objet de luxe, caressant un chapeau, avec des sourires d'enfant, des regards humides, une expression de tristesse et de convoitise.

—Oh! ce n'est pas cher! André, regarde, c'est pour rien!

Tout autour de lui, il entendait des exclamations pareilles; les femmes, de tout rang et de toute condition, se bousculaient, rouges et affolées: le même désir ardent, imprécis, l'envie de tout prendre, de tout emporter, passaient dans tous les yeux, ceux la modeste petite femme à voilette baissée, des demi-mondaines empanachées, et des cuisinières en cheveux.

André suivait Toinette patiemment; elle le promenait, de-ci de-là, par mille détours, dépensant une heure pour un achat de quelques francs.

Et quand, enfin, son mari l'arrachait de là, elle était nerveuse, distraite; l'affolement subit qui lui était monté au cerveau était long à disparaître.

Il fut heureux que ces impressions malsaines prissent fin; le jour du départ approchait.

Après quelques réflexions les de Mercy convinrent de ne rien laisser derrière eux. Ils vendirent leur mobilier, trop vieux pour être emporté. Ce ne fut pas sans tristesse; beaucoup de leur vie intime tenait là; ce fut une grande pitié de voir ces meubles amis s'en aller aux mains des étrangers. Ils gardèrent la table à ouvrage de Toinette, un grand fauteuil rouge où chacun à son tour s'était reposé, et les petits lits d'enfant.

Mais ils ne purent se résigner à quitter aussi les êtres qui avaient vécu avec eux; Plume était morte d'un refroidissement; on convint d'emmener le chat son petit-fils, et le chien. Quant à Félicie, elle n'hésitait point et eût été en Amérique; par son dévoûment elle entrait dans la famille.

Pendant les derniers jours on logea à l'hôtel.

André, avant de quitter leur petite maison, y revint, en parcourut les pièces vides: trois années de leur vie s'étaient écoulées là. Il monta au second, longtemps regarda entre les deux collines l'horizon de Paris: la ville s'étalait au loin, sous un dôme de nuages violets que frangeait l'or du soleil couchant. André sentit combien il est difficile de se détacher du passé, même quand il a été cruel: cependant, pourquoi tarder? La résolution prise, il fallait agir. Alors, d'un mouvement brusque, il ferma les volets, redescendit.

En bas, Toinette, accompagnée des petits, tenait un gros bouquet de soucis et d'anémones; elle le fit sentir à André, avec un sourire d'intelligence: il lui sembla respirer l'âme du jardin où ses enfants avaient grandi.

XII

Trois jours après ils couraient en chemin de fer.

Jamais Marthe et Jacques n'avaient été si heureux; agenouillés devant les vitres ils regardaient, avec des cris de joie, défiler le paysage, ou bien ils s'enquéraient du chat que Félicie gardait dans un grand panier, sur ses genoux. L'animal était fort mécontent de voyager ainsi; un peu de mou frais, offert à propos, l'apaisa. Le pauvre Tob s'ennuyait dans un compartiment de chiens.

On arriva à Châteaulus à neuf heures du matin. Bien que les Rosin fussent prévenus, personne n'attendait à la gare. On mit les bagages à la consigne, on rendit sa liberté à Tob, et Félicie suivit ses maîtres, tenant toujours le chat dans son panier.

Ce fut seulement à cet instant, boitant sur les pavés pointus de la petite ville, traînant ses enfants entre les maisons, que Toinette se reconnut différente d'elle-même, du temps où elle avait quitté Châteaulus, jeune fille, femme de la veille. Elle se sentait bien changée, tout autre, mûrie.

Châteaulus, dont elle avait souvent rêvé, et que, pleine de souvenirs d'enfance, elle croyait plus beau, plus grand dans son imagination, elle le vit alors petit, vulgaire et laid. Aussi marchait-elle sans parler. André, qui n'avait jamais eu d'illusions sur cette triste ville, s'étonnait de la trouver pareille, immuable, tandis que lui ressemblait si peu à l'André d'autrefois. Il s'irritait un peu que les Rosin ne vinssent pas à sa rencontre.

«Peut-être ne se soucient-ils pas de nous voir? Toinette elle-même n'y tient que par convenance, afin de leur montrer les petits et de leur dire adieu avant un lointain voyage. Ouf!—pensait-il, en trouvant lourd un sac de nuit qu'il tenait à la main—je voudrais bien être chez les Crescent.»

On arriva devant la maison, une femme les regardait venir: Mme Rosin. Elle était toute grise de cheveux, blêmie, très vieille. Sa robe, d'une couleur sombre, était usée.

—Vous voilà, bonjour ma fille,—et elle l'embrassa.—Bonjour... (et elle fit un effort de mémoire) André! Ah! voilà vos enfants, bonjour petit, et toi, Madeleine?

—Elle s'appelle Marthe, maman.

Mme Rosin, sans répondre, hochait la tête.

—Ah!—dit-elle enfin—je n'ai envoyé personne, je n'ai pas été non plus à la gare, il vaut mieux laisser les gens se débrouiller tout seuls. Restez-vous longtemps ici?

—Mais non, maman, dans ma lettre...—fit Toinette, très étonnée.

—Ah! je vous dis ça... Vous savez que Guigui n'est pas là, il voyage!

On trouva dans un fauteuil le père Rosin étendu, goutteux, faible de tête. Sa lèvre inférieure pendait, presque morte. La paralysie héréditaire le menaçait. Il dodelina de la tête, se laissa embrasser, et sa main, une main molle, d'un blanc de cire, caressa les cheveux des enfants.

Tandis que Mme Rosin, avec un air distrait installait les arrivants, Toinette et son mari se regardaient, pleins de stupeur.

La maison était froide, les murs nus. On servit le déjeuner, maigre, et le pain, à la fin, manqua. Cependant la mère, comme un robinet d'eau ouvert, laissait tomber les faits et dires d'Alphonse, mais son regard était fuyant, et elle n'exaltait plus son fils: c'était un bavardage puéril, la répétition monotone de pensées, de tours de phrases qui revenaient d'eux-mêmes; elle subissait l'obsession de l'idée fixe, les premières atteintes de la monomanie.

Le père Rosin était de plus en plus vague; sa femme lui mesurant le pain et le vin, le surveillait d'un air renfrogné.

Du départ de leurs enfants, les Rosin en parlèrent à peine, comme si cela ne les intéressait point. Et cette sécheresse faisait grandir dans le coeur d'André et de Toinette, le malaise dont ils souffraient depuis leur arrivée, tant ils étaient dépaysés, incapables de communiquer avec les deux vieillards. La pendule avait de si longs tic-tac emplissant la maison vide, il tombait un tel spleen des murs, que les jeunes gens avaient l'envie irrésistible de se lever et de se sauver, leurs enfants entre les bras.

Si indifférents, si égoïstes qu'eussent été les Rosin pour eux, au moment où le jeune ménage restait en détresse, pourtant c'étaient le père et la mère de la femme, les grands-parents des enfants; et en les voyant si desséchés, si racornis, si rétrécis d'idées et pauvres de sentiment, Toinette et André éprouvaient pour eux une pitié découragée, triste comme les choses qui les entouraient.

André se leva.

—Eh bien!—dit Toinette,—à tout à l'heure, nous allons visiter ma soeur, puis nous reviendrons vous dire adieu. Les Crescent nous ont fait promettre de dîner avec eux. Est-ce loin d'ici, la Meulière?

Personne ne répondit, les Rosin étaient devenus lugubres. La femme dit:

—Crescent! bien mal pour Guigui!—puis elle fit demi-tour et sortit. Rosin dodelinait de la tête d'un air d'acquiescement.

—À tout à l'heure, papa,—cria Toinette.

—Ou-i,—prononça difficilement le père.

Dehors, devant les enfants, ils n'osèrent, par pudeur, échanger leurs impressions. André serra le bras à sa femme; elle essuya une larme, et à voix basse:

—Si changés,—dit-elle,—oh! je suis sûre que c'est Alphonse qui les rend comme ça. As-tu vu ma mère, elle ne paraît plus avoir sa tête à elle. Et la maison, on dirait qu'on a vendu la moitié des meubles.

«C'est le châtiment de leur faiblesse», pensa André. Il dit évasivement:

—Ils ont vieilli, en effet.

Ils arrivèrent devant la porte des Chabanne, qu'on leur indiqua. Leur maison grande et neuve donnait sur la promenade. Ils sonnèrent.

On les introduisit près d'un gros petit vieillard, aux joues pendantes, si grosses qu'on ne voyait plus ses yeux. Il se mit à grogner, et commença de tourner ses pouces en les regardant d'un air profond; à la fin, après beaucoup d'efforts, il parvint à dire, en appuyant sur le premier mot.

—*Elle* va venir.

Enchanté de sa phrase, il répéta:

—*Elle* va venir.

Puis il se mit les doigts sous le nez, les sentit, et parut tout absorbé, comme s'il cherchait à déterminer leur odeur. Toinette et André se regardaient à la dérobée, les lèvres pincées pour ne pas rire; Jacques et Marthe, d'abord hébétés, commençaient à se pousser du coude.

Il y eut un bruissement de robe, et Berthe, majestueuse et empâtée, entra, avec un air de dignité bourgeoise.

André, qui l'avait connue belle, pour qui elle avait été cordiale, au moment du mariage, ne se lassait pas de la regarder. Il espéra la retrouver dans ses paroles, mais après les compliments, les premiers mots de Mme Chabanne lui parurent aussi singuliers, aussi faux et pauvres de ton, que les ronds de laine verte, sur lesquels il posait les pieds, et les horribles gravures qu'il voyait au mur.

—J'espère, dit-elle, que vous accepterez demain à dîner? je pourrai vous montrer ce qu'il y a de mieux dans la bonne société de Châteaulus.

Ils refusèrent, ce qui la mortifia; elle dut se résigner.

—Ah! vous allez en Afrique?—dit-elle;—on dit qu'il y a beaucoup de serpents dans ce pays-là!

Et, d'un regard sévère, elle intimida les enfants que le mari amusait beaucoup. Il faisait maintenant une grimace risible, un sourire élastique qui tendait jusqu'à éclater ses énormes joues.

—Monsieur Chabanne!—s'écria Berthe.

Le vieux redevint sage.

—Il est très malade,—dit-elle avec sang-froid.—Alors vous partez aujourd'hui?

—Oui, les Crescent nous ont fait promettre de passer un jour avec eux.

—Ce sont des personnes très distinguées,—dit-elle avec réserve,—mais à mon sens, ils vivent trop à l'écart; quand on est du monde, on a des devoirs.

André croyait rêver, il avait gardé le souvenir d'une autre femme. Huit ans de province avaient eu raison d'elle. Du moins en épousant le père Chabanne, avait-elle fait une bonne affaire. Gavé de mangeaille, engraissé comme une oie, comblé de tendresses, il n'était plus qu'un gâteux bénévole. Sa femme, maîtresse absolue des biens, enrichissait les prêtres, donnait le pain bénit, et faisait de bons repas.

—Peut-être tes enfants,—dit-elle à Toinette,—accepteraient-ils un peu de friandises?

Elle sonna vigoureusement, fit apporter un service de table en argent: quand tout fut déposé sur la table, elle coupa elle-même deux petites tartines et y mit de la confiture avec ostentation.

Puis elle pressa sa soeur et son beau-frère d'accepter quelque chose. Vers la fin de la visite, sa morgue était tombée, et elle apparaissait peu à peu ce qu'elle était: une femme sans méchanceté, gonflée par sa richesse, égoïste en sa vie étroite, un de ces êtres incomplets que les petites villes élèvent sur le pavois pour leur fortune, et qui subissent alors, par réciproque, toute les tyrannies de la province.

Berthe fut émue au moment de la séparation; mais en songeant que le refus des de Mercy l'avait empêchée de les livrer, le lendemain soir, dans un somptueux dîner, à la curiosité et aux commérages de toute la ville, elle leur en voulut.

Dehors, Toinette et André souffraient d'un malaise inexprimable, comme si tout ce qu'ils voyaient n'était pas assez gai pour les faire rire, ni assez triste pour les faire pleurer. En rentrant chez les Rosin, la vue de Crescent qui les attendait leur causa un grand soulagement, comme la vue d'un homme sain au sortir d'un hôpital ou d'une maison de fous. Les Rosin, indifférents, assistèrent aux effusions d'André et de Crescent; puis les de Mercy embrassèrent leurs parents. Ceux-ci leur rendirent leur étreinte, les yeux secs.

Toinette pleurait. Crescent pressa les adieux, fit monter la jeune femme, les enfants, Félicie portant le chat, enfin Tob, dans le breack qui attendait devant la porte. Lui et André grimpèrent sur le siège; le fouet claqua.

—Adieu!—cria Toinette, et jusqu'au détour de la rue, elle vit Mme Rosin debout, qui, avec des yeux sans lucidité, regardait sans voir, comme si elle attendait que son fils rentrât.

En cinq minutes, on fut hors de Châteaulus, en pleine campagne; les de Mercy respirèrent, Tob aboya, les enfants se mirent à rire et à jacasser. André souriait à la brise comme un homme qui échappe à un mauvais rêve, et Crescent tournant sa bonne figure, demandait:

—Êtes-vous bien, madame!… Eh! Jacques, tu as bien grandi, mon garçon!— et il faisait une risette à Marthe, un signe de tête à Félicie, et il disait de Tob:

—C'est un beau chien.

Et quand il vit le chat sortir la tête du panier, il se mit à rire de si bon coeur que tout le monde en fit autant, puis il souffla, toussa et respira lentement: l'asthme le tenait.

—Je suis bien content,—disait-il à André,—vous allez voir quelles mines nous avons. Toute la famille est réunie, cela tombe bien, les enfants sont en vacances… Ma femme? elle va très bien, je vous remercie. Allez! Blanchet!

Le cheval reprit un trot rapide, après une montée.

—Vous resterez bien quelques jours avec nous?

—Non, mon ami, nous partons demain soir.

—Bah! on dit cela… Quelle bonne idée vous avez d'aller en Algérie, beau climat, bonne terre.

—Il faudra venir nous voir?

—Je ne dis pas, eh! eh!

Et leur causerie courait, à bâtons rompus, toute joyeuse.

—Quand nous aurons passé ce bois, vous verrez la Meulière.

—Vous y êtes bien?

—Trop bien, mon ami, nous ne méritons pas cette fortune.

Ce que Crescent ne dit pas, c'est que par leurs soins, il n'y avait pas de pauvres dans le canton, ni dans les cantons immédiatement voisins. Une grande part de leurs revenus passait en charités, en oeuvres utiles.

—On a voulu me nommer maire, j'ai refusé.

—Et vous avez eu tort,—dit André,—vous vous devez à tout le monde.

Crescent baissa la tête, il savait bien qu'il aurait dû accepter; sa bonhomie, le désir du repos l'avaient emporté; il en serait quitte pour accepter dans deux ans.

—Ah! voilà ma femme, les enfants!

Et très vite, le breack s'arrêta.

Mme Crescent simplement mise, avec son air de bonté habituelle, ouvrit ses bras à Toinette, serra vigoureusement la main d'André, embrassa les enfants à tour de bras. Pendant ce temps, André donnait un vigoureux shake-hands aux jeunes filles, à Thomas, le lieutenant du génie; la fille aînée, Marie, était devant lui, rougissante. Il l'embrassa. Elle avait son air sage, son sourire ami. Elle s'empara de Jacques.

Le coeur de Toinette et d'André se dilata, dans cet accueil si franc, si simple. On les mena à leur chambre. Le soir, le repas fut large, mais sans recherche; et d'un bout de la table à l'autre, les Crescent et les de Mercy se regardaient, avec de bons sourires.

Ils se trouvaient tous changés.

Les Crescent avaient pris de l'âge: elle, avait des cheveux blancs sur les tempes; lui, grossissait. Ils admiraient les de Mercy, trouvaient André mûri, élargi, homme fait, et Toinette plus femme, développée d'esprit et de corps. Quant aux enfants, ils les jugeaient charmants, parce que les enfants leur paraissaient toujours charmants.

Après le dîner, André causa avec le fils aîné, son père en était fier. Marie avait cédé à la prière de ses parents, quitté sa place, elle servait d'institutrice à ses soeurs. Elle avait refusé deux partis, se disait heureuse ainsi. Thomas avait eu les prix d'histoire, d'allemand, de mathématiques.

Toinette et Mme Crescent devisaient: près d'elles, Marie, de loin, regardait sans qu'il la vît, André, avec une expression pensive. Elle se sentait toute gaie, ce soir.

Le lendemain, les de Mercy persistèrent dans leur résolution de partir, puis au dernier moment, cédèrent pour un jour encore, puis pour un troisième. L'hospitalité de leurs amis était si peu importune, les laissait si libres d'aller et de venir, de se promener ou de se tenir, à leur gré, dans leur chambre ou au salon.

André eut de grands entretiens avec Crescent. Sa femme apprit à Toinette des recettes inconnues, et insinua plus d'un conseil pratique, dont la finesse et le bon sens frappèrent la jeune femme.

Jacques était le grand ami de Marie, il ressemblait beaucoup à son père. Marthe était la préférée de Mme Crescent, Le chat, trop gâté, eut des indigestions. Tob engraissa. Félicie était heureuse.

Enfin les de Mercy décidèrent qu'il fallait partir, et leurs amis n'insistèrent plus.

Quelque chose tourmentait André et Toinette; les folies d'Alphonse Rosin, et la peur qu'il ne dénuât de tout ses vieux parents.

—Comptez sur moi!—dit Crescent, et il leur serra significativement la main.

Le lendemain matin, toute la famille d'André était à Marseille, prête à prendre le paquebot.

XIII

La vue de la mer leur fit battre le coeur; le mouvement des ports les remplit d'admiration. Ils aimèrent cette vie énergique. Des voiles au loin semblaient l'aile de grands oiseaux; des steamers à panache de fumée emportaient des centaines d'existence.

On entendait, dans cette monstrueuse ville de mer, sur les quais, des mots de toutes les langues; il flottait aux mâts des drapeaux de toutes les couleurs. Les quelques heures que les de Mercy passèrent là, eurent l'allure d'un cauchemar; c'était un entassement de visions, une succession hâtive d'idées et de sensations. Ils hâtèrent leur déjeuner, leurs préparatifs, ils avaient peur de ne pas partir. Ils pensaient à l'heure à laquelle ils arriveraient, à Damours, qui serait là pour les attendre et les piloter.

Vers cinq heures, André, Toinette, les enfants, Félicie et les bêtes, après avoir suivi une jetée en planches, pénétraient dans le bateau, et on leur assignait leur cabine. Elle était assez grande, mais avec ses couchettes superposées, son odeur de vernis et de renfermé, elle leur parut peu agréable.

André remonté sur le pont, assista aux préparatifs du départ. Il trouvait le temps long; une cloche sonna, la vapeur siffla, et lentement avec un gros bruit de machine, le bateau dérapa, prit la mer. Une demi-heure après, le port de la Joliette, les vaisseaux, Marseille, apparaissaient, diminués, dans le décor net du ciel. André s'accouda aux bastingages, il était à l'arrière; près de lui, des passagers fumaient. La mer était légèrement houleuse. À ce moment se tenant à la rampe de cuivre, accompagnée de ses enfants, Toinette parut.

Elle avait un sourire franc, et le coeur d'André s'ouvrit à une émotion virile. Elle vint près de lui, vaillante. Marthe et Jacques, émerveillés, admiraient les nuages. Alors André les embrassa tous du regard, cette famille qu'il avait créée, qui était sienne, dont il était le chef, et qu'il emportait avec lui à travers les aventures, vers l'avenir.

Il fut brave, et son coeur ne faiblit pas.

—Eh bien,—dit-il à sa femme,—es-tu contente?

—Oui, dit-elle.

Et ce oui, ferme, le rasséréna.

Toinette et lui se regardèrent, et pour la première fois peut-être, se comprirent. Ensemble ils regardèrent fuir, diminuer la terre de France. Elle avait été peu tendre pour eux. Dans l'agglomération des hommes, la bataille pour la vie, parmi les efforts égoïstes de chacun, faibles, ils eussent succombé dans ce Paris énorme… Mais pourquoi maudire la mère patrie, puisqu'ils allaient vers une terre nouvelle?

Là aussi l'inconnu les attendait.

Certes, ils auraient encore des soucis d'argent, une vie stricte, des inquiétudes et des déboires; mais du moins leur labeur serait celui de gens libres et forts; ils travailleraient avec leur tête, avec leurs bras; et ce ne serait plus la tâche malpropre d'un copiste recroquevillé.

Entre eux, ils auraient encore des luttes, se peineraient mutuellement, se disputeraient; la paix et la tolérance n'étaient pas encore établies dans leurs âme; il y aurait sans doute entre eux des incompréhensions, de même qu'il y avait et y aurait toujours des incompatibilités, des points où leurs esprits ne se toucheraient jamais; mais qu'importait cela? ou plutôt, qu'y faire? C'est toujours la vie, et puisqu'ils devaient se résigner à ce qu'ils ne pouvaient empêcher, du moins sauraient-ils tirer des choses tout ce qu'elles contiennent de bon.

À cette heure, ils ne regrettaient pas de s'être mariés jeunes et pauvres, car toute une vie robuste, par cela même, s'ouvrait encore devant eux.

Pleins de résignation, mais aussi d'espoir, ils se contemplaient en leurs vêtements de deuil, en leur mélancolie d'émigrants. Fermes de coeur, André et Toinette, ramenant leurs yeux sur les enfants, échangèrent un tendre et mystérieux regard. Là-bas, ils auraient des enfants encore; leur jeunesse en répondait; ils n'auraient point à se dire: «Nourrirons-nous celui qui viendra?» Ils donneraient à Marthe des soeurs et à Jacques des frères. Il sortirait d'eux toute une race, et c'était la vie vraie, naturelle, la vie simple et grande. Ils le voyaient à l'évidence, comme ils voyaient cette mer bleue qui les entourait.

Ils soupirèrent en apercevant de plus en plus indécise et nuageuse la côte de France, la terre d'épreuves. Maintenant, ils en avaient conscience, les, jours d'épreuve étaient finis. Finis, car Toinette et André se reconnaissaient plus forts, plus sages, plus dignes. Ils avaient appris l'ordre et ils aimaient le travail. Toinette obéissait à son mari, et il respectait en elle la mère de ses enfants. S'ils ne s'aimaient plus d'amour, leur sérieuse tendresse n'en valait que mieux. De grands principes moraux s'étaient ancrés en eux; et ils tâcheraient de faire de leurs enfants des gens instruits et honnêtes.

Au milieu du grand voyage, à mi-chemin, avec leur expérience achetée au prix d'une moitié de leur existence, dorénavant, ils pourraient marcher sans doutes ni hésitations, tout droit.

Félicie avait descendu les enfants, car le froid venait.

Mais soudain la terre disparut; André donna une dernière pensée à sa mère et à sa soeur perdues, à sa vie morte d'employé.

Puis mari et femme se serrèrent longuement la main.

Un peu de houle s'éleva. Le mal de mer allait les prendre. Ils sourirent.

Milton Keynes UK
Ingram Content Group UK Ltd.
UKHW012241180624
444315UK00005B/530

9 789361 475757